L'ABEILLE (ET LE) PHILOSOPHE

Pierre-Henri Tavoillot
François Tavoillot

L'ABEILLE (ET LE) PHILOSOPHE

Étonnant voyage dans la ruche des sages

Odile Jacob
poches

15, rue Soufflot, 75005 Paris

www.odilejacob.fr

ISBN : 978-2-7381-3647-3
ISSN : 1621-0654

À tous les membres, proches ou lointains,
de la ruche de Fours et du Trifoulou.

Introduction

Tous les apiculteurs le disent : aujourd'hui, on ne leur demande plus guère comment ils vont, mais « comment vont les abeilles ». Tant de sollicitude pourrait surprendre pour un insecte dont la piqûre reste redoutée. Mais voilà : l'abeille n'est pas un insecte comme un autre ; ce n'est même pas un animal comme un autre. Quelle autre bestiole peut se vanter de faire aussi souvent et à intervalles réguliers la une des journaux et des magazines, même les plus sérieux ? Quelle autre espèce voit sa santé, sa pérennité, son éventuelle disparition scrutées avec autant d'attention et d'inquiétude ? Aucun être vivant, même parmi les plus familiers, les plus sympathiques ou les plus menacés – du bébé phoque au dauphin, du thon rouge à l'ours brun –, ne fait l'objet d'un tel intérêt ni d'une telle force d'investigation. Mais il y a encore plus étonnant : quand on dresse l'inventaire des dangers qui la menacent, on perçoit d'étranges similitudes avec les grandes et les petites peurs de notre temps. Au fil des articles, enquêtes et documentaires ont mis en cause les méfaits d'un acarien destructeur venu d'Asie (le varroa), l'usage immodéré des pesticides (Gaucho ou Régent) par le biais des semences enrobées, les OGM (notamment le tournesol transgénique), l'importation des races étrangères qui appauvrissent génétiquement les espèces locales, la mondialisation des échanges qui favorisent la diffusion des maladies, les ondes électromagnétiques, l'invasion du frelon asiatique (lui aussi !), arrivé récemment en passager clandestin d'un cargo…

S'il est incontestable que la plupart de ces causes (et certaines plus que d'autres) participent à la fragilisation des ruchers aujourd'hui, il est aussi frappant de constater que cet inventaire sommaire offre un condensé de toutes les peurs et les angoisses qui terrifient nos sociétés contemporaines. La globalisation, le réchauffement de la planète, les bouleversements géopolitiques, l'immigration incontrôlée, les méfaits insidieux de la techno-science : tous ces motifs sont évoqués. Ces craintes se résument dans la prophétie partout citée d'Einstein qui aurait proclamé : « Si l'abeille venait à disparaître de la surface du globe, l'humanité n'aurait plus que quatre ans à vivre. Plus d'abeilles, plus de pollinisation, plus de plantes, plus d'animaux, plus d'homme. » Il est établi qu'Einstein n'a jamais prononcé une telle formule (voir butinage n° 1, p. 14) : et, l'aurait-il fait, quel crédit pourrait-on lui accorder ? Après tout, malgré son génie, il était physicien ; nullement biologiste ni naturaliste, encore moins prophète.

Mais le succès de cette citation apocryphe, prêtée à celui qui reste comme la plus grande autorité scientifique du temps, révèle une chose : l'abeille est perçue comme une sorte de miroir de l'humanité et le baromètre de son destin. Un miroir magique en quelque sorte, qui détiendrait la triple faculté de refléter, de modifier et de prédire la vie des hommes.

Et ce n'est pas nouveau. En remontant le cours de l'histoire, on s'aperçoit que les penseurs de toute époque et de toute civilisation ont cherché dans la ruche bien plus que du miel : des exemples, des modèles, des guides de vie, voire les secrets de la nature et les mystères de la culture. On a ainsi décrit l'abeille en puits de science ou en modèle de vertu. On en a fait l'emblème de la monarchie ou de l'empire, mais aussi de l'anarchie, de la démocratie, du communisme, voire de la société de marché. On a tiré de son comportement des leçons d'industrie, de domination, de poésie, de piété, de chasteté ou, au contraire, de… butinage. Le bruit de son vol a même donné son nom à la rumeur de l'ère Internet : le *buzz* ! La pollinisation est devenue un paradigme très apprécié pour modéliser l'économie numérique. La ruche a permis récemment d'appréhender l'intelligence collective, la modélisation systémique, voire des phénomènes de citoyenneté participative. Toutes ces figures et bien d'autres ont été exploitées, car l'abeille excède toujours ce qu'elle est. Le spectacle de son vol, la contemplation de son organisation, la dégustation de ses produits conduisent inévitablement à une sorte de rêverie métaphysique, comme si l'abeille, nous menait à la philosophie… Comme si l'abeille *était* philosophe.

Qu'y a-t-il donc dans ce petit animal qui nous fascine autant ? Pourquoi vouloir chercher en lui le sens des choses, de la nature et de la vie ? C'est cet usage philosophique de l'abeille qui va nous intéresser ici. Il s'agira de suivre le vol de l'abeille dans l'histoire de la pensée ; de révéler cette idée ancienne et toujours actuelle qu'en contemplant et en comprenant l'abeille, nous saurons comment vivre ; comment vivre bien, comment vivre mieux, comment devenir *sage*, comment échapper à la mort. Car les savants et les sages de l'histoire ont cherché tout cela dans ce petit animal : les réponses à toutes les grandes questions que l'humanité inquiète se pose depuis la nuit des temps. C'est en ce sens que l'abeille est le plus fabuleux des animaux, c'est-à-dire le plus propre à la fable. Cette fable est souvent philosophique ; et cette fable philosophique a toujours une morale. Quelle est-elle ? Pourquoi le philosophe se met-il si volontiers à l'école de la ruche ?

Voilà l'énigme qui est à l'origine de ce livre, écrit à quatre mains par deux frères : l'aîné est apiculteur professionnel en Haute-Loire et philosophe amateur ; le benjamin est philosophe professionnel à la Sorbonne et amateur de miel. Il fallait que ces compétences fussent réunies pour tenter de s'approcher sans risque de l'*abeille philosophe* et de *faire son miel* des sublimes discours de sagesse que son observation a suscités. Pour qui se pique de philosophie, l'abeille est vraiment un animal de choix !

Invitation au voyage

Le voyage que nous allons entreprendre comporte six étapes. Il n'en fallait pas plus ni moins pour évoquer un insecte à six pattes qui fabrique des alvéoles à six côtés. Le programme du voyage est à la fois historique et thématique, rythmé par de grands textes philosophiques et par d'autres moins connus mais toujours surprenants. On commencera par le récit et l'interprétation d'un mythe, celui d'Aristée, qui raconte l'origine et *déjà* la disparition des abeilles. On évoquera ensuite trois auteurs antiques, dans l'œuvre desquels l'abeille occupe une place considérable pour élucider les mystères du monde : Aristote, Virgile et le philosophe néoplatonicien Porphyre. Chez eux, le monde de la ruche apparaît comme le reflet, voire la clé de l'harmonie du cosmos. La philosophie chrétienne sera notre troisième étape. Nous serons accueillis par des autorités incontestables, de Clément d'Alexandrie à Luther, en passant par saint Ambroise, patron des apiculteurs, et son disciple saint Augustin qui possédait lui-même quelques ruches. Tous s'accordent à reconnaître en l'abeille un véritable docteur en théologie. Arrivés au seuil de la modernité, nous examinerons alors – quatrième étape de notre voyage – l'extraordinaire utilisation politique de la ruche, qui va servir à penser absolument *tous les régimes possibles et imaginables* chez les Anciens comme chez les Modernes. Le destin métaphysique de l'abeille se poursuit à l'âge moderne. Que ce soit à propos de la rénovation des lettres, de la métamorphose des arts ou de l'invention des sciences exactes, on retrouve notre insecte. Il marque de son empreinte subtile la plupart des débats qui vont rythmer la Renaissance, l'âge classique et les Lumières. Enfin, dans la dernière partie de ce voyage, nous pourrons constater que celui-ci n'est pas achevé : loin d'être désenchantée par les progrès de la science, l'abeille poursuit son vol symbolique que l'homme contemporain tente désespérément de suivre afin de comprendre ce qu'il est.

Les notes en fin de volume sont exclusivement consacrées aux références des sources citées : elles ne sont donc pas indispensables à la lecture. Le lecteur trouvera également en fin de volume, pour chaque chapitre, une bibliographie des sources, œuvres et principaux interprètes utilisés. Par ailleurs, pour le lecteur curieux et/ou scrupuleux, on a ajouté deux sources supplémentaires :

-  *les « florilèges » présentent des passages étoffés des textes cités ; ils offrent ainsi une sorte d'anthologie d'extraits regroupés à la fin de l'ouvrage.*

-  *les « butinages » contiennent des indications plus techniques sur la vie de la ruche et son usage symbolique. Ils peuvent être, comme leur nom l'indique, butinés indépendamment des chapitres dans lesquels ils sont situés.*

Dernière précision : nous nous sommes ici strictement limités à l'histoire de la pensée occidentale, dont le champ était déjà immense. Les quelques incursions que nous avons tentées dans les cultures orientale, indienne ou chinoise montrent qu'il y a une matière tout aussi considérable, mais le travail de collection et d'interprétation aurait dépassé nos forces et nos compétences.

Nous tenons à remercier très chaleureusement pour son aide précieuse Aurore-Marie Guillaume, responsable de la bibliothèque de l'UFR de philosophie de l'université Paris-Sorbonne : son rôle d'abeille exploratrice a été inestimable.

Butinage n° 1
Le buzz de la prophétie d'Einstein

« Le jour où l'abeille disparaîtra, l'humanité n'aura plus que quatre ans à vivre... » La formule, attribuée à Einstein, est choc et fameuse, mais rien ne permet d'en certifier l'authenticité. Vincent Valk a mené l'enquête pour le *Gelf Magazine* (« Albert Einstein, ecologist ? », http://www.gelfmagazine.com/archives/albert_einstein_ecologist.php, 25 avril 2007). Il a d'abord interrogé Roni Grosz, le directeur des Archives Einstein de l'Université de Jérusalem qui lui a répondu n'avoir aucune preuve qu'Einstein ait jamais prononcé ou écrit cette phrase. Il n'avait d'ailleurs aucun souvenir qu'Einstein ait écrit quoi que ce soit sur les abeilles. Valk se réfère ensuite à une étude menée par un site spécialisé dans le dépistage des rumeurs (http://www.snopes.com/quotes/einstein/bees.asp - avril 2007) qui montre que la première occurrence de la citation apparaît au début de l'année 1994 (rappelons qu'Einstein meurt en 1955) dans un pamphlet distribué à Bruxelles par l'Union nationale d'apiculture française. À partir de cette date, la citation se diffuse dans les journaux : *Washington Post*, *Der Spiegel*, *The Independant*, *The International Herald Tribune*, dans un contexte où la question de la disparition soudaine de colonies d'abeilles (*colony collapse disorder* ou CCD) commence à faire débat associée à l'hypothèse d'un effet des ondes des téléphones cellulaires. L'étude conclut donc qu'il s'agit d'un cas typique de « citation inventée attribuée à une célébrité pour un usage politique ». On a ici le parfait exemple d'un *buzz*...

CHAPITRE 1

L'abeille mythologique

Liminaire

Il y a dans une planète, que je ne vous nommerai pas encore, des habitants très vifs, très laborieux, très adroits ; ils ne vivent que de pillage, comme quelques-uns de nos Arabes, et c'est là leur unique vice. Du reste, ils sont entre eux d'une intelligence parfaite, travaillant sans cesse de concert et avec zèle au bien de l'État, et surtout leur chasteté est incomparable ; il est vrai qu'ils n'y ont pas beaucoup de mérite, ils sont tous stériles, point de sexe chez eux.

Mais, interrompit la marquise, n'avez-vous point soupçonné qu'on se moquait en vous faisant cette belle [histoire] ? Comment la nation se perpétuerait-elle ?

On ne s'est point moqué, repris-je d'un grand sang-froid, tout ce que je vous dis est certain, et la nation se perpétue. Ils ont une reine, qui ne les mène point à la guerre [...]. Elle fait des milliers d'enfants [...]. Elle a un grand palais, partagé en une infinité de chambres, qui ont toutes un berceau préparé pour un petit prince, et elle va accoucher dans chacune de ces chambres l'une après l'autre, toujours accompagnée d'une grosse cour, qui lui applaudit sur ce noble privilège, dont elle jouit à l'exclusion de tout son peuple.

La suite du récit, que le lecteur curieux pourra consulter plus bas (florilège n° 1, p. 243), déploie le portrait de cette peuplade extraterrestre bien singulière : ses mœurs, ses castes, sa reproduction, ses productions. Tout cela est développé avec force détails, avant que la solution soit donnée à cette naïve marquise : ces *aliens* ne sont que nos abeilles…

Nous sommes en 1686, et c'est par cette petite fable que Fontenelle (1657-1757), homme de lettres subtil et savant érudit, futur académicien, entend introduire son élève, la dénommée « marquise », à l'hypothèse de la « pluralité des mondes ». Les bizarreries de la nature sont là sous nos yeux ; pourquoi refuser de les concevoir dans l'infini de l'univers ? Pourquoi croire que notre monde est unique, alors qu'il est lui-même d'une diversité à peine croyable ? Ces questions font tout l'objet des *Entretiens sur la pluralité des mondes*, où il s'agit d'initier un public avide de savoir aux découvertes les plus spectaculaires du temps : astronomie, biologie, mécanique, etc., aucun domaine n'échappe au talent vulgarisateur de Fontenelle. Mais ce n'est certainement pas un hasard s'il recourt dans ce troisième entretien à l'exemple de la ruche pour expliquer les mystères célestes, car, depuis toujours ou presque, l'abeille a été une clé d'explication de la nature des choses. Tout comme le spectacle d'une nuit étoilée nous « parle » d'emblée du début de l'univers, l'abeille emporte avec elle dans son vol léger, non seulement pollen et nectar, mais aussi les lourds secrets du primordial. Pour quelles raisons ?

Sans doute parce que l'abeille est un animal bien particulier qui n'est pas aisément situable dans l'ordre des choses. Prenons d'abord le miel : il s'agit d'un produit à la fois cultivé et sauvage : le plus *naturel* des produits de la culture, car il est consommable directement sans transformation d'aucune sorte ; mais aussi le plus *culturel* des produits de la nature, puisque à l'inverse de la plupart d'entre eux il ne pourrit pas, ce qui en fera d'ailleurs un élément apprécié pour… l'embaumement des corps ! Regardons aussi la ruche : d'un côté, elle est un ordre spontané, quasi programmé, voire, disent certains, une sorte d'organisme vivant à part entière, qui ne connaît ni les troubles de l'histoire ni les affres de la liberté ; mais, d'un autre côté, cette totalité ressemble à s'y méprendre aux organisations humaines les plus sophistiquées, qu'elles soient économiques, sociales ou politiques. Le savant romain Varron (116-27 av. J.-C.) disait que « c'est d'elle qu'on apprend à travailler, construire et stocker[1] », et pour beaucoup d'auteurs, anciens comme modernes, nous serions bien inspirés de l'imiter davantage dans le choix de nos régimes politiques. Quant à l'abeille elle-même, c'est à première vue un insecte plutôt banal, assez rustique et peu élaboré ; mais son comportement collectif paraît atteindre les sommets les plus sublimes de la raison, de la vertu et de la sagesse : intelligente, dévouée, fiable, fidèle, altruiste, travailleuse, économe, géomètre, d'une propreté exemplaire, d'une pureté à toute épreuve, etc., la liste de ses qualités emplit des milliers de pages de la littérature antique, médiévale… et contemporaine. Et on retrouve en elle l'ambivalence nature/culture, puisqu'elle reste sauvage à l'état domestique (sa piqûre est redoutable) et domestique à l'état sauvage (elle produit le miel même sans apiculture). Bref, le monde de l'abeille se situe, dans toutes ses dimensions, à la charnière trouble de plusieurs ordres du réel : le végétal et l'animal, le terrestre et le céleste, la nature et la culture, le vivant et l'éternel, l'humain et le divin…

On peut donc comprendre que ce statut intermédiaire ait conféré à l'abeille une fonction mythologique de première importance. Car les mythes ne sont pas seulement de belles histoires à raconter au coin du feu ; ils ont une fonction profonde d'explication et de réponses aux grandes questions que l'humanité se pose depuis la nuit des temps. La vie, la mort, l'origine des choses, des créateurs et des créatures, la raison d'être des règles, des lois et des interdits : voilà ce que racontent la plupart de ces récits anciens, jamais très éloignés des sagesses antiques qu'ils ont inspirées. Or, de par sa place intermédiaire entre la nature et la culture, l'abeille va permettre à l'homme de comprendre comment il a pu passer de l'une à l'autre et comment, devenu civilisé – au risque parfois de l'excès ! –, le retour à la nature brute le menace constamment. Tel est le premier rôle symbolique tenu par l'abeille dans la pensée humaine :

permettre d'expliquer comment l'humanité est sortie de la brutalité naturelle ; et comment elle doit se garder de tout abus de culture. Écoutons donc les messages de l'abeille mythologique, prélude à sa fonction philosophique, à travers un récit fameux de l'Antiquité grecque : celui du destin d'Aristée.

Aristée et la disparition des abeilles

Où l'on voit qu'à l'origine déjà les abeilles avaient… disparu

Aristée est né des amours d'Apollon avec la nymphe Cyrène. Celle-ci était-elle nymphe des eaux (Néréide) ou nymphe chasseresse ? – les versions divergent, mais on sait qu'elle était d'une beauté époustouflante et qu'Apollon fut époustouflé. Le fruit de leur union, le petit Aristée, naît en Libye, à l'endroit même où s'élèvera la ville de Cyrène. L'enfant a un statut un peu étrange – intermédiaire, lui aussi – car, sans être d'emblée un immortel de plein exercice, il n'est pas non plus tout à fait humain : c'est un Héros. Tout petit, il sera retiré à sa mère pour être confié à son arrière-grand-mère Gaïa (la Terre) et aux Heures (les divinités des saisons), qui le nourrissent de nectar et d'ambroisie, aliments réservés aux dieux. Selon d'autres sources, ce sont les nymphes ou encore le Centaure Chiron (déjà mentor d'Achille, d'Héraclès et d'Esculape…) qui prennent soin de lui. Dans tous les cas, il reçoit la meilleure éducation possible, mais centrée, pour ce qui le concerne, sur les choses pratiques de la nature : ingénieur agronome en quelque sorte. Il apprend ainsi à s'occuper des troupeaux, à cailler le lait pour faire le fromage, à cultiver l'olivier. Adolescent, il est confié aux Muses qui lui enseignent l'art de guérir et de prévoir les événements futurs. En retour, il s'occupe des troupeaux qui paissent dans les prés de Thessalie.

Devenu adulte, Aristée se fait lui-même éducateur auprès des hommes. À son tour, il leur enseigne comment écraser l'olive pour en recueillir l'huile ; il leur apprend les secrets de la chasse ; comment confectionner des pièges contre les bêtes sauvages qui dévastent les troupeaux. À la fois chasseur (*agreus*) et berger (*nomios*), il est le protecteur des paysans et les aide à lutter contre la sécheresse et les incendies. Il leur apprend aussi à se soigner et s'impose même comme une sorte de « *French doctor* » se mettant au service des victimes dans les conflits armés. Aristée, c'est un peu le précurseur de l'humanitaire, mêlant l'aide au développement et la médecine d'urgence. Au cours de ces aventures, il épouse Autonoé, la fille de Cadmos, le fondateur de Thèbes, et il lui naît un fils, Actéon, dont le destin, bien sûr, sera tragique : il finira dévoré par ses propres chiens, après avoir été transformé en cerf par Artémis furieuse qu'il l'eût aperçue nue alors qu'elle nageait dans une rivière.

Mais la renommée d'Aristée tient d'abord et avant tout au fait qu'il est le premier apiculteur professionnel. Les nymphes lui ont appris tout enfant l'art de soigner et de « cultiver » les ruches. Lui-même l'a enseigné aux hommes, qui l'invoquent volontiers sous le nom de Mélissé (le Mielleux). Mais cette célébrité n'entame en rien sa modestie et son total dévouement comme le montre cet épisode. Il entra un beau jour en compétition avec Dionysos (dont il passe parfois pour le père nourricier) pour déterminer ce qui, du miel ou du vin, était le meilleur. Un concours fut organisé qui dura fort longtemps : il faut dire que le jury était uniquement composé d'immortels. Après de longues discussions, hésitations et… dégustations, les dieux réunis se décidèrent en faveur du vin de Dionysos[2], car on peut ignorer la mort tout en appréciant l'ivresse. À l'issue de ce jugement, Aristée ne conçut pourtant aucune amertume ; au contraire, il suggère de mélanger le vin et le miel pour cumuler les plaisirs, inaugurant ainsi une pratique courante de l'Antiquité.

Tel est donc Aristée : généreux, inventif, serviable, bref, bon homme sur toute la ligne, voire « le meilleur » comme son nom « Aristée » semble l'indiquer. Or voici qu'arrive à ce brave Aristée une catastrophe épouvantable : les abeilles dont il a la charge et la responsabilité disparaissent d'un seul coup ; il retrouve soudain toutes ses ruches vides. C'est le premier *colony collapse discorder* (CCD) qui angoisse tant les apiculteurs d'aujourd'hui. Par où l'on voit – en passant – que la prophétie du pseudo-Einstein sur la disparition des ruches est aussi une réminiscence mythologique.

Aristée est désespéré ; et ce d'autant plus qu'il ne comprend pas du tout les raisons de son malheur. Lui qui peut se prévaloir d'une connaissance fine et intime de la nature est pris là totalement au dépourvu.

Mais la gravité de la situation dépasse de beaucoup sa seule personne. Et, pour comprendre l'ampleur de la catastrophe, il faut rappeler que, dans la mythologie grecque, avant Aristée, l'abeille avait joué un rôle loin d'être négligeable dans le commencement des choses ; lorsque le monde n'était pas encore ce qu'il est ; lorsque le Cosmos émergeait à peine du Chaos originel.

Le miel et l'origine du monde

En effet, avant Aristée, c'est une nymphe proche de Déméter la déesse de la fertilité (et du mariage) qui est réputée avoir découvert dans la forêt les premiers rayons de miel. Elle s'appelait Mélissa. Ce fut la première à oser goûter le miel et avoir l'idée de le mélanger à de l'eau pour en faire une boisson : l'hydromel. Tout cela enchanta ses compagnes qui adoptèrent aussitôt cet aliment. Selon certaines versions, c'est cette même Mélissa qui prit soin, avec ses sœurs et la nymphe chèvre Amalthée, du petit Zeus caché par sa mère Rhéa dans l'île de Crète afin qu'il échappât à l'appétit vorace de son père, Cronos[3]. Celui-ci, en effet, avait décidé de dévorer tous ses enfants pour éviter qu'ils ne contestassent son autorité cosmique. Sa femme Rhéa, désespérée de voir les fruits de ses entrailles croqués par le supposé auteur de leurs jours, remplaça son petit dernier, Zeus, par une pierre emmaillotée. Cronos l'avait engloutie sans voir la différence. Rhéa put alors confier l'enfant aux bons soins des nymphes qui le cachèrent sur le mont Ida. Zeus y passa son enfance.

Il y a, dans cette enfance faite de miel et de lait – deux symboles de la douceur –, quelque chose qui contraste avec la force brute des divinités primordiales. Ouranos (le Ciel, en grec), le grand-père de Zeus, ne pensait qu'au sexe et restait collé à son épouse et mère Gaïa, avant que son fils Cronos ne l'émascule ; Cronos, le père, ne pensait lui qu'à manger et engloutissait ses enfants pour éviter le sort funeste de castration qu'il avait lui-même fait subir à son propre géniteur. L'un et l'autre, par leur voracité, empêchaient le monde de se développer et de s'ordonner. Zeus est lui élevé dans et par la douceur (voir illustration 1 du cahier hors texte), et c'est celle-ci qui, loin de gêner sa force, lui permettra d'accéder à une puissance supérieure, celle de la civilisation, de l'ordre et de la justice. Celle-là même qui permet au monde de s'ouvrir tout en s'harmonisant. Mais comment passer de la force brute à la puissance civilisée ? Comment passer de l'énergie désordonnée à la canalisation des forces vitales ?

Les abeilles vont jouer ici le rôle d'intermédiaire, précisément parce qu'elles relèvent autant du monde sauvage que du monde civilisé. Ainsi, lorsque Zeus, devenu grand, se décide à affronter son père, il va commencer son combat en usant d'une ruse médicale. Sur le conseil de sa mère, il mélange avec du miel un vomitif puissant et le présente à son père. Attiré par la délicate saveur sucrée, Cronos l'avale d'un trait, mais, révulsé par l'amertume, il régurgite aussitôt les enfants qu'il avait engloutis. Les frères et sœurs de Zeus voient alors une seconde fois le jour et vont pouvoir avec lui s'engager dans la formidable guerre des dieux qui opposera les Olympiens, réunis autour de Zeus, aux partisans de Cronos. L'enjeu, on le comprend, n'est rien moins que la domestication des forces naturelles primitives, destructrices et chaotiques, afin de permettre la mise au jour d'un ordre et d'une harmonie cosmiques. Le miel tient un rôle décisif dans ce passage : c'est l'aliment naturel qui permet de sortir de l'état de nature ; la première douceur dans un monde de brutes. Grâce à lui, Cronos cesse de dévorer ses enfants. Et, dans le mythe de Mélissa, c'est après en avoir goûté, grâce à l'enseignement des nymphes, que les hommes quitteront l'état sauvage. Ils abandonneront l'anthropophagie, prélude indispensable à la vie civilisée, au profit des aliments recueillis dans la forêt et, pour la première fois, « récoltés ». Le mythe dit aussi que les *melissaï* ont procuré aux hommes, en même temps que le goût du miel, le sentiment de la pudeur, l'*aidôs*. Ce sont encore elles qui leur apprendront une autre technique : la fabrication des vêtements tissés.

À la recherche des ruches perdues

On comprend mieux dès lors la détresse d'Aristée. Il n'a pas seulement perdu son gagne-pain ou son hobby, il a failli dans sa mission de maintenir le fragile équilibre de la culture. Car si les abeilles disparaissent, c'est tout l'ordonnancement cosmique qui est menacé de confusion. Le végétal se mêlera à l'animal, le sauvage viendra empiéter sur le domestique, la nature et la culture se confondront…

Accablé et ne sachant plus que faire, Aristée, en dernier recours, s'en va pleurer chez sa mère, la divine Cyrène.

Voici ce que Virgile lui fait dire dans les *Géorgiques* qui offrent la version la plus complète de l'histoire :

> Mère, Cyrène ma mère, qui habites les profondeurs de ce gouffre, à quoi bon m'avoir fait naître de l'illustre race des dieux (si du moins comme tu l'affirmes, mon père est Apollon […]), puisque je suis odieux aux destins ? Ou bien où s'en est allé l'amour que tu avais pour moi ? Pourquoi me faisais-tu espérer le ciel ? Voici que l'honneur même de ma vie de mortel, cet honneur qu'au prix de tant d'efforts je m'étais acquis à grand-peine en veillant avec habileté sur les récoltes et sur le bétail, je le perds, et tu es ma mère ! Allons ! Continue et, de ta propre main, arrache mes vergers fertiles ; porte dans mes étables la flamme ennemie et détruis mes moissons ; brûle mes plantations et brandis contre mes vignes la robuste hache à deux tranchants, si tu as pris de ma gloire tant de déplaisir[4] !

Cyrène va entendre les lamentations de son fils bien-aimé. D'abord, comme il se doit, elle le calme, le cajole et le nourrit, puis elle lui conseille d'aller consulter le devin Protée qui sait tout : « Le présent, le passé et la longue suite des faits à venir. » Lui seul pourra donner les raisons de la malédiction et les moyens de la lever. Simplement, ce Protée n'est pas aisé à saisir, le prévient-elle : il ne cesse de changer d'apparence, passant en un instant des traits d'une goutte d'eau à ceux d'un monstre terrifiant. Il est « protéiforme »… Il faudra donc le surprendre – ce qui n'est jamais aisé quand on a affaire à un devin ! ; le ligoter solidement ; et, sans faiblir ni s'effrayer des formes abominables qu'il pourra prendre, attendre qu'il se fatigue. Cyrène ajoute : « Plus il multipliera ses métamorphoses, plus tu devras, mon fils, resserrer l'étreinte des liens[5]. »

Aristée suit en tout point les conseils de sa mère : il parvient à s'emparer du devin ; résiste à ses transformations épouvantables ; et fait enfin sa demande à Protée enchaîné qui finit par lui expliquer toute la cause de son malheur.

« C'est une divinité qui te poursuit de son ressentiment ; tu expies une faute grave : ce châtiment, c'est Orphée, si digne de compassion pour son malheur immérité, c'est Orphée qui l'appelle sur toi[6]. »

Que s'était-il passé ? Quel crime avait donc commis Aristée ? Pour le comprendre, il faut se replacer au jour de la célébration des noces d'Orphée et d'Eurydice.

La mort de la nymphe Eurydice

Leur histoire est plus célèbre encore que celle d'Aristée. Orphée est un poète et musicien prodigieux : son talent est tel, dit la légende, qu'il parvient avec sa lyre à charmer les hommes, les dieux, ainsi que les animaux sauvages et même à émouvoir les objets inanimés ! Lui aussi est un héros : il participe comme chef de nage à l'expédition des argonautes partis à la recherche de la Toison d'or sous la direction de Jason ; son génie musical assure aux rameurs une cadence parfaite et son chant sublime parviendra à préserver ses compagnons des mélodies funestes des sirènes. À son retour, la nymphe Eurydice tombe amoureuse de lui et ce couple sublime décide de se marier à l'occasion d'une fête qui fait la joie de tous les invités tant les amoureux sont jeunes, beaux, charmants et emplis d'une évidente passion.

À peine le mariage célébré, Aristée, qui était invité à la noce avec tout le gratin divin, « craque » littéralement : lui le gentil garçon, le mari fidèle, le gendre idéal se met à entreprendre la nymphe jeune mariée en la poursuivant de ses assiduités. Celle-ci, terrorisée par ces avances plus qu'insistantes, s'enfuit à travers un champ d'herbes hautes. Dans sa course, elle ne voit pas un monstrueux serpent d'eau qui la mord : Eurydice tombe comme foudroyée. Orphée, parti à la recherche de son aimée, découvre le corps sans vie de sa jeune épouse. Horrifié et désespéré, il se met alors à chanter des mélopées déchirantes qui vont jusqu'à émouvoir les maîtres des enfers. Ceux-ci l'autorisent alors à venir récupérer Eurydice dans les tréfonds de la terre à condition qu'il ne lui adresse ni un mot ni un regard avant d'en être sorti. La fin de l'histoire est connue : Orphée ne peut résister aux appels déchirants d'Eurydice, qui se plaint de son indifférence ; il se retourne pour la réconforter et la pauvre nymphe est aussitôt emportée « dans la nuit immense » sans espoir de retour. Orphée n'a plus d'autre ressource que de chanter son amour perdu, pleurant sans fin la fin d'Eurydice. Il le fit tant et tant que les Bacchantes, agacées de voir un si beau jeune homme rester bêtement fidèle à une morte, « le déchirèrent et dispersèrent les lambeaux de son corps dans la vaste étendue des campagnes[7] ».

Voilà le drame dont Aristée est responsable, et qui est la source de son malheur. « Voilà pourquoi, explique Protée à Aristée, tes abeilles ont disparu. Tu es toi-même la cause de cette horrible tragédie. En effet, lorsqu'elles apprirent la mort d'Eurydice, ses amies les nymphes des vallons, les Napées, se sont vengées et ont tué toutes tes abeilles. »

L'abeille, la nymphe et la femme parfaite

Où l'on comprend pourquoi il convient de choisir une abeille pour épouse

Cette révélation remplit Aristée de stupeur, mais elle ne le surprend pas outre mesure. Il n'en va pas de même pour nous. À entendre le récit de Protée, il nous paraît incompréhensible que le gentil Aristée, qui a toujours été la douceur et la vertu incarnées, se soit soudain transformé en satyre lubrique à la simple vue d'Eurydice jeune mariée. Par ailleurs, on peut s'étonner que les nymphes aient préféré se venger sur les abeilles plutôt que sur Aristée lui-même qui, rappelons-le, n'est encore ni vraiment divin ni tout à fait immortel. Il n'était donc pas un adversaire très difficile à punir. Sur ces deux points, il nous faut un complément d'enquête.

Celle-ci a été menée avec brio par l'anthropologue Marcel Detienne dans un riche article consacré à l'interprétation du mythe d'Orphée, qui nous apprend beaucoup sur la fonction mythologique de l'abeille[8].

Detienne rappelle d'abord que les nymphes sont les véritables « inventrices » des abeilles tandis qu'Aristée n'en est que le gardien. Il est donc logique que celles-là aient le pouvoir de les retirer à celui-ci pour le punir et venger la mort de leur compagne.

Mais pourquoi précisément cette punition ? Detienne note que, dans toute l'Antiquité grecque (et nous le verrons, bien au-delà), l'abeille incarne un idéal de vie pure et chaste, loin de toute espèce de corruption. La ruche est toujours d'une propreté parfaite ; l'abeille n'est guère portée sur le sexe, puisqu'on ne la voit jamais s'accoupler ; elle est strictement végétarienne (à la différence de la guêpe qui est carnivore). Nombreux sont les auteurs classiques à noter son dégoût pour les odeurs trop fortes, que ce soient les relents de pourriture ou les effluves prononcés d'un parfum trop suave. Celui qui s'approche en étant trop parfumé, ajoutent ces « autorités », risque fort d'être attaqué ; de même que l'apiculteur s'il a commis quelque faute, et notamment s'il est infidèle à son épouse légitime.

Toutes ces qualités ont fait de l'abeille, dans l'Antiquité grecque, le modèle de la femme idéale. « Elle est, écrit Detienne, l'emblème des vertus domestiques : fidèle à son mari, mère des enfants légitimes, elle régente l'espace intime de la maison, prenant soin du bien conjugal et sans jamais se départir d'un comportement plein de réserve et de décence (*sophrosunè* et *aidôs*), cumulant ainsi les fonctions de l'épouse et celles d'une espèce de surintendante qui ne se montre ni gourmande, ni portée à la boisson, ni encline à dormir, et qui refuse obstinément les babils amoureux à quoi se plaît la gent féminine[9]. » Il faut dire qu'en Grèce antique, la « race des femmes » issue de Pandore – cette malédiction de Zeus lancée sur les hommes en contrepartie du feu frauduleusement dérobé par Prométhée – est l'objet de tous les reproches.

On en trouve une trace éclatante chez le poète élégiaque, Sémonide d'Amorgos (VIIe siècle av. J.-C.), dont il ne reste rien d'autre que la première œuvre franchement misogyne de la littérature occidentale. Dans son poème *Sur les femmes*, il en identifie dix races, créées par Zeus pour punir les hommes, dont la plupart se rapportent à des animaux et bien sûr… à leurs défauts : la femme-chien est bruyante et incontrôlable, la femme-âne est têtue et délurée, la femme-porc est sale et vorace, la femme-renard est versatile, la femme-belette est laide et sournoise, la femme-singe est moche et rusée, la femme-cheval est coquette et dépensière. Dans cet inventaire, il y a une seule race qui trouve grâce à ses yeux : celle de la femme-abeille.

> Celle-ci est de la race de l'abeille : heureux celui qui l'a en partage. Seule elle ne mérite aucun reproche. Par elle la vie devient florissante et longue ; chère à son époux qu'elle chérit, elle vieillit avec lui et donne le jour à une belle et noble famille. Elle brille

> entre toutes les femmes et une grâce divine est répandue autour d'elle. Elle ne se plaît pas, assise dans un cercle de femmes où se tiennent des conversations licencieuses. C'est Zeus qui accorde aux hommes de telles femmes si excellentes et si sages. Mais toutes les autres espèces que nous avons vues sont dues aussi à Zeus et demeurent parmi les hommes. Car le plus grand fléau que Zeus ait créé, ce sont les femmes.

Hésiode, dans la *Théogonie*, ne disait pas autre chose quand, comparant les femmes pandoriennes aux faux-bourdons lascifs et paresseux de la ruche, il notait : « C'est la fatigue d'autrui qu'ils engrangent dans leur panse. C'est exactement ainsi que, pour les hommes, les femmes sont un mal[10]. » Sauf s'ils ont la chance de rencontrer une sage épouse plus semblable à l'abeille qu'au bourdon.

On comprend donc que les velléités adultères d'Aristée le rendent indigne d'être apiculteur en chef. Et les abeilles, trompées, ont préféré disparaître plutôt que de rester sous son joug impur.

La mission d'Aristée

Mais il reste à expliquer les raisons du comportement pour le moins surprenant d'Aristée : pourquoi ce bon mari, travailleur et serviable, craque-t-il à la simple vue d'Eurydice ? La réponse de Marcel Detienne à cette question est aussi simple que lumineuse : Aristée l'apiculteur ne peut résister à Eurydice parce qu'Eurydice *est une abeille*, ou plutôt une *nymphe*, c'est-à-dire une très jeune abeille. En effet, dans la classification grecque des âges de la femme, plusieurs périodes sont distinguées. Il y a d'abord la *korè*, qui désigne la jeune fille impubère et non mariée. Elle est un peu sauvageonne, sans désir sexuel, placée sous le patronage d'Artémis, la déesse de la chasse. Après son mariage, et dès lors qu'elle a enfanté, la femme devient une *mêtêr*, c'est-à-dire une matrone, à la fois bonne épouse et mère de famille. C'est l'image de l'abeille accomplie, disciple de Déméter (voir butinage n° 2, p. 31).

Mais, entre les deux, il y a une période critique : c'est l'âge où la femme est *numphè*, de la veille de son mariage à la naissance du premier enfant. C'est le moment de tous les dangers : éveillée à la sexualité et à la sensualité, la jeune nymphe risque de s'y noyer en refusant son destin (et son accomplissement) de *mêtêr*. Elle risque de devenir une *hetaira*, une courtisane – ou encore une « nymphomane » – en se livrant tout entière à l'amour sous les signes d'Aphrodite. C'est précisément ce qui menace Eurydice, nymphe sublime, séduite par le poète Orphée. Ils viennent de se marier, mais on les voit mal s'installer en bon couple bourgeois – M. et Mme Orphée ! –, avoir des enfants, une bonne situation, une petite maison tranquille... Impossible ! Et donc il y a danger : tels qu'ils sont, ils partent pour une « lune de miel » sans fin. Leur désir fusionnel est tellement absolu qu'ils prétendront même surmonter l'inéluctable séparation de la mort. Cet amour n'est ni raisonnable ni vivable : il est démesuré (*hybris*) et son issue ne peut donc être que tragique.

Et c'est là qu'Aristée intervient. Il comprend toute de suite la situation, car, dans la ruche, les jeunes abeilles, quittant le stade de la larve, sont elles aussi appelées nymphes. Voyant dans Eurydice une jeune abeille, il ne peut s'empêcher de vouloir la posséder ; ce qui, en un sens, est normal, puisqu'il est le maître des abeilles, l'apiculteur en chef. Mais, surtout, il voit clairement le danger que court Eurydice face à un Orphée qui est « tout miel » et qui risque de la détourner de son destin d'épouse-abeille accomplie. Aussi joue-t-il le rôle ingrat du principe de réalité – du surmoi, dirait-on en psychanalyse. Et s'il court après Eurydice, c'est moins pour la séduire que pour la remettre dans le rang ; pour l'obliger à quitter son statut de nymphe – et de virtuelle nymphomane – et à entrer dans celui de bonne abeille, fée du logis. La « lune de miel » est terminée : au boulot, il faut penser à enfanter et à produire !

Aristée ne quitte donc pas son rôle de gardien de la ruche en poursuivant Eurydice de ses assiduités : il ne fait que son travail. Mais le mythe va au-delà : il nous montre un Aristée qui a pour charge de maintenir le monde à mi-chemin de la brutalité sauvage et des douceurs excessives de la culture. Il est à la fois, on l'a dit, chasseur et berger, protégeant les troupeaux des bêtes sauvages. Et il est aussi agriculteur, protégeant les fruits de la nature de la voracité des animaux domestiques. Le maître des abeilles est ainsi le garant du bon équilibre entre la nature et la culture, chargé d'éviter les deux excès symétriques. Par où l'on retrouve l'ambivalence de l'abeille : parce qu'elle touche aux deux ordres, elle est aussi perçue comme la gardienne du partage originel, comme la garante de l'harmonie, comme la condition de l'ordre cosmique.

Le retour des abeilles

Aristée était donc à son insu missionné par les dieux pour éviter un désordre cosmique. Le sort d'Eurydice et d'Orphée étant (tragiquement) réglé, sa « malédiction » n'a plus lieu d'être. C'est ainsi qu'il faut comprendre la recommandation de sa mère, Cyrène, qui lui ordonne d'aller se faire pardonner des nymphes : « Va, en suppliant, leur porter des offrandes et demander grâce ; adore les Napées pour les rendre indulgentes : elles accorderont leur pardon à tes prières et relâcheront leur courroux[11]. » Cyrène indique à son fils un sacrifice rituel à suivre scrupuleusement. Il faudra sacrifier pour les nymphes quatre de ses taureaux et quatre de ses génisses ; les laisser là, puis revenir neuf jours plus tard, pour sacrifier un autre taureau et une autre génisse à l'intention des mânes d'Orphée et d'Eurydice. C'est ce que s'empresse de faire Aristée. Et c'est alors qu'au neuvième jour le miracle a lieu : « Prodige soudain et merveilleux à dire, on voit à travers les chairs liquéfiées des bœufs, des abeilles grouiller dans tout leur ventre en bourdonnant et s'échapper à gros bouillons des flancs éclatés, puis se former en nuées immenses et affluer en masse au sommet d'un arbre dont elles font ployer les branches en y suspendant leur grappe[12]. » C'est le retour des abeilles et l'invention d'un procédé magique de production des abeilles qui aura une très longue postérité : la *bougonie* (voir butinage n° 3, p. 32 et illustration 2 du cahier hors texte). Aristée en tout cas est satisfait ; les nymphes sont calmées ; les dieux sont contents, car les abeilles sont revenues pour maintenir le fragile équilibre entre la sauvagerie et la civilisation...

La mission d'Aristée est accomplie. D'ailleurs, il est récompensé en étant enfin reconnu comme un dieu à part entière et lui-même disparaît sans laisser de trace...

Le récit de ce mythe très riche nous livre une première éthique de l'abeille, tout à fait dans l'esprit des Grecs antiques : il faut se garder de tout excès, conserver en tout la juste mesure. Si l'humanité se construit dans le refus de la nature brute et sauvage, elle peut aussi se détruire dans l'abus de culture. L'abeille nous guide dans cette sagesse fondamentale qui consiste à maintenir l'équilibre. Non seulement elle donne une clé simple et accessible à tous pour comprendre l'énigmatique passage du chaos au cosmos organisé, l'invention de la douceur et de la civilisation, mais elle indique aussi comment conserver l'acquis fragile de l'ordre institué. Livré à la seule nature, le monde risque de pourrir ; livré à la seule production humaine (la *poésie* d'Orphée), le monde court le danger de se brûler les ailes. Il faut veiller à se garder de ces deux extrêmes. Ce qui nous rappelle la fin de cet autre mythe fameux, celui d'Icare. On se souvient que le jeune homme, grisé par son vol aérien, et en dépit des recommandations de son père Dédale, se rapprocha beaucoup trop du soleil. C'est alors que les plumes de ses ailes se détachèrent, parce que la chaleur avait fait fondre ce qui les maintenait collées ensemble... la cire d'abeille.

La démesure (*hybris*), voilà ce qui menace le génie inventif des hommes. Voilà en quoi ce mythe d'Aristée continue de nous parler aujourd'hui, dans une époque pourtant dominée par la science, l'innovation et la maîtrise. La mythologie est naturellement pessimiste puisqu'elle raconte le sens du monde à partir d'un âge d'or perdu ; la science est spontanément optimiste puisqu'elle fonctionne au « progrès ». Mais il se pourrait que nous autres, humains de l'âge hypermoderne, devions vivre avec ce sentiment étrange que tout va à la fois de mieux en mieux et de pire en pire.

Butinage n° 2
Perséphone et Déméter

Korè et Mèter étaient également les noms primitifs de deux divinités : Perséphone et sa mère Déméter, déesse de la fertilité. Perséphone était d'une beauté telle que le vilain Hadès, son oncle, l'enleva pour en faire son épouse. Alarmée par sa disparition soudaine, Déméter partit à la recherche de sa chère fille et ne la retrouvant pas décida de faire une sorte de « grève de la fertilité » tant qu'elle ne lui serait pas rendue. La terre alors se dessécha ; les plantes cessèrent de croître ; l'univers fut affamé. Apprenant que son frère Hadès détenait sa fille, Déméter porta l'affaire devant Zeus. Celui-ci, bien embêté, ne voulant froisser ni son frère ni sa sœur, proposa un compromis. Il décida que Perséphone resterait six mois aux Enfers avec son époux et rejoindrait sa mère les autres mois. Ainsi furent inventées les saisons : durant l'absence de sa fille à l'automne et hiver, Déméter cesse tout travail ; à son retour au printemps, elle fait refleurir la terre.

De même, les abeilles restent terrées dans la ruche pendant la mauvaise saison pour réapparaître aux beaux jours. Un culte en mémoire de cette histoire était célébré dans toute la Grèce antique lors de grandes fêtes appelées les Thesmophories. Y participaient les femmes mariées qui étaient appelées pour l'occasion *mélissai* (abeilles). Un tel culte se déroulait également dans le temple d'Artémis d'Éphèse, l'une des sept merveilles du monde antique, toujours représentée accompagnée d'abeilles. Notons, par ailleurs, que la pythie de Delphes était elle aussi nommée Mélissa. Par où l'on voit que l'abeille n'est pas seulement *mythe* (ou récit de l'origine), elle est aussi *rite*, c'est-à-dire le rappel régulier des règles de la mise en ordre primordiale.

Butinage n° 3
La bougonie
ou le mystère de l'origine de la vie

La *bougonie* (du grec *bou* : « bœuf » et de *gonos* : « naissance ») désigne la croyance selon laquelle les abeilles naissent des entrailles d'un bœuf mort (ou parfois d'un lion), selon un processus qu'on appellera plus tard « génération spontanée ». C'était le seul moyen disponible à l'époque pour expliquer la génération d'une race d'insectes réputée se reproduire sans sexualité, d'une manière parfaitement chaste et pure. Cette légende eut la vie dure tout au long de l'histoire, puisqu'on la retrouve toujours vivace au XVIIIe et même au XIXe siècle. Mais son succès vient aussi de ce qu'elle touche les questions aussi essentielles qu'insolubles de l'origine de la vie et du rapport entre le corps et l'esprit. La bougonie permet ainsi de figurer à merveille l'idée de la réincarnation, de la métempsychose et de l'immortalité de l'âme : comme un essaim quitte une ruche, une âme quitte son corps ; mais reparaît néanmoins à partir d'un corps mort pour aller en occuper un autre vivant.

Au XVIIe siècle, le philosophe Malebranche (1638-1715) reviendra, après beaucoup d'autres, sur ce mythe pour le réfuter. À ses yeux, l'idée même de génération spontanée mettait en péril l'existence d'un Dieu, seul et unique créateur de la vie. Aussi s'est-il efforcé de montrer par des expérimentations, d'ailleurs assez astucieuses, que la bougonie n'avait pas eu lieu et ne le pouvait pas. Il lui opposait une autre théorie, assez amusante à nos yeux contemporains, qu'on appelle à l'époque le « préformationnisme ». Selon elle, tout vivant provient d'un germe initial produit par Dieu lui-même. Ce qui fait que tout œuf d'animal contient, non seulement un animal, mais tous les animaux à venir de sa lignée, comme des poupées russes. Les observations microscopiques de l'époque semblaient confirmer cette théorie, puisqu'on pouvait voir dans le germe, en petit, déjà la forme de l'être adulte. C'est ce qu'écrit Malebranche dans le dixième de ses *Entretiens sur la métaphysique, sur la religion et sur la mort* (1688) : l'abeille de la fin du XVIIe siècle existait déjà de manière microscopique dans l'œuf de la toute première abeille. Un des protagonistes de son livre s'amuse même à calculer « le rapport de la grandeur naturelle de l'abeille à celle qu'avaient au commencement du monde les abeilles de cette année 1687, supposé qu'il y a six mille ans qu'elles soient créées[13] ». La construction d'êtres aussi minuscules est possible, car « la matière est divisible à l'infini ». La découverte du code génétique a, d'une certaine manière, remis le préformationnisme à l'honneur.

CHAPITRE 2

L'abeille cosmologique

Aristote, Virgile, Porphyre

L'abeille est devenue l'emblème de la fragilité du monde. Pollution chimique, réchauffement climatique, mondialisation frénétique, agriculture intensive, etc. : sur chacun de ces grands dossiers de notre temps, elle apparaît comme l'innocente victime des méfaits de la technique humaine. Son destin témoigne du dérèglement tragique d'une nature qui serait de plus en plus dominée par un consortium diabolique. Faust, Prométhée et Frankenstein Inc., si l'on peut dire, soit : l'omniscience, la toute-puissance et la folie des grandeurs réunies en l'homme, par l'homme et pour l'homme. Face à la triple prétention de tout connaître, de tout maîtriser et de tout fabriquer, l'abeille apparaît comme l'être fragile par excellence, symbole de la vulnérabilité d'une nature soumise aux diktats de l'humain. Mais ce qui explique aussi le succès médiatique de cet insecte sur lequel on ne cesse de projeter les angoisses du présent plonge ses racines dans une longue et ancienne tradition. Car si l'on déplore aujourd'hui avec autant d'émotion – et parfois d'emphase – le déclin de l'abeille, c'est qu'elle fut longtemps considérée comme le symbole privilégié de la beauté et de l'harmonie du monde, lorsque la Nature était considérée comme infiniment plus vaste, plus puissante et plus durable que tous les mortels réunis. Par où l'on rencontre un deuxième usage de notre insecte préféré, usage que l'on peut se risquer à qualifier de « cosmologique » pourvu que l'on s'entende sur ce terme.

Alors que la mythologie s'intéresse au récit de l'origine des choses, la cosmologie tente de comprendre le secret de leur agencement ordonné. Bien sûr, les deux perspectives se recoupent et on verra, à de nombreuses reprises, qu'il y a un usage cosmologique de la mythologie (tout comme il existe une préfiguration du cosmos dans le récit mythologique) ; mais les deux démarches divergent dans leur principe. Dans un cas, c'est par le récit de l'origine que l'on rend compte de l'ensemble du réel, de son ordre et de ses valeurs ; dans l'autre cas, c'est par l'analyse théorique des relations entre les choses que l'on cherche à comprendre la nature profonde de ce qui est. La mythologie raconte l'âge d'or ancestral ; la cosmologie théorise les rapports éternels.

Pythagore aurait été le premier à donner le nom de *Cosmos* à l'univers manifesté. Peu importe que ce soit vrai ou non, l'image qu'il en donne est sublime ; il présente l'univers comme une lyre dont les parties composantes, l'accordement des cordes et le jeu musical sont commandés par un principe immuable et divin. C'est ce que rappelle Platon[1] : « Les sages [les pythagoriciens], écrit-il, disent que l'affinité, l'amitié, le bel ordre, la mesure et la proportion tiennent ensemble le ciel et la terre, les dieux et les hommes ; voilà pourquoi, mon cher, ils donnent à cet ensemble le nom de *Cosmos* (ou de bel ordre) et non celui de désordre et de dérèglement. » Appliqué à l'univers tout entier, cela signifie que le monde est comme un gigantesque être vivant, doué d'une âme (c'est-à-dire d'un principe moteur ou « animateur ») et dont la constitution est parfaite, harmonieuse, juste, belle et bonne. Dans l'univers, chaque être soit est à sa place, soit tend à la rejoindre. Comme le dira Cicéron : « Le monde est un être animé, doué de conscience, d'intelligence et de raison[2]. » À partir de là, la fonction du philosophe est aussi limpide qu'évidente. Il s'agit pour lui d'identifier et de décrire cet ordonnancement sublime (théorie), puis d'en tirer des règles de conduite (éthique) et, ainsi, d'apprivoiser ou de supprimer toutes les peurs et les angoisses qui empêchent l'homme de vivre heureux. Or, dans ces trois tâches, l'abeille va être pour le philosophe un guide privilégié et sûr : reflet sublime de l'harmonie du monde, elle apparaît aussi comme un exemple parfait de conduite vertueuse, et devient elle-même au fond un modèle suprême de sagesse. Car s'il y a un usage philosophique de l'abeille, c'est parce que l'abeille *est* philosophe, voire, comme de nombreux anciens le diront[3], c'est parce qu'elle est *sage*. Et pour qui est sage : nul besoin de la philosophie.

Aristote apiculteur

Où l'on voit comment la ruche fournit la clé du mystère de l'origine des choses

> « L'abeille mène une vie pure […] elle n'a absolument pas besoin des recommandations de Pythagore. »
>
> ÉLIEN (175-235),
> *La Personnalité des animaux*, III, 11.

Comment expliquer que le plus grand penseur de l'Antiquité, Aristote (384-322 av. J.-C.), se soit autant préoccupé de l'abeille ? Comment comprendre que le principal disciple de Platon, qui fut le précepteur et l'ami d'Alexandre le Grand, qui fonda sa propre école philosophique, le Lycée, qui fut un esprit universel embrassant les savoirs les plus élevés, ait consacré autant d'énergie à enquêter sur le petit monde de la ruche ? Car il y a passé du temps ! Si l'on fait le compte de toutes les espèces animales étudiées dans ses ouvrages sur l'histoire naturelle, on atteint un total de cinq cent quatre-vingt-une exactement. Mais, après l'homme, c'est à l'abeille qu'il consacre, et de très loin, ses plus longs développements[4]. Pourquoi ? Qu'y a-t-il dans l'abeille pour intéresser le grand maître de la physique et de la métaphysique antiques ? De quelle énigme espère-t-il trouver la solution en scrutant la vie de la ruche ?

La réponse est simple dans son principe, et passionnante dans son détail : pour Aristote, la ruche est un *microcosme*, c'est-à-dire un cosmos en petit ; et, à l'étudier de près, on peut espérer comprendre les mystères du grand cosmos universel. Cela suppose des observations attentives, mais aussi des raisonnements afin d'expliquer quelques anomalies apparentes d'une nature toujours supposée harmonieuse ; car celle-ci, dit Aristote, « ne fait rien en vain[5] ». Tout doit donc pouvoir être décrit de manière à refléter la finalité d'un ordre parfaitement équilibré où chaque chose a sa place. En ce sens, l'enquête d'Aristote sur les abeilles n'est ni pratique (au sens où il s'agirait de fournir des conseils aux apiculteurs) ni scientifique *stricto sensu* (au sens où il s'agirait de décrire avec précision le fonctionnement de la ruche pour elle-même), mais elle est métaphysique : elle vise à rendre compte de l'harmonie du monde. Pour quelle raison l'abeille est-elle particulièrement propice à cette investigation ?

Pour le percevoir, il nous faut suivre de près la démarche d'Aristote. Elle est tout à fait fascinante en ce qu'elle dévoile, à propos de ce petit être vivant, toute une vision antique du monde. Partons donc de la définition très singulière qu'il donne de l'abeille tout au long de ses textes : elle est, dit-il, un *insecte*, qui, à l'instar de l'homme, est à la fois *prudent*, *politique* et *divin*. Comment comprendre ces quatre termes dont l'importance philosophique va croissant ?

L'abeille insecte à miel

La première étape va être d'identifier la place de l'abeille dans ce cosmos et de la situer par rapport aux êtres vivants étudiés. Pas de malentendu ! Nous sommes ici très loin des classements, systématiques, taxinomies qui, aujourd'hui encore, tentent de mettre bon ordre dans le divers du vivant. Les mots *genos* et *eidos* n'ont d'ailleurs pas chez Aristote les significations précises qu'ont *genre* et *espèce* aujourd'hui dans le domaine de la classification. Chez lui, les critères de distinction peuvent fluctuer. Néanmoins Aristote présente la toute première tentative d'inventaire complet des vivants.

Commençons donc par le plus simple : l'abeille est un insecte, qui appartient à la vaste catégorie des animaux qui ne respirent pas et qui sont composés de plusieurs sections susceptibles d'être coupées. Telle est en effet l'étymologie du mot insecte, c'est un animal « coupable », pourrait-on dire. Aristote, tout en notant qu'il n'existe pas de terme permettant de le faire, regroupe neuf espèces d'insectes dont le point commun est la fabrication d'alvéoles de cire et une forme analogue. Dans ce groupe, il faut compter la guêpe, l'anthrène, le tenthrédon, trois espèces solitaires, le grand et le petit siren, le bombyle et… les trois castes d'abeilles. Ce point est important à noter, puisque ce que nous réunissons sous le nom « abeille » n'est pas identifié par Aristote comme une espèce unique. Pour lui, trois espèces cohabitent dans la ruche : les chefs (pour nous : les reines), les faux-bourdons et les *chrestai melissai* (c'est-à-dire les *meilleures abeilles*, qui correspondent à nos ouvrières*). Il y en a même cinq, puisque parfois il ajoute les abeilles longues et les abeilles voleuses néfastes à la colonie[6].

Dans son genre, l'abeille est plutôt rudimentaire : elle a « six pattes et quatre ailes formées de membranes sèches et sans étui ». Ses « ailes ne repoussent pas lorsqu'elles ont été arrachées ». L'abeille, comme tous les animaux, est douée de sensations : de la vision, puisqu'elle a des yeux, même si elle ne voit sans doute pas très bien ; de l'odorat puisqu'elle « sent » le miel qui est sur les fleurs ; mais, selon Aristote, il n'est pas certain qu'elle dispose de l'ouïe, ce qui la rend inapte à l'apprentissage, car celui-ci suppose l'ouverture à autrui[7]. Par ailleurs, il semble que, comme d'autres animaux inférieurs (tels la fourmi ou le ver), elle n'ait pas beaucoup

---

* Il faut rapprocher cette appellation d'une formule très fréquente en grec ancien : le *chrèstos politès*, c'est-à-dire le citoyen non seulement honnête (*chrèstos*), mais aussi – par jeu de mots – utile (*chrèsimon*) à la cité.

d'imagination, c'est-à-dire la capacité de se représenter un objet en son absence, ce qui lui interdit toute espèce d'abstraction.

À s'en tenir là, l'abeille n'aurait guère d'intérêt. Mais le plus important n'est pas tant sa description externe, que sa finalité qui permet d'abord de la comparer à deux animaux proches d'elle : l'araignée et la fourmi. La première, dit Aristote, chasse et ne fait pas de provisions ; la seconde « recueille des choses qu'elle trouve toutes faites ». L'abeille, quant à elle, a la particularité non seulement de produire sa nourriture, mais aussi de l'emmagasiner ; et quelle nourriture ! Le miel : cette substance parée de nombreuses vertus tant réelles que symboliques. Aristote le considère comme une substance tombée du ciel et récoltée par les habitantes de la ruche sur les feuilles et les fleurs. Comment ne pas penser que cette rosée sucrée (voir butinage n° 4, « Le mystère de la source du miel », p. 52) issue des sphères célestes pourrait nous révéler quelque chose d'essentiel sur l'ordre profond des choses ? C'est là un premier indice quant à l'importance cosmologique de l'abeille. Mais c'est loin d'être le seul.

L'abeille « prudente »

Allons plus loin. Insecte récolteur, stockeur et transformateur de miel, l'abeille peut également être qualifiée sinon d'« intelligente », à tout le moins de « prudente » (*phronimos*). Ce terme, chez Aristote, a un sens très précis : il désigne la capacité d'accomplir les actes de la vie pratique de manière adaptée. De ce point de vue, les aptitudes de l'abeille dépassent de beaucoup celles de nombreux animaux sanguins[8], même si, à l'instar des araignées ou des fourmis, elle n'agit « ni par art, ni par recherche, ni par délibération[9] », mais par impulsion naturelle. Cette capacité à agir en vue de certains buts complexes, comme par exemple la construction des rayons de cire, témoigne de sa finalité : elle sait toujours ce qu'il faut faire, quand et comment le faire, selon une régularité exemplaire ; mais jamais elle ne s'interroge sur pourquoi le faire. À la différence de l'homme, l'abeille ne doute de rien. À proprement parler, elle ne veut rien, ce qui fait toute sa vertu, puisqu'elle ignore les affres humaines quant à savoir quels moyens doivent être choisis pour réaliser les fins. L'abeille est parfaitement prudente parce qu'elle n'a pas de volonté[10]. C'est ce que redira Thomas d'Aquin en commentant Aristote dans la *Somme théologique* : « Tous les animaux ont, dans leur pouvoir naturel d'estimation, une certaine participation de la prudence et de la raison. C'est en vertu de cela que les grues suivent leur guide et que les abeilles obéissent à leur roi. » Et plus loin : « Comme dit Aristote : "Il ressortit à la prudence de bien choisir les moyens." Mais la prudence convient aux bêtes. Aussi Aristote appelle-t-il "prudentes sans l'avoir appris, toutes celles qui ne sont pas capables d'entendre les sons, comme les abeilles". Et cela est manifeste sur le plan sensible : des animaux comme les abeilles, les araignées et les chiens montrent dans leur activité une sagacité étonnante[11]. » Quant à « ce qui chez l'homme s'appelle art, sagesse et science, il lui correspond chez quelques animaux une autre potentialité naturelle de même sorte[12] ». Bref, en matière de jugeote, de sens pratique et d'adaptabilité aux situations concrètes, l'abeille est loin d'être la plus mal lotie dans la nature. Elle frise même l'excellence !

L'abeille civique

Mais il n'y aurait là encore rien qui permettrait à Aristote de parler des abeilles comme d'« un genre exceptionnel et à part[13] ». Il ajoute donc une troisième caractéristique : cet insecte prudent est aussi *politique*. Il le dit à deux reprises dans deux contextes très différents. D'abord dans le *Politique*, où il insiste, dans un passage célèbre, sur la spécificité et la supériorité de la cité humaine, dont les membres sont doués de langage (*logos*) et animés par la mise en commun de principes éthiques.

> C'est pourquoi il est évident de dire que l'homme est un animal politique plus que n'importe quelle abeille et que n'importe quel animal grégaire. Car, comme nous le disons, la nature ne fait rien en vain ; or seul parmi les animaux l'homme a un langage [*logos*]. Certes la voix [*phonè*] est le signe du douloureux et de l'agréable [même chez les animaux]. Mais le langage existe en vue de manifester l'avantageux et le nuisible, et par suite le juste et l'injuste. Il n'y a en effet qu'une chose qui soit propre aux hommes par rapport aux autres animaux ; le fait que seuls ils aient la sensation du bien et du mal, du juste et de l'injuste et des autres notions de ce genre. Or avoir de telles notions en commun c'est ce qui fait une famille et une cité [*oikan kai polin*][14].

Aristote revient sur le sujet dans l'*Histoire des animaux*, avec une perspective différente qui vise à comparer « les modes de vie et les actions des animaux » en général :

> Parmi les animaux, les uns sont grégaires [*agelaia*], d'autres solitaires [*monadika*], qu'ils soient pédestres, ailés ou nageurs, d'autres encore appartiennent aux deux. Parmi les grégaires, comme parmi les solitaires, il y a des politiques [*politika*] et des dispersés [*sporadika*]. Sont donc grégaires, chez les oiseaux, le genre des pigeons, la grue, le cygne (aucun oiseau à ongles recourbés n'est grégaire), et parmi les nageurs, de nombreux genres de poissons, comme ceux qu'on appelle migrateurs, les thons, les pélamides, les bonites ; quant à l'homme, il appartient aux deux. Sont politiques, ceux qui agissent tous en vue d'une œuvre une et commune, ce que ne font pas tous les grégaires. Tels sont l'homme, l'abeille, la guêpe, la fourmi, la grue. Et parmi eux, les uns sont soumis à un chef [*hêgemona*], les autres n'ont pas de chef [*anarcha*], ainsi la grue et le genre des abeilles sont soumis à un chef, mais les fourmis et une myriade d'autres sont sans chef[15].

Dans ce second texte, toute différence semble avoir disparu. Aristote insiste ici sur ce qui réunit la cité humaine et la ruche, à savoir à la fois la vie collective, l'unité d'un lieu, la mise en commun et la présence d'une hégémonie. Mais il est un autre point décisif de comparaison qui réunit la cité des hommes et celle des abeilles : l'une et l'autre rassemblent des individus différents. Comme la cité qui rassemble des esclaves, des métèques, des citoyens, des chefs, etc. ; la ruche est composée de différentes espèces : les chefs, les ouvrières, les faux-bourdons, et ces deux sortes d'abeilles, longues et voleuses, dont il vaut mieux éviter qu'elles ne se développent trop. Cette unité d'une diversité est exceptionnelle dans le monde animal et mérite donc un examen particulier du système qui la régit. Bref, pour le lecteur attentif le problème est le suivant : comment comprendre que les abeilles soient à la fois moins politiques que les humains (dans le texte 1) et tout aussi politiques que les humains (dans le texte 2) ?

La réponse d'Aristote est claire : hommes et abeilles ne sont pas *politiques* de la même façon. Les abeilles n'ont pas besoin de langage (*logos*) pour construire leur cité : elles sont *naturellement* politiques ; tandis que les hommes, qui eux sont *naturellement* doués du *logos* sont « logiquement » politiques. Ce pourquoi d'ailleurs leurs cités fonctionnent beaucoup moins bien que celles des abeilles. En effet, comme ils ont besoin de l'art (*technè*), de la recherche et de la délibération pour les construire – autant de signes de leur supériorité parmi les animaux –, ils risquent à tout moment, pourvu qu'ils exercent mal ces talents (ce qui, hélas, est fréquent), de sombrer dans des travers fâcheux, voire tragiques. En matière politique, les abeilles sont sans doute moins philosophes, mais elles sont certainement beaucoup plus sages que les hommes !

C'est ce qui explique qu'Aristote ne va jamais être tenté de tirer de leçon politique ou morale de la vie de la ruche. Il fait preuve là d'une exceptionnelle retenue au sein de l'Antiquité gréco-romaine. À l'inverse de la plupart de ses successeurs, il ne considère pas qu'elle soit une monarchie ou une république idéales. Et s'il remarque la propreté, la frugalité, voire la pureté des abeilles qui, dit-il, détestent aussi bien le fétide que les parfums suaves, et vont même jusqu'à s'éloigner de la ruche pour se défaire de leurs excréments[16] ; jamais il ne se risque à en tirer un quelconque modèle exemplaire pour l'homme. Chez Aristote, l'abeille n'est jamais fabuleuse ou affabulatrice : décrire la finalité de son organisation collective suffit amplement à son projet sans qu'il soit pour autant nécessaire d'en rajouter sur la beauté, l'ordre et l'harmonie du monde.

Petit cosmos dans le grand cosmos, le fonctionnement de la ruche s'explique parfaitement une fois qu'on a compris sa double finalité : la récolte et l'épargne du miel. Toute l'économie de la ruche, la diversité de ses membres, ses « mœurs » se conçoivent alors comme le moyen naturel de réaliser cette fin, c'est-à-dire de permettre à l'abeille de s'accomplir dans sa plus grande perfection. Les prétendues « vertus morales » ou « qualités techniques » de l'abeille, qui ont été tant vantées tout au long de l'Antiquité ne sont en vérité que des signes de l'harmonie de la nature. Car, écrit Aristote, « il y a beaucoup plus de finalité et de beauté dans les œuvres de la nature que dans celles de l'art [*technè*][17] ».

Comment naît la divine abeille ?

On aurait pu en rester là. Mais, encore une fois, le caractère exceptionnel de l'abeille, affirmé à plusieurs reprises par Aristote eût été très exagéré. C'est ici qu'intervient le quatrième qualificatif de l'abeille : *insecte à miel*, *prudent*, *politique*, l'abeille est en outre qualifiée par Aristote de « divine[18] ». On pourrait être tenté de voir là une sorte de *bug* mythologique dans la démarche jusque-là quasi « scientifique » d'Aristote. Peu assuré de sa méthode, celui-ci aurait régressé fugacement, voire commis un lapsus en mêlant la religion à son observation. Mais ce serait se tromper lourdement et oublier que, pour Aristote, le cosmos lui-même est divin. Ce qu'il faut entendre au sens premier du terme : le divin, c'est ce qui n'est pas mortel et qui, au-delà même de l'immortalité, touche l'éternité.

C'est ce qu'indiquait Aristote dans son traité sur l'âme, lorsqu'il voulait montrer que la question de la génération était décisive pour comprendre le divin :

> La plus naturelle des fonctions pour tout être vivant qui est achevé et qui n'est pas incomplet, ou dont la génération n'est pas spontanée, c'est de créer un autre être semblable à lui, l'animal un animal, et la plante une plante, de façon à participer à l'éternel et au divin, dans la mesure du possible. Car tel est l'objet du désir de tous les êtres, la fin de leur naturelle activité[19].

Chaque être, ajoute Aristote, aspire à durer éternellement, mais comme il ne peut « participer à l'éternel et au divin de façon continue » (puisque la plupart des vivants sont corruptibles), c'est par la perpétuation de l'espèce qu'il participe à l'éternité cosmique. Autrement dit, pour Aristote, le simple fait de se reproduire comporte déjà quelque chose de divin.

Mais qu'est-ce que les abeilles ont de particulier dans leur participation au divin ? Qu'ont-elles de plus que les autres êtres vivants n'ont pas ? Pour Aristote, c'est leur manière d'engendrer qui les rend exceptionnelles, car elles ne pratiquent, selon lui, aucune des méthodes habituelles de reproduction. Leur espèce ne perdure, dit-il, ni par génération spontanée (ce qui était une hypothèse courante dans l'Antiquité – la *bougonie** – qu'Aristote n'évoque même pas) ni – et c'est pour nous plus étrange – par reproduction sexuée. En effet, jusqu'à une période récente, les observateurs les plus attentifs du monde de la ruche n'avaient jamais pu observer le moindre rapport entre leurs habitants, dont l'identité sexuelle restait donc très mystérieuse : étaient-ils mâles, femelles, bi-, trans-, no-... ? On pouvait même douter qu'ils fussent de la même espèce.

C'est cette bizarrerie naturelle qui va suffisamment intéresser Aristote pour qu'il lui consacre un très long développement dans

* Voir butinage n° 3, p. 32.

son traité *De la génération des animaux*. L'anomalie, à vrai dire, est double : non seulement, les abeilles « engendrent sans copulation » (ce qui est déjà surprenant), mais surtout « elles n'engendrent pas le même genre qu'elles » (ce qui devient carrément mystérieux). Voici le début du passage :

> Étant donné que les abeilles constituent un genre exceptionnel et à part, il semble que leur génération est, elle aussi, à part. En effet, si les abeilles engendrent sans copulation, c'est là un phénomène qui peut se produire aussi chez d'autres animaux ; *mais qu'elles n'engendrent pas le même genre qu'elles, c'est une particularité qui leur est propre* [Nous soulignons]. Car les rougets engendrent des rougets et les serrans engendrent des serrans. La cause en est que les ouvrières elles-mêmes ne sont pas engendrées comme les mouches et les animaux de ce genre, mais naissent d'un genre différent, quoique voisin : elles naissent en effet des chefs. [...] La génération des insectes d'espèces voisines, comme les frelons et les guêpes, est à certains égards la même pour tous ; cependant le merveilleux est exclu, ce qui est dans l'ordre : car ces insectes n'ont rien de divin [*theion*] comme le genre des abeilles[20].

Ainsi l'abeille participe à l'éternité de la génération d'une manière tout à fait exceptionnelle : elle ne se contente pas de reproduire le même, mais *elle produit du différent*, donc, pourrait-on dire, *un divin supérieur*, un divin qui n'a rien de commun avec la banale reproduction à l'identique des animaux. Et c'est là ce qui passionne Aristote, car cette capacité de produire du différent offre, pour un esprit métaphysique comme lui, une clé pour résoudre un problème bien plus vaste : celui de l'origine de toutes choses et du fonctionnement du monde : comment passe-t-on du non-être à l'être ? Comment passe-t-on de l'un au multiple ? Comment penser des changements dans l'être ? Comment concevoir la diversité d'un être Un ? Pour Aristote, la reproduction de l'abeille devient un problème *ontologique*, c'est-à-dire portant sur la nature même du réel. Voici son analyse et sa solution qui mêlent – cela ne doit pas déconcerter le lecteur d'aujourd'hui – des observations et des raisonnements, car, pour lui, la question de la génération des animaux n'est pas différente d'une analyse logique : une conclusion naît d'une majeure et d'une mineure comme un rejeton d'un père et d'une mère… avec la même nécessité apodictique (sauf pour les monstres qui sont des erreurs de raisonnement de la nature elle-même !).

L'abeille métaphysique

Toute l'exceptionnalité de la ruche vient de ce qu'elle réunit (au moins) trois sortes d'habitants, dont le sexe et les rapports sont incertains et mystérieux : il y a les rois, les faux-bourdons et les *meilleures* abeilles (les « ouvrières »).

Pour résoudre l'énigme, Aristote commence par recueillir des « données ». Tout d'abord, il est improbable que les « ouvrières » soient des femelles et les faux-bourdons des mâles, car, observe-t-il, les ouvrières ont des dards ; or « la nature ne donne d'armes pour le combat à aucune femelle ». Mais il n'est pas plus probable que les faux-bourdons soient des femelles et les ouvrières des mâles, car ce ne sont pas les faux-bourdons qui s'occupent des petits, mais bien les ouvrières. Nous laissons de côté toutes les objections qu'un lecteur contemporain pourrait faire sur ce texte. Mais c'est comme cela : Aristote ne connaissait pas la théorie du genre !

Deuxième point : aucun accouplement n'a jamais pu être constaté chez les abeilles que ce soit au sein de chaque caste ou entre individus de castes différentes (par exemple : entre ouvrière et faux-bourdon, ou entre ouvrière et roi). Le troisième élément est une autre observation : quand les rois viennent à manquer, il n'y a plus de couvain d'ouvrières (ce qui laisse penser qu'ils sont décisifs pour la reproduction des ouvrières), mais, par contre, « on voit les bourdons naître sans même qu'il y ait de chefs dans la ruche » (leur reproduction ne dépend donc pas d'eux).

À partir de ces éléments, quelle hypothèse peut être envisagée ? La seule solution est que les abeilles « ouvrières » soient à la fois mâles et femelles, et qu'elles engendrent les faux-bourdons en produisant, sans copulation, le couvain de ces derniers. Il faut ensuite considérer qu'un processus similaire a lieu dans l'engendrement des « ouvrières » : celles-ci sont engendrées par les « chefs » (qui sont donc eux aussi à la fois mâles et femelles) et qui, en outre, pour ce qui les concerne, s'engendrent eux-mêmes. Bref, les rois donnent naissance aux rois et aux ouvrières, qui elles-mêmes donnent naissance aux faux-bourdons. Voici le texte :

> Il ne reste donc que la possibilité d'une génération pareille à celle qui se produit certainement chez certains poissons : les ouvrières engendrent les faux-bourdons sans copulation ; elles sont femelles puisqu'elles engendrent, mais elles ont en elles, comme les végétaux, les deux sexes mâle et femelle. Et voilà pourquoi elles possèdent l'organe pour se défendre : car on ne peut pas parler de femelle quand il n'y a pas de mâle distinct[21].

Pour conforter son raisonnement, Aristote note toute une série de similitudes : les ouvrières ressemblent aux rois par le dard (mais non par la taille), tandis que les faux-bourdons ressemblent aux rois par la taille (mais non par le dard, dont ils sont dépourvus). C'est la raison pour laquelle Aristote peut qualifier les ouvrières de *chrestai* (les meilleures), car elles sont dans la juste mesure. Et cette « aristocratie » permet aussi de comprendre le dispositif de commandement et d'obéissance au sein de la ruche[22]. Il est normal que l'abeille obéisse au roi et commande au faux-bourdon, puisqu'il y a entre eux de rapports filiaux. Le roi peut être oisif puisqu'il est « grand-père », tandis que le « petit-enfant » faux-bourdon doit être réprimandé pour sa paresse. Quant aux abeilles, « elles doivent travailler énergiquement pour remplir la fonction dont elles sont chargées qui est de nourrir les enfants et les parents[23] » : ce sont les adultes.

Arrivé à ce moment de l'explication, Aristote doit affronter une objection : à quoi sert le faux-bourdon ? C'est un point délicat, car tous les observateurs ont dénoncé sa paresse, son parasitisme, son inutilité. Si encore il avait une fonction reproductrice (ce qui en fait est le cas : voir butinage n° 5, p. 56), on comprendrait son rôle, mais Aristote la lui dénie. Or, comme « la nature ne fait rien en vain ni de superflu », il faut trouver une bonne raison à l'existence de ces bons à rien. Voilà celle qui est avancée par Aristote :

> Comme les phénomènes naturels respectent toujours un ordre, il s'ensuit que la faculté de produire un autre genre doit *nécessairement* [nous soulignons] être refusée aux faux-bourdons. C'est justement ce qui se passe : eux-mêmes sont produits, mais ils n'engendrent rien, et au troisième terme de la série, la génération s'arrête. Et tout a été si bien organisé par la nature que les genres en question continuent toujours d'exister sans qu'aucun ne manque, quoiqu'ils n'engendrent pas tous[24].

Si les faux-bourdons engendraient, il y aurait, pour ainsi dire, une réaction en chaîne : le processus d'engendrement serait virtuellement dérégulateur ; il y aurait trop de population, trop d'interactions et trop peu de production. En effet, ajoute Aristote, « la présence à l'intérieur d'un petit nombre de faux-bourdons contribue à la prospérité de la ruche, car ils rendent les abeilles plus diligentes[25] ». Il est donc nécessaire pour le bien de la ruche et son bon fonctionnement que le bourdon soit stérile et improductif… la preuve ? Il est stérile et improductif. Son « inutilité productive et reproductive » même est facteur de mesure et de réussite dans la production et dans la reproduction.

Cet argument peut être étendu à tous les dérèglements de la ruche. Car contrairement à d'autres observateurs, qui auront tendance à idéaliser le monde apicole, Aristote ne nie pas qu'il connaisse des troubles et des échecs. Il y a des mauvais rois, des abeilles voleuses, des espèces désordonnées… Mais ces dysfonctionnements participent de l'harmonie finale et ils lui sont pour ainsi dire nécessaires. C'est d'ailleurs ce que montre le travail de l'apiculteur. S'il veut être « performant », il devra imiter par son *art* (*technè*) apicole la mesure propre à la nature en maintenant la ruche dans un état d'équilibre permanent : il lui faudra prélever le miel de façon mesurée sans excès ni parcimonie ; il devra gérer avec soin l'espace dont disposent les abeilles dans la ruche ; il aura à cœur de stimuler les essaims afin d'éviter qu'ils ne sombrent dans la paresse. La pratique vient ici à la fois rejoindre et confirmer la métaphysique dans un message de « juste mesure », qui concerne toujours l'apiculteur d'aujourd'hui.

La postérité de l'analyse aristotélicienne du monde de la ruche va être considérable. Sans même parler des disciples d'Aristote : Aristomaque de Soles (IIIe siècle), qui est réputé avoir passé cinquante-huit ans de sa vie à contempler les abeilles, ou Théophraste (371-287), qui aurait été l'auteur d'un traité *Du miel* aujourd'hui perdu[26], il faut citer les Romains Caton, Varron, Virgile, Hygin, Pline, Columelle, Palladius, mais aussi la patristique chrétienne et la majeure partie des auteurs médiévaux (juifs, chrétiens et musulmans), voire modernes. Tous continueront de se référer aux textes d'Aristote, mais en oubliant pour la plupart cette recommandation et ce constat, énoncés comme une conclusion à l'exposé sur la reproduction des abeilles :

> Telle est donc la façon dont paraît se faire la génération des abeilles si l'on part du raisonnement et des faits qui semblent établis à propos de ces insectes. Mais les faits ne sont pas connus d'une manière satisfaisante et, s'ils le deviennent un jour, il faudra se fier aux observations plus qu'aux raisonnements, et aux raisonnements dans la mesure où leurs conclusions s'accorderont avec les faits observés[27].

Doute louable, que la postérité d'Aristote va durablement ignorer, en se référant à son autorité au-delà de tout raisonnement comme de toute observation. Les philosophes et les naturalistes préféreront longtemps lire Aristote qu'observer l'abeille. Et il faudra attendre le naturaliste Swammerdam (1637-1680) pour voir au microscope que le roi des abeilles est une reine ; il faudra attendre le génial Huber (1750-1831) pour comprendre le processus de la fécondation de la reine ; il faudra attendre le film *Des abeilles et des hommes*[28] pour que cette scène de sexe torride soit enfin filmée grâce à un petit drone, merveille d'électronique embarquée.

Mais retenons la leçon d'Aristote : pour lui, l'abeille est précieuse à trois égards qui expliquent l'attention scrupuleuse qu'il lui porte. D'abord, parce qu'elle est *prudente*, *politique* et *divine*, tout comme l'est l'homme[29], elle l'aide à penser la spécificité humaine. Proche de l'homme, elle n'est pourtant pas identique à lui. Tandis qu'elle reçoit ces qualités *par nature*, l'homme doit s'efforcer de les cultiver *par son savoir* et *par sa pratique*. Ensuite, la ruche permet de confirmer, en dépit des anomalies apparentes, l'harmonie profonde du cosmos finalisé : son fonctionnement, image microcosmique du grand cosmos, est la preuve vivante et visible que « la nature ne fait rien en vain ». Enfin, l'essaim permet d'envisager, à travers le processus complexe et énigmatique de sa génération, que d'« une chose, une *autre chose puisse naître* ». C'est là une clé d'interprétation inestimable pour qui veut approcher l'énigme du monde, de son origine et de son organisation, de son unité et de sa diversité. Bref, nous avons là tous les ingrédients d'une véritable métaphysique de l'abeille, puisque le vol du petit insecte nous guide vers les réponses aux questions les plus essentielles. Alors oui ! on peut dire comme Virgile : « L'objet est petit, mais le spectacle est grandiose. »

Butinage n° 4
Le mystère de la source du miel

Dans le livre V de l'*Histoire des animaux*, Aristote présente, à quelques lignes d'intervalle, deux thèses apparemment contradictoires sur l'origine du miel. Au § 5, il dit que le miel est « une substance qui tombe de l'air, principalement au lever des étoiles et quand s'incurve l'arc-en-ciel » (*HA*, V, 22, 553 b 29-31). La preuve en est qu'il n'y a pas de miel avant l'apparition des Pléiades (c'est-à-dire au printemps), tandis qu'en automne, malgré la présence persistante de fleurs, les abeilles ne font plus de miel. Mais six lignes plus loin, au § 7, Aristote écrit que l'abeille apporte le miel « de toutes les fleurs à calice, et de toutes les plantes dont le suc est doux, sans, d'ailleurs, nuire au fruit en quoi que ce soit. C'est par un organe qui tient lieu de langue qu'elle recueille et rapporte tous ces sucs ». D'où vient donc le miel ? Des rosées célestes ou des fleurs terrestres ?

Pour Varron (116-27 av. J.-C.) comme pour les autres agronomes latins, il n'y a pas de doute, c'est bien des fleurs que provient le miel, comme les autres substances (propolis, cire et pollen) ; et il énumère les plantes plus spécialisées à la production de telle ou telle : « Telle ne fournit, comme la grenade ou l'asperge, que la nourriture [le pollen], ou, comme l'olivier, que la cire ; ou comme le figuier, que du miel, lequel est assez médiocre... le miel du cytise vaut mieux ; mais le meilleur de tous provient du thym » (*Économie rurale*, XVI). Virgile décrit les abeilles butinant les fleurs vermeilles, « tant elles (les) aiment et sont glorieuses de produire leur miel ». Columelle (Ier siècle apr. J.-C.) décrit de façon très détaillée l'environnement floral dans lequel doivent être placées les ruches ; il énumère pas moins de trente-huit espèces potentiellement mellifères (Virgile en citait trente), et fait un classement des espèces les plus gustatives : « Le thym est celle qui produit le miel le plus savoureux. Après le thym viennent immédiatement la sarriette, le serpolet et l'origan. [...] on regarde comme la plus mauvaise qualité le miel des bois, parce qu'il provient du genêt et de l'arbousier » (*De l'agriculture*, LIX, 4). Bref, chez les Romains, pleins de bon sens rustique, le cosmos semble avoir disparu au profit de considérations exclusivement pragmatiques : foin de la métaphysique, les abeilles sont de bonnes petites paysannes un peu guerrières... comme les Romains !

Et pourtant, Pline l'Ancien (23-79), dans son *Histoire naturelle* (XI, 12), va donner la clé de cette énigme en synthétisant les deux options présentées par Aristote : « Cette substance [le miel] vient de l'air, nous dit-il, surtout au lever des constellations ; elle se fait principalement quand Sirius est dans son éclat, jamais avant le lever des Pléiades, au moment de l'aube. Aussi trouve-t-on alors, à la première aurore, les feuilles des arbres humectées de miel ; et ceux qui le matin sont en plein air sentent que leurs vêtements et leurs cheveux sont enduits d'une liqueur onctueuse. Sueur du ciel, ou espèce de salive des astres, ou suc de l'air qui se purifie, plût aux dieux que le miel fût pur, limpide, et tel qu'il a coulé d'abord ! »

En effet, poursuit Pline, ce miel, initialement très pur, en tombant va se salir et étant sucé par les abeilles sur les feuilles et sur les fleurs il va être « altéré par le suc des fleurs, macéré dans les ruches, et modifié mille fois ; néanmoins il fait éprouver un grand plaisir, effet de son origine céleste ».

Les fleurs ne sont donc qu'un réceptacle pour une substance tombée du ciel, mais un réceptacle qui n'est pas neutre et qui imprime sa marque au produit qu'il reçoit. « Il est toujours le meilleur là où il a pour réservoirs les calices des fleurs les plus exquises. » L'influence du ciel et la position des astres restent cependant décisives pour la qualité du miel qui peut parfois s'apparenter à une véritable potion magique.

« Après le lever de chaque constellation, mais surtout des constellations de premier rang, ou l'apparition de l'arc-en-ciel, s'il ne survient pas de la pluie et que la rosée s'échauffe par les rayons du soleil, ce ne sont plus des miels, ce sont des médicaments qui se produisent ; dons célestes pour les yeux, les plaies et les viscères intérieurs. Si on recueille ce miel au lever de Sirius, et que le lever de Vénus, ou de Jupiter, ou de Mercure, tombe le même jour, ce qui arrive souvent, la douceur de cette substance, et la vertu qu'elle possède pour rappeler les mortels à la vie, ne sont pas moindres que celles du divin nectar. »

Bref, pour les Anciens, il y a quatre étapes : 1) la rosée céleste tombe ; 2) elle se corrompt au contact de l'air terrestre ; 3) elle se dépose dans le calice d'une fleur qui lui donne son goût spécifique ; 4) elle est recueillie par l'abeille qui la transporte dans la ruche pour la stocker.

Cette explication, qui paraîtra fantaisiste à nos yeux modernes, est pourtant très performante pour montrer les correspondances subtiles et profondes entre l'ordre macrocosmique (les astres) et l'ordre microcosmique (les fleurs). L'un et l'autre collaborent, grâce à l'abeille, à la production harmonieuse du miel.

Aujourd'hui, l'énigme paraît définitivement résolue : « Le miel, dit le décret n° 2003-587 du 30 juin 2003, est la substance sucrée naturelle produite par les abeilles de l'espèce *Apis mellifera* à partir du nectar de plantes ou des sécrétions provenant de parties vivantes des plantes ou des excrétions laissées sur celles-ci par des insectes suceurs, qu'elles butinent, transforment en les combinant avec des matières spécifiques propres, déposent, déshydratent, entreposent et laissent mûrir dans les rayons de la ruche. » Les configurations stellaires, le nectar divin, la rosée sucrée semblent bien loin, et pourtant... le mystère du miel est loin d'être réglé.

Certes, on sait que pour élaborer le miel, les abeilles utilisent tout d'abord le nectar, sorte de sirop, produit par les « nectaires », des glandes dont sont pourvus nombre de végétaux. Ils sont généralement placés à l'intérieur des fleurs, mais peuvent être aussi parfois sur les feuilles ou sur la tige. L'importance des sécrétions de nectar par les plantes mellifères est très variable et est conditionnée par toutes sortes de paramètres environnementaux, comme la température, l'humidité de l'air, la pression atmosphérique ; elles dépendent donc du ciel en quelque sorte, mais au sens climatique du terme. Ainsi les fleurs d'acacia, par exemple, ne produisent du nectar qu'à une température supérieure à 18 °C.

En outre, certains miels, comme le miel de sapin, ne sont pas tirés du nectar, mais du *miellat*. Ce sont ces étranges « excrétions laissées [sur les plantes] par des insectes suceurs », dont parle le décret : en fait des excréments de puceron. Voilà qui n'est pas très porteur commercialement, surtout si on ajoute que ce miellat est ensuite avalé et régurgité plusieurs fois par les abeilles. Mais oublions le processus, car le résultat en vaut la peine... En tout cas, le miel de miellat suppose la présence d'un autre personnage, un puceron, parasite spécifique du végétal sur lequel il se trouve, se nourrissant de sa sève ou de sa résine et rejetant sous la forme d'un sirop les matières sucrées qu'il n'a pas digérées. La présence de ce sirop sur les feuilles ou les aiguilles, sur la végétation au pied des arbres donne effectivement l'impression, si elle est abondante, d'une pluie sucrée tombée du ciel. Le miellat est d'ailleurs appelé la « manne », en référence au récit biblique de la nourriture céleste des Hébreux dans le désert, cela dans plusieurs régions, notamment dans les régions forestières du Massif Central où nous nous trouvons. Dans le cas du sapin pectiné, *Albies alba,* le puceron répond au doux nom de *Cinara pectinatae.* L'importance de la production de miel va dépendre directement du développement des colonies de pucerons, développement complexe conditionné par le temps de l'hiver et du printemps précédents. Cette production peut être très localisée, très momentanée, parfois nulle, mais aussi incroyablement abondante certaines années tout l'été durant, ce qui renforce son caractère miraculeux. Et lorsqu'une grande miellée de sapin se déclenche sur un secteur, en quelques jours la rumeur se répand et des centaines de ruches, pouvant venir de tous les départements alentour, apparaissent au milieu ou en bordure des bois. Alors, même si, bien sûr, les apiculteurs savent que le miel ne tombe pas directement du ciel, de par son caractère imprévisible, toute miellée leur apparaît chaque fois qu'elle se produit comme quelque chose de magique, de miraculeux, et donc... comme un « don du ciel » (voir illustration 3 du cahier hors texte).

Butinage n° 5
Tout ce que vous avez toujours voulu savoir sur le sexe des abeilles... sans jamais avoir osé le demander (1)

Contrairement à ce que dit Aristote, il y a bien des mâles et des femelles chez les abeilles. Les mâles sont les faux-bourdons et les femelles sont les ouvrières et les reines. Contrairement à ce que dit Aristote, il y a bien accouplement dans certains cas. Mais Aristote a raison de noter qu'il peut y avoir aussi naissance sans accouplement (donc, par « parthénogenèse » : du grec, *parthenos* vierge). Voici comment les choses se passent : peu de temps après sa naissance la reine est fécondée à l'extérieur de la ruche, en plein vol, par plusieurs faux-bourdons venant des ruches voisines (l'exotisme a toujours du charme). Une fois l'accouplement réalisé la reine se sépare violemment du faux-bourdon, ce qui a pour effet d'entraîner l'ablation des organes génitaux du mâle... et, la mort brutale, de celui-ci ! La reine stocke alors tout le sperme recueilli dans cette unique journée d'amour dans une poche, la spermathèque. À partir de là, elle fécondera « à sa guise » les ovules qu'elle produit. Elle en pondra tout de même trois ou quatre cent mille au cours de son existence. Des ovules fécondés (les œufs) naissent les abeilles-femelles et des ovules non fécondés naissent les faux-bourdons (par parthénogenèse). Quant à la reine elle-même, elle est issue d'un œuf, puis d'une larve identique à toutes les autres femelles (ouvrières). Toute la différence tient au fait qu'au troisième jour de leur vie, certaines larves continueront à être nourries avec ce lait sécrété par les abeilles qu'on appelle la gelée royale. Ces larves choisies se développeront différemment : elles seront plus grosses, vivront plus longtemps et surtout deviendront fécondables à la différence des ouvrières. Cet élevage particulier survient lorsque dans la ruche le besoin d'une nouvelle reine se fait sentir (suite à la mort de la reine, ou à l'amorce d'un processus d'essaimage...). Mais si le renouvellement de la reine tarde trop, les ouvrières peuvent, sans fécondation, pondre des ovules qui donneront naissance à des mâles. La ruche est alors dite « bourdonneuse ». Ainsi, peut-on dire que, dans la ruche, les mâles n'ont pas de père. Il s'agit donc d'une forme d'homoparentalité sans PMA !... et c'est la nature qui le dit...

L'abeille et la paix romaine : Virgile

Où l'on voit l'abeille s'engager dans la légion

> Poursuivant mon œuvre, je vais chanter le miel, rosée aérienne, présent céleste : tourne encore tes regards, Mécène, de ce côté. En de petits objets je proposerai à ton admiration un grand spectacle : des chefs magnanimes et, point par point, la nation tout entière avec ses mœurs, ses passions, ses peuples et ses combats. Mince est le sujet, mais non mince est la gloire, si des divinités jalouses laissent le poète chanter et si Apollon exauce ses vœux[30].

Virgile peut se rassurer : personne, ni les muses, ni les dieux, ni les hommes, ne va l'empêcher de chanter le miel, de louer l'abeille et de vanter la ruche. Au contraire, son poème est porté par les augures les plus favorables. À vrai dire, il tombe à pic. Depuis septembre 31 av. J.-C. (date de la bataille d'Actium), Octave – Auguste pour la postérité – a triomphé d'Antoine, son dernier adversaire. Après cette victoire, il domine sans partage, mais sans pour autant revendiquer la royauté, contrairement à l'intention fatale de César. Sous couvert de « rendre service », il va petit à petit construire ce nouveau pouvoir qu'on appellera *Empire*, mais qui se présente au début comme la simple continuation de la République. Virgile (70-19 av. J.-C.) appartient à son premier cercle, véritable *brain-trust*[31] rassemblé autour du fidèle Mécène, dont le nom lui aussi passera à la postérité. On trouve là les poètes Horace, Properce, Ovide, Gallus, Tibule, mais aussi l'historien Tite-Live. Tous participent de près ou de plus loin à l'effort idéologique lancé par Auguste de la « refondation de Rome ». Car, après le long et douloureux épisode de la guerre civile, tout ce qui reste de la République et des provinces romaines aspire à l'ordre, au calme et à la reconstruction. C'est dans ce contexte que le deuxième grand poème de Virgile, les *Géorgiques*, trouve sa place et sa fonction. Il y chante l'âge d'or passé de la Rome rurale, l'espoir d'une régénération complète, le goût d'une vie simple, paisible et harmonieuse. Loin des arcanes de la politique, après les fureurs de la guerre, il est temps de revenir à l'essentiel : la paix et l'ordre. C'est là, plus que dans les batailles et les fureurs, que résident la gloire et l'héroïsme véritables. Toute l'œuvre de Virgile va dans le sens de ce plaidoyer. L'épitaphe de sa tombe en résumera la trajectoire : « Mantoue m'a fait naître. [...] J'ai chanté les prés [*pascua* pour les *Bucoliques*], les champs [*rura* pour les *Géorgiques*], les chefs [*duces* pour l'*Énéide*]. » Qu'il soit contemplateur de la nature sauvage, poète des paysans ou apologiste des dirigeants, Virgile ne traite jamais que de la *Pax romana*.

Au sein de cette œuvre magistrale et puissante, qui continuera d'être vénérée même par les plus antipaïens des chrétiens, comment expliquer la place exorbitante de la petite abeille ? Car c'est la totalité du quatrième livre des *Géorgiques* qui lui est consacrée ; ce qui paraît exagéré pour un poème censé célébrer l'ensemble de la vie agricole. Que le premier livre traite des labours et des cultures, on le comprend ; tout comme on conçoit que le deuxième soit consacré à l'arboriculture en général et en particulier à la vigne et à l'olivier, si essentiels à l'identité méditerranéenne. Aucune surprise non plus concernant le troisième livre qui chante l'élevage sous toutes ses formes. Mais comment justifier que Virgile consacre un livre entier – et, qui plus est, le dernier, c'est-à-dire l'apothéose du poème – à la ruche et à l'apiculture qui ne représentent qu'une part infime de l'économie rurale ?

Ajoutons à cela que ce chant IV, certes fameux et sublime, est aussi très étrange, car il mêle, dans un style à la fois fleuri, concis et ciselé, des observations détaillées sur la ruche, des conseils techniques pour l'apiculteur, des allusions politiques pour le citoyen, des maximes morales et des consolations philosophiques pour l'inquiétude humaine, sans même parler de la légende d'Aristée qui le clôt.

Pour notre sujet, c'est pourtant un sommet inégalé. Car Virgile nous livre en moins de six cents vers un extraordinaire condensé *de tous les usages philosophiques possibles de l'abeille* (voir illustration 4 du cahier hors texte). À ses yeux, la ruche nous révèle l'harmonie du monde tout en donnant la clé de ses désordres ; elle peut nous rendre meilleurs en nous servant de guide dans nos actions ; elle offre enfin un modèle inégalé d'une sagesse sereine, accessible presque sans effort, puisqu'il est là présent et vivant sous nos yeux myopes. Bref, dans l'abeille tout est bon… pour penser et pour vivre, et même « pour penser sa vie et vivre sa pensée », selon la belle définition de la philosophie proposée par André Comte-Sponville.

Pour lire et apprécier ce livre aujourd'hui, il faut commettre une sorte de sacrilège qui consiste à le diluer, à le diviser et à l'analyser : rien de pire pour un poème dont toute la saveur réside, comme celle du miel, dans l'art subtil de la concentration. Mais le temps a passé, et il a fait non seulement que nombre d'allusions nous sont devenues étrangères, mais aussi que les imitations, citations et commentaires successifs ont affadi le modèle d'origine. Aussi avons-nous besoin, comme dans une dégustation à l'aveugle, de bien séparer les arômes pour en apprécier l'équilibre. Il convient donc de scinder ce que Virgile tisse avec un minutieux talent : soit, pour ce qui nous concerne, trois points de vue sur l'abeille.

Il y a d'abord le point de vue de l'agronome, expert-conseil de l'apiculteur, et naturaliste à ses heures. Virgile est né à la campagne et il sait qu'il y a un savoir-faire, un tact particulier du paysan qu'il faut savoir écouter, car il a sa grandeur. Mais il y a aussi un regard plus distancié, celui du moraliste, voire du politiste, qui n'hésite pas, au fil de ses leçons de vertu, à évoquer l'actualité la plus récente ; à cela aussi l'abeille est bonne. On trouve enfin la perspective du philosophe et de l'apprenti-sage, celui qu'a été aussi Virgile quand il se passionnait pour l'épicurisme, quand il lisait avec passion Lucrèce, mais aussi les penseurs stoïciens. Ce Virgile-là espère trouver dans l'abeille les réponses aux questions fondamentales de la condition humaine. Bref, nous avons avec Virgile le concentré d'une abeille qui incarne tout à la fois la théorie, l'éthique et la sagesse. Elle répond à toutes les questions de la philosophie : celles que le philosophe Kant, bien plus tard, formulera ainsi : que puis-je savoir ? Que dois-je faire ? Que m'est-il permis d'espérer ? Kant montrait que ces trois interrogations se résumaient au fond en une seule : « Qu'est-ce que l'homme ? » Parce que l'homme, disait-il, est la seule créature à se les poser. Mais Virgile ose aller encore plus loin en se demandant : « Qu'est-ce que l'abeille ? », parce que celle-ci, selon lui, détient déjà toutes les réponses.

L'abeille agronome

Avant d'accéder à cette hauteur spirituelle, repartons, comme Virgile, du plus simple. Le chant IV débute par toute une série de conseils très précis adressés à l'apiculteur. Virgile insiste d'abord sur le soin avec lequel il doit choisir l'emplacement favorable pour la ruche. Celle-ci doit être protégée des vents comme de la faune hostile ; il faut aussi de l'eau à proximité, de même que des plantes à profusion. Il faut « que fleurisse alentour le daphné verdoyant [le laurier], le serpolet au parfum pénétrant et d'abondantes sarriettes aux fortes senteurs ; et que des touffes de violettes s'abreuvent à la source qui les baigne[32] ».

Une fois le site choisi, l'apiculteur devra fabriquer la ruche en s'efforçant d'éviter d'exposer les abeilles tant au froid qu'à une chaleur étouffante. Il devra aussi apprendre à observer son petit monde : à identifier et sélectionner les rois, à repérer les différentes tâches qui reviennent à chacun, à veiller à ne pas troubler l'ordre spontané de la ruche. C'est là un art véritable ! Alors seulement il pourra penser à récolter le miel à condition d'être attentif au temps et aux signes du monde. Mais, la récolte effectuée, sa tâche est loin d'être achevée : il lui faudra encore veiller, soigner et protéger sa ruche de tous les maux qui la menacent : les prédateurs, les intempéries, les maladies.

Contre ces dernières, Virgile se fait très précis dans ses recommandations : « Je te conseille alors de brûler dans la ruche des parfums de résine et d'y introduire du miel avec des tubes de roseau, exhortant, provoquant ainsi spontanément les abeilles fatiguées à prendre leur pâture familière. Il sera bon d'y joindre aussi de la noix de galle pilée si savoureuse, des roses séchées, du vin doux épaissi à l'ardeur d'un grand feu, des raisins de Psithie séchés au soleil, du thym de Cécrops et des centaurées à l'odeur forte[33]. »

Cette première lecture du livre produit une double impression : le monde de l'abeille est *un univers aussi harmonieux que fragile*. Toujours situé sur le fil du rasoir entre des ordres contraires, il incarne cette *juste mesure* si difficile à maintenir qu'Aristote déjà évoquait. Il lui faut ni trop de chaleur ni trop d'humidité, de l'air mais pas de vent, des fleurs mais pas n'importe lesquelles… Par où l'on voit, encore une fois, que le spectre de la disparition des abeilles est très loin d'être une nouveauté : l'inquiétude des hommes à leur égard plonge ses racines dans la nuit des temps, car l'abeille n'est que le miroir de leur propre finitude.

En décrivant en détail le monde de la ruche, Virgile s'intègre dans ce qui constitue un véritable genre littéraire du monde antique : le traité d'agronomie. Pour les lecteurs contemporains que nous sommes, habitués à la distinction des styles et à la séparation des genres, ce type d'ouvrage est singulier. Pour nous : un poète fait de la poésie, un ingénieur rédige des fiches techniques, un savant écrit des articles spécialisés et un philosophe élabore des traités abscons. Mais surtout qu'aucun ne sorte de son rôle sauf à paraître ridicule ! Rien de tel dans le monde antique. Si l'on part de la conviction alors partagée que la nature est *une*, il n'y a aucune anomalie à ce qu'un homme politique disserte sur la vigne, à ce qu'un général conseille l'éleveur de brebis, à ce qu'un orateur soit compétent sur l'olivier. Au demeurant ces grands esprits, Caton, Varron, Hygin, Pline, Columelle, sont aussi la plupart du temps des propriétaires terriens (voir florilège n° 2, p. 245).

Entre eux, ces auteurs se lisent, se citent, mais se critiquent aussi… avec parfois plus d'énergie qu'ils n'en passent à observer simplement les choses. Columelle, dans cet ensemble, fait exception, puisqu'il se refuse à toute forme de poésie ou de symbolisme quand il traite des abeilles. Sa lecture (voir butinage n° 6, p. 71) permet rétroactivement de saisir que ce qui anime Virgile, au-delà de la rigueur descriptive remarquable, dépasse le simple souci agronomique. L'auteur des *Géorgiques* vise plus loin et surtout plus haut.

L'abeille épique

D'où le deuxième niveau de lecture qui nous conduit des conseils de techniques apicoles à toute une série de considérations morales et politiques.

> À présent, allons ! Je vais exposer l'instinct dont Jupiter a doté les abeilles pour les récompenser d'avoir [...] nourri le roi du ciel sous l'antre de Dicté [référence à l'enfance de Zeus sur le mont Ida en Crète, voir chapitre 1 et illustration 1 du cahier hors texte]. Seules, elles élèvent en commun une progéniture ; seules elles possèdent en commun les abris d'une cité et passent leur vie sous des lois imposantes ; seules elles connaissent une patrie et des pénates fixes ; pensant à la venue de l'hiver, elles se livrent l'été au travail et mettent en réserve pour la communauté ce qu'elles ont butiné[34].

Là encore Virgile pourrait être rapproché d'autres auteurs latins, qui eux non plus n'ont pas hésité à faire de l'abeille un modèle de vertu et de la ruche un idéal de société : « Travail, Famille, Patrie », en quelque sorte...

C'est le cas de Pline, qui remarquera que « les abeilles se soumettent au travail, exécutent des ouvrages, ont une société politique, des conseils particuliers, des chefs communs, et ce qui est plus merveilleux, elles ont une morale [*Mores habent*][35] » !

C'est aussi le cas de Varron qui, au début du passage du livre III de son traité, présente un catalogue quasi complet des qualités des abeilles. Elles sont, dit-il, sociables, dures au labeur, productives, prévoyantes, voire prophétiques, douées d'un savoir géométrique parfait, d'un esprit civique à toute épreuve. Elles sont, en outre, d'une propreté sans faille, tout en étant ennemies du luxe ; elles sont pacifistes, sauf quand il s'agit de défendre leur cité : leur courage est alors exemplaire et leur sacrifice sans faille. Par ailleurs, ce sont de vraies écologistes, apôtres du développement durable, puisqu'elles « ne gâtent rien de ce qu'elles effleurent en butinant ». Enfin, dévouées à leurs chefs, elles sont parfaitement disciplinées dans toutes leurs actions qu'elles soient civiles ou militaires.

On retrouve tous ces thèmes chez Virgile, mais aussi, d'une manière encore plus pontifiante, chez Élien (175-235), historien latin de langue grecque, dont *La Personnalité des animaux* dresse un portrait tellement élogieux de l'abeille qu'il finit par en être cocasse :

> L'abeille mène une vie pure et n'ira jamais manger un animal, quel qu'il soit. Elle n'a absolument pas besoin des recommandations de Pythagore [qui prônait le végétarisme] et il lui suffit de pouvoir se nourrir de fleurs. Elle est d'une tempérance extrêmement scrupuleuse et abhorre, en particulier, le laisser-aller et la mollesse. En voici la preuve : elle poursuit et chasse l'homme qui s'est parfumé comme un ennemi qui a commis un acte rédhibitoire. Elle reconnaît aussi celui qui vient d'avoir une relation sexuelle coupable et le chasse également comme son pire ennemi. Les abeilles sont de plus très courageuses et intrépides. Ainsi, elles ne fuient devant aucune bête et, bien loin de céder à la lâcheté, elles cherchent le corps à corps[36].

Devant tant de vertus, l'apiculteur n'a qu'à bien se tenir !

Par rapport à ses collègues agronomes, Virgile reste très modéré dans cette « moralisation » de la ruche. En revanche, il ne peut s'empêcher de se déplacer sur le terrain et l'actualité politiques. Un long passage du chant IV est ainsi consacré à décrire « la discorde qui éclate entre deux rois[37] » au sein de la ruche. Il raconte alors la manière dont les abeilles se rangent en bourdonnant sous les deux bannières adverses et comment se déroule le combat entre les deux camps. Il y a là une claire licence poétique, car rien de tout cela n'a lieu dans une ruche. Mais, pour les lecteurs de l'époque, c'est une allusion transparente à la guerre civile et au conflit qui a opposé Antoine à Octave. Quelques lignes plus loin, Virgile précise que le roi perdant doit être mis à mort par l'apiculteur et que celui-ci le repérera sans difficulté par son apparence. En effet, « l'un des deux rois [...] jettera les feux de ses mouchetures incrustées d'or ; c'est le meilleur ; il se distingue par sa physionomie et par l'éclat de ses écailles rutilantes ; l'autre est hideux de paresse et traîne ignominieusement un ventre rebondi[38] » (voir butinage n° 9, p. 89). Voilà pour Antoine qui se suicidera en compagnie de Cléopâtre un an après sa défaite d'Actium ; et pour le bel Octave qui deviendra Auguste en 27. Virgile a misé sur le bon cheval.

On aurait pourtant tort de penser que ces quelques vers ne sont que flagornerie courtisane. L'engagement de notre poète pour la cause d'Octave est bien plus massif. On raconte que Virgile fit lui-même la lecture des *Géorgiques* à Octave, lorsque celui-ci, en 29, alors qu'il revenait victorieux d'Orient, dut s'arrêter quelque temps en Campanie pour guérir un mal de gorge tenace. Sans doute que le miel poétique fit son effet ! En tout cas, la lecture dura quatre jours entiers et lorsque la voix de Virgile fatiguait, c'est Mécène qui prenait le relais.

Et on imagine qu'après les derniers vers, il y eut des échanges, des débats, peut-être même l'élaboration de stratégies politiques. Car, au-delà de la poésie, c'est tout un projet idéologique de reconquête de la romanité qui est présenté. À travers l'éloge de la vie des champs, il s'agit de ressourcer Rome à ses origines paysannes. Derrière le retour à la terre, il y a la mémoire d'un âge d'or, d'une époque où les choses étaient simples, les mœurs rudes et les esprits clairs. Virgile le formule de manière limpide : « C'est cette vie-là [la vie rustique] que pratiquèrent jadis les anciens Sabins, celle de Remus et de son frère, c'est ainsi que grandit la vaillante Étrurie et que Rome est devenue ce qu'il y a de plus merveilleux au monde, et pour elle seule a entouré d'un mur sept citadelles[39]. »

Du reste, les conseils sur l'installation des ruches, au début du chant IV, ne sont pas sans rappeler le récit de la fondation de Rome qui sera fait dans l'*Énéide*. La renaissance des abeilles, à la fin du mythe d'Aristée, à partir du cadavre de taureaux et de génisses marque à la fois la tragédie passée et l'heureuse issue de la guerre civile*. La ruche elle-même apparaît comme un gouvernement mixte, où, sous l'autorité d'un leader incontesté, ni l'aristocratie (le Sénat des abeilles ouvrières) ni la démocratie (la plèbe comprenant toute la population de la ruche, bourdons compris) ne disparaissent tout à fait : elle est une « république qui a un chef ». Et ce chef est moins un roi – mot et idée qui sont abhorrés à Rome depuis toujours – qu'un *princeps* (prince) ou *primus inter pares* (premier parmi ses pairs) au sens où il n'est pas le propriétaire du pouvoir mais le simple dépositaire respectueux d'une souveraineté sacrée (c'est le fameux SPQR, insigne des légions : « Pour le Sénat et le peuple romains ») qui le transcende. C'est exactement ce dont Rome a besoin après presque vingt années de guerre civile. Et c'est le rôle que très habilement Octave s'attache à habiter : un strict respect des formes républicaines sur fond de prise totale de pouvoir. Bref, on perçoit qu'en arrière-fond de ce poème subtil, il y a une idéologie « révolutionnaire conservatrice » pour laquelle il faut tout changer pour que rien ne change. Il faut puiser dans les racines profondes de l'esprit romain les valeurs qui permettront à Rome de surmonter sa crise et de retrouver sa place. L'*Énéide* explicitera cette vision du monde, mais l'univers de la ruche la dessine en filigrane dès la fin des *Géorgiques*. La fabuleuse grandeur du petit monde des abeilles n'est pas seulement esthétique et lyrique, elle montre une voie morale, politique et épique.

* L'épisode d'Aristée qui achève les *Géorgiques* ne figurait pas dans la version initiale du poème de 29 av. J.-C. Celle-ci se terminait par un éloge de Gallus, le très brillant préfet d'Égypte. Mais après la disgrâce et le suicide de celui-ci en 26 av. J.-C., Vigile dut modifier la fin de son œuvre alors qu'il était déjà plongé dans la rédaction de l'*Énéide*.

L'abeille, entre épicurisme et stoïcisme*

Mais là n'est pas le dernier mot de l'abeille virgilienne. Notre poète ose aller encore plus loin : « S'appuyant sur ces indices [le comportement] et forts de ces exemples, certains ont dit que les abeilles possédaient une part de l'esprit divin et des émanations de lumière céleste, car, disent-ils, un dieu est répandu sur la terre entière, dans l'étendue de la mer et les profondeurs du ciel ; c'est là que les troupeaux, les bêtes de trait, les hommes et la race entière des bêtes sauvages puisent en naissant le fluide de leur vie, puis c'est là qu'ils le rendent, là que retournent tous les êtres après leur dissolution ; ils disent que la mort n'existe pas, que, vivants, ils volent vers la masse des étoiles et parviennent au plus haut du ciel[40]. »

Après l'agronomie et la déontologie professionnelle, après la rude morale romaine et l'actualité politique la plus récente, nous voici parvenus au troisième et dernier étage du poème : celui de la philosophie et de la théologie. Certes, Virgile ne reprend pas tout à fait à son compte les thèses évoquées (« certains ont dit... »), mais il y a là comme une tentation. Pour Pierre Grimal, l'un des tout meilleurs spécialistes de la période, ce quatrième livre des *Géorgiques* marque le début d'un infléchissement dans la pensée de Virgile entre un épicurisme de jeunesse et le stoïcisme de sa maturité. La thèse mérite d'être suivie, car elle fait de notre insecte préféré une sorte de point de passage (obligé ?) entre deux des plus grandes philosophies de l'Antiquité. C'est un nouveau rôle de médiation de notre abeille « intermédiaire ».

Virgile, en effet, a d'abord été un fervent épicurien, ce qui, à Rome, n'était pas toujours bien vu. On sait qu'il a suivi à Naples l'enseignement de deux grands maîtres de cette école : Siron et Philodème ; on sait qu'il fut littéralement bouleversé par la lecture du *De rerum natura* de Lucrèce, dont on retrouve de nombreuses traces dans ses

---

* Ou l'abeille du Jardin à la Porte : si l'école épicurienne était célèbre par le jardin de son maître vénéré (le jardin d'Épicure), le mot stoïcisme vient de *stoa*, les portiques ou arcades, sous lesquels se situait la première école du maître Zénon.

propres œuvres. On sait enfin que la doctrine du Jardin guide et anime tout le cercle de Mécène, à savoir Virgile, Horace et Varius[41]. D'ailleurs, c'est tout le projet des *Bucoliques* et des *Géorgiques* que l'on peut comprendre dans cette perspective, puisqu'il s'agit de chanter la nature, d'en décrire les moindres détails, d'en vanter la beauté, *pour elle-même*. Ce « retour à la nature » n'est pas seulement moral, comme on l'a vu, il est aussi métaphysique : revenir à la nature, cela signifie qu'il n'y a rien de surnaturel, car la nature est tout. Comment, à partir de là, comprendre le passage vers le stoïcisme ?

L'enjeu de la différence entre épicurisme et stoïcisme n'est jamais simple à déterminer. On retrouve chez l'une comme chez l'autre doctrine des vertus similaires, un même éloge d'une sagesse sereine et apaisée, capable de mettre à distance les troubles et les peurs de ce monde. Mais ce qui les sépare de manière décisive, c'est la manière de voir le monde. Pour l'épicurisme, il n'est que l'heureux fruit d'un pur hasard : c'est le résultat d'une mécanique sans conscience ni intelligence ni dessein où des particules de matière s'entrechoquent, se composent dans des corps en vibrant selon un rythme propre à chaque être. Les dieux peuvent exister à condition de ne pas croire qu'ils soient pour quoi que ce soit dans l'ordre des choses. Ils sont ce que nous devrions tous être si nous étions sages : les admirateurs sereins d'un agrégat cosmique aussi peu nécessaire qu'utile, aussi fragile que contingent. Pour le stoïcisme, au contraire, le spectacle de cet agencement sublime ne peut que déboucher sur la conviction qu'il existe sinon un architecte, à tout le moins, une loi immanente faisant tenir l'ensemble. L'univers est un cosmos, au sens où nous l'avons défini plus haut : une totalité harmonieuse, douée d'une âme vivante, traversée par une finalité suprême, profondément divine.

On peut sans difficulté transposer cette opposition sur le microcosme de la ruche. Épicurisme et stoïcisme seront d'accord pour reconnaître à l'abeille toutes les vertus du sage : modération, prudence, frugalité. Sans doute les épicuriens pourraient-ils se moquer de leur ardeur au travail qu'elles préfèrent trop à l'*otium* (le loisir) serein : « Elles travaillent comme si elles étaient immortelles[42] », ironisait déjà Démocrite. La principale différence consiste dans l'existence et le talent de l'apiculteur. D'un côté, les essaims peuvent vivre et produire sans apiculture sous le règne de la seule nature ; les abeilles sont comme des atomes qui s'entrechoquent pour former des compositions fugaces (ruche, miel, cire, etc.) : voilà pour l'épicurisme. Mais, d'un autre côté, leur organisation est tellement parfaite qu'elle semble reliée à une intention profonde ; leur fragilité est si grande qu'elles ont besoin d'un maître bienveillant qui veille sur elles. Bref, il faut un grand dessein pour les petits essaims ! Et voilà qu'apparaît le stoïcisme. Selon Pierre Grimal, la description du comportement merveilleux des abeilles « commence à suggérer [à Virgile] l'idée d'une théodicée [justice divine], idée incompatible avec l'épicurisme orthodoxe[43] ». D'où le passage cité sur la divinité des abeilles qui, à partir de réminiscences pythagoriciennes, semble amorcer une transformation de la vision du poète. De même que la ruche a besoin d'un apiculteur et d'un dessein supérieur, de même Rome a-t-elle besoin d'un Auguste sage, voire divin, qui l'oblige à être, pour ainsi dire, fidèle à elle-même. L'achèvement de cette transformation se fera dans l'*Énéide*, qui éloignera définitivement Virgile des choix philosophiques de sa jeunesse.

À Énée, son fils, qui lui rend visite aux Enfers, Anchise fait part de cette révélation toute stoïcienne : « Sache d'abord que le ciel et la terre et les étendues liquides, le globe lumineux de la lune et les astres des Titans sont nourris, de l'intérieur par un souffle, et qu'une intelligence diffuse dans les membres du monde met en branle la masse entière[44]. » À cette révélation d'une « âme du monde », les abeilles ne sont pas étrangères puisque quelques vers plus haut, elles figuraient déjà les âmes immortelles voltigeant au royaume des morts : « Elles volaient innombrables et comme dans les prairies où les abeilles, au serein de l'été, se posent sur les fleurs diaprées, s'épandent autour des lis blancs, toute la plaine bourdonne d'un murmure[45]. »

Mais nous n'en sommes pas encore là, car, dans le chant IV des *Géorgiques*, l'ambiguïté philosophique se maintient. Elle se perçoit dans les deux voies possibles qui sont évoquées pour résoudre le plus crucial des problèmes philosophiques, celui de la mort.

D'un côté, les abeilles nous apprennent, comme les épicuriens, à ne pas en avoir peur et à ne surtout pas gâcher, avec cette mauvaise passion (et quelques autres), l'unique existence dont nous disposons. Voici leur leçon : « Parmi les habitudes chères aux abeilles, celle-ci est vraiment merveilleuse : elles ne s'abandonnent pas à l'accouplement, elles ne s'énervent point indolentes au service de Vénus, et ne mettent pas leurs petits au monde dans les douleurs ; … bien que chacune d'elles atteigne vite le terme de son existence (elles ne vivent pas au-delà de sept étés*), la race persiste, immortelle[46]. » Disposant d'une vie brève, mais bien remplie, l'existence des abeilles est *no sex*, donc « hors génération ». Tout comme les atomes, qui sont éternels, sans jamais se créer ni se perdre, les abeilles nous montrent la voie royale pour ne pas craindre la mort. Elles sont membres intimes du Grand Tout ; elles ignorent donc toute espèce d'angoisse.

D'un autre côté, les abeilles nous apprennent, comme les stoïciens, que l'immortalité est possible dès lors qu'on comprend que la nature est *divine* et que, le temps venu, on pourra se reposer dans le giron douillet de cette mère éternelle : on verra alors que « la mort n'existe pas, que, vivants, [nous volerons] vers la masse des étoiles et [parviendrons] au plus haut du ciel[47] ». Ce sont là les âmes éternelles des stoïciens qui se subliment vers le divin en accédant aux réalités les plus essentielles (voir florilège n° 3, p. 246).

L'abeille de Virgile volette donc du Jardin épicurien à la Porte stoïcienne. Mais entre les deux se dessine une sorte de motion de synthèse. On la trouve dans l'évocation fugace par Virgile du vieux sage apiculteur de Tarente[48]. Ce vieillard, ancien corsaire de Cilicie (actuelle Arménie), déporté au temps de Pompée, n'était vraiment pas gâté par la vie. D'abord, il était vieux ; ensuite, il n'avait que de mauvaises terres, impropres aux cultures comme aux pâtures. Mais ce vieil homme, écologiste avant l'heure, avait compris l'équilibre profond des

* Sur l'espérance de vie des abeilles, voir butinage n° 7, p. 73.

choses et par la grâce d'une subtile composition florale et potagère, il savait tirer le meilleur de son sol ingrat : « Dans sa fierté, écrit Virgile, il égalait ses richesses à celles des rois, et quand, tard dans la nuit, il rentrait au logis, il chargeait sa table de mets qu'il n'avait point achetés. » Son secret ? Les abeilles qui pollinisaient son maigre terrain et en font l'écrin d'un trésor. Trésor agricole, mais surtout trésor d'une vie sobre, pleine et entière ; dégagée des sottes peurs, des faux espoirs et des vaines attentes. Telle est la véritable gloire : plus sûre que le savoir agronomique, plus grande que la plus rigoureuse des vertus, plus haute que la puissance triomphante du chef, plus sage que la plus sage des sagesses, plus sublime même que l'art du poète : c'est la gloire modeste du vieil apiculteur qui tient, dans ses mains calleuses et dans son esprit taiseux, le secret profond de la nature entière. Telle est l'abeille chantée par Virgile : un minuscule condensé d'une nature dont il importe finalement peu qu'elle soit ou non un cosmos…

> Quand le soleil d'or a mis l'hiver en fuite et l'a chassé sous la terre, quand le ciel s'est rouvert à l'été lumineux, aussitôt les abeilles parcourent les fourrés et les bois, butinent les fleurs vermeilles et effleurent, légères, la surface des cours d'eau. Transportées alors de je ne sais quelle douceur de vivre, elles choient leurs couvées et leurs nids ; elles façonnent alors avec art la cire nouvelle et composent un miel consistant[49].

« Rougissons donc, dira plus tard Sénèque en écho des *Géorgiques*, de ne pas atteindre à la sagesse de ces faibles insectes[50]. »

Virgile réunit dans ce poème tous les usages possibles de l'abeille : la connaissance théorique, le récit mythologique, les conseils pratiques, les maximes éthiques, les considérations politiques, les règles d'une vie réussie, l'aspiration à l'éternité, le tragique de l'existence et la simplicité de l'être. Les *Géorgiques* offrent le concentré d'une philosophie du miel et de l'abeille qui restera, pour la postérité, comme un modèle inégalé. Seule la poésie pouvait permettre de jouer ensemble de tous ces registres sans même les hiérarchiser, puisque l'harmonie est au-delà de toute échelle. Vingt siècles plus tard Maurice Maeterlinck (1862-1949), prix Nobel de littérature 1911, retentera l'exercice en s'efforçant de réconcilier des savoirs scientifiques largement renouvelés avec les envolées du symbolisme et la nostalgie d'une cosmologie perdue. Le livre *La Vie des abeilles* (1901) est fameux. Peut-on confesser néanmoins qu'au lyrisme de Maeterlinck, nous préférons la concision des *Géorgiques*, dont les vers plus anciens nous semblent pourtant avoir moins vieilli ?

Butinage n° 6
Le miel de Columelle

Columelle (Ier siècle), propriétaire terrien dans la campagne romaine, écrit une *Res rustica* en douze volumes dont le neuvième est presque entièrement consacré aux soins apicoles. C'est un traité remarquable de précision qu'un apiculteur d'aujourd'hui lit avec toujours autant d'intérêt. La tâche qu'il se donne est de « déplier » ce que Virgile avait condensé. Certes, l'hommage pour ses prédécesseurs est appuyé : il vante l'érudition d'Hygin qui sut collecter tant de savoirs antiques ; il loue la fulgurance de Virgile qui conféra au sujet « l'éclat des fleurs poétiques » ; il félicite Celse pour avoir mêlé l'une et l'autre de ces qualités (IX, II, 1). Mais, dit-il en substance, tous ces beaux discours n'aident guère l'apiculteur « de terrain » à faire son travail : il entend lui être pragmatique. Au passage, il se moque de la pratique de la *bougonie* (voir chapitre I) présentée, dit-il, par Démocrite, Magon et Virgile : est-ce vraiment un bon calcul de tuer un gros bœuf bien gras pour espérer obtenir un tout petit essaim ? Il met aussi en doute la technique proposée par Hygin pour ressusciter les abeilles en les conservant au sec en hiver, puis en les exposant au soleil d'été couvertes de cendre de figuier. C'est là une technique un peu... aléatoire, remarque Columelle ; il vaut mieux en prendre soin et éviter qu'elles ne meurent ! Bref, il n'a que faire des beaux mythes et des belles histoires sur l'origine et l'accouplement des abeilles ou les sources du miel : tout cela n'intéresse guère le bon sens pratique du paysan ! Dans ses conseils, Columelle insiste d'abord sur le choix de l'environnement des ruchers, dont le premier critère doit être un contexte floral favorable. Il conseille ensuite d'utiliser pour la construction des ruches des matériaux isolants, mais aussi suffisamment légers pour qu'elles soient transportables, car si les ressources sont insuffisantes, il faut pouvoir transhumer. « Ce qui doit être fait, ajoute Columelle pour l'utilité des abeilles mêmes, si elles sont malades, si elles ne produisent pas, si elles ne trouvent point de pâture, c'est de pouvoir les envoyer dans une autre contrée : ce qu'on ne peut faire quand elles sont établies dans des ruches immobiles » (IX, 6). Il décrit très en détail aussi les transhumances des ruchers qui visent à suivre le cours des floraisons, des fleurs de printemps aux fleurs tardives « du thym, de l'origan et de la sarriette » (IX, 14).

Par ailleurs, les méthodes d'observation des abeilles mises en œuvre par Columelle sont étonnantes d'ingéniosité. Ainsi pour déterminer si des essaims sauvages se trouvent dans le voisinage et à quelle distance, Columelle propose de marquer des abeilles buvant à un point d'eau avec une teinture rouge, et comptant le temps qu'elles mettront à revenir s'approvisionner, d'évaluer ainsi la distance à laquelle se trouve la colonie. Si celle-ci est trop éloignée pour être découverte simplement en observant la direction prise par les abeilles, il suffit de piéger un certain nombre de butineuses dans un roseau en y mettant un peu de miel, et en les libérant une à une, tout en observant la direction prise par chacune, de proche en proche, il est possible d'arriver jusqu'à l'essaim.

Enfin, Columelle décrit en détail des techniques toujours actuelles, qui ne seront redécouvertes que beaucoup plus tard : la surveillance et la prévention de l'essaimage par le clipage des ailes du roi (reine) ou par l'orphelinage des colonies ; l'introduction d'une nouvelle reine dans une ruche orpheline ou le transfert de cellules royales ; la réunion de plusieurs essaims trop faibles par l'aspersion de sirop et par le confinement ; le renforcement d'essaims par apport de couvain naissant.

Ces passages nous ont surpris, car nous supposions naïvement que ces techniques d'élevage et de transfert de rayons contenant des abeilles prêtes à naître, n'étaient apparues qu'au début du XIXe siècle avec l'invention des ruches à cadres mobiles. Tout cela était présent chez Columelle mais fut oublié par la suite. Ainsi, Olivier de Serres (1539-1619), dans la partie consacrée aux abeilles de son *Théâtre d'agriculture et mesnage des champs*, qui cite pourtant Columelle, ne dit pas un mot sur les transferts

de couvain ou de cellules royales, comme si de telles pratiques ne pouvaient plus être comprises dans la France du XVIIe siècle.
Et pourtant, lorsque, vers 1766, le pasteur allemand M. Schirach présente une technique d'essaimage artificiel basé sur l'élevage d'une reine à partir d'une larve femelle de moins de trois jours, il est accusé par un professeur napolitain d'avoir plagié une méthode pratiquée depuis l'Antiquité dans la petite île sicilienne de Favignana. Les habitants de ce rocher de la Méditerranée, nous dit François Huber (voir chapitre 5) qui relate cet incident, auraient résisté, tels les célèbres villageois gaulois, de par leur isolement, à une amnésie quasi générale et ainsi conservé les techniques d'élevage décrites par Columelle ainsi que sa ruche si particulière. Le lecteur attentif en verra pourtant une représentation nette dans l'*Exultet* de Barberini de 1087 (voir illustration 6 du cahier hors texte).

Butinage n° 7
Quelle espérance de vie pour l'abeille ?

Virgile et Aristote avant lui s'étaient bien trompés en croyant que l'abeille pouvait vivre jusqu'à sept ans ! Magie des chiffres qui permettait d'étayer l'idée que cet insecte participait de l'éternité du cosmos. En fait, tout dépend de sa caste et de la période de l'année. Seule la reine peut vivre plusieurs années (jusqu'à cinq ans au maximum, mais, en général, de deux à trois ans). Les faux-bourdons sont présents dans la ruche du printemps à l'automne, mais en cas de disette, ils seront chassés de la ruche et donc éliminés. Quant aux ouvrières, leur durée de vie varie en fonction de la saison ou, plus exactement, de l'importance de la ponte de la reine : cela va de quelques semaines au printemps où le nombre de larves est maximum dans la ruche, à plusieurs mois en hiver quand la ponte est réduite ou si la ruche est orpheline. En revanche, si le renouvellement de reine fonctionne, si elle n'est pas malade, si elle n'est pas intoxiquée, etc., une ruche peut être... immortelle.

Butinage n° 8
La récolte du miel

Lorsque Virgile expose ses conseils en vue de la collecte du miel, qu'il s'agisse des dates de récolte, marquées par l'apparition et le coucher des Pléiades, ou des précautions à prendre pour ne pas trop irriter les abeilles, il débute son paragraphe par un vers pour le moins sibyllin sur lequel les traducteurs se trouvèrent partagés : « *Prius haustu sparsus aquarum ora fove* » (*Géorgiques*, 4, 229)

Les différentes interprétations peuvent se ramener à deux : l'une traitant de technique apicole, l'autre préconisant une sorte de purification de l'apiculteur, préalable à la récolte. Dans le premier cas, nous avons : « remplis d'abord ta bouche d'eau, pour la laisser tomber au besoin sur les abeilles en pluie fine », soit en traduction mot à mot : *sparsus ora prius*, « t'étant rempli la bouche auparavant », *haustu aquarum*, « d'une gorgée d'eau », *fove*, « garde-la tiède » (sous-entendu : « pour les en arroser ») (*cf. Les Auteurs latins expliqués par une méthode nouvelle*, Paris, Hachette, 1853). Pour Jules Duvaux (*Classiques latins*, 1891), il s'agirait d'un contresens remontant à Servius, commentateur de Virgile du IVe siècle. D'où cette seconde lecture qui a la faveur des traducteurs contemporains : *prius*, « tout d'abord », *sparsus*, « t'étant aspergé », *ora fove*, « purifie ta bouche », *haustu aquarum*, « d'une gorgée d'eau ». Cette interprétation fait écho aux préconisations d'autres auteurs comme Columelle pour qui l'apiculteur doit être pur : « S'il faut qu'il touche aux rayons, [il doit] s'abstenir la veille de tout acte vénérien, ne pas approcher de la ruche étant ivre et sans s'être lavé, et de rejeter presque tous les aliments à odeur forte, tels que les salaisons et les jus qui en proviennent, et de pas exhaler l'odeur âcre et fétide de l'ail, des oignons et des autres substances de ce genre » (*De l'agriculture*, 9, 14, 4).

Mais la première traduction, moins symbolique, renvoie à un usage apicole bien réel : il arrive que l'on soit amené à asperger les abeilles pour les faire rentrer dans la ruche lors de grosses chaleurs ou pour éviter leur dispersion. Pour ce faire, un petit vaporisateur, genre lave-vitres, est bien utile, mais à défaut, la brumisation de l'eau par la bouche peut permettre de se dépanner de façon tout à fait efficace.

Si, donc, ni le texte par lui-même ni des arguments externes ne peuvent départager avec certitude ces deux versions, osons alors une troisième hypothèse, avec l'aplomb et la naïveté de non-spécialistes dont les souvenirs de versions latines se sont perdus dans les vapeurs de l'enfumoir : pourquoi ne pas considérer que cette ambiguïté, à la fois sémantique et syntaxique, pour le coup intraduisible, soit inhérente au texte de Virgile ? Celui-ci nous a bien habitués depuis le début de son poème à traiter dans un même élan des domaines complètement différents, à superposer les niveaux de langage, à entremêler conseils apicoles, considérations philosophiques, morales ou politiques. De la même façon, l'exigence de pureté et les ablutions de l'apiculteur ne pourraient-elles se combiner ici avec une pratique réelle visant à calmer les abeilles dans une sorte de double langage que seule l'expression poétique (ou le calembour) peut offrir ?
Mais, en pratique, comment se passe la récolte ? Il s'agit de prélever le miel en le préservant de toute contamination tout en évitant la fureur des abeilles. Lorsque l'opération ne concerne que quelques ruches, la récolte, cadre par cadre, avec un léger enfumage convient tout à fait. Mais si les choses ont tendance à durer avec des ruchers de plusieurs dizaines de colonies, une excitation provoquée par les odeurs de miel gagne de proche en proche l'ensemble des ruches et mieux vaut, alors, avoir des vêtements et un masque bien étanches, d'autant plus qu'il faut modérer l'enfumage, le miel devant être protégé d'odeurs parasites. Cette effervescence peut, néanmoins, être sensiblement retardée, s'il ne fait pas trop chaud, en fermant les ruches, les abeilles extérieures ne pouvant ainsi plus communiquer avec leurs sœurs et transmettre leur excitation. Les hausses sont récoltées d'un seul coup, débarrassées des abeilles à l'aide d'un de ces souffleurs à feuilles utilisés à l'automne par les services techniques municipaux et transformé pour l'occasion en souffleur à abeilles.

Mais la méthode qui a notre préférence pour des récoltes importantes devant se faire loin de chez nous consiste à intercaler en fin de journée, entre la hausse et le corps de la ruche, un petit dispositif, le chasse-abeilles, autorisant le passage des abeilles de la hausse vers le corps mais l'empêchant en sens inverse. L'apiculteur pourra, ensuite, profiter de sa soirée à sa guise, bivouac à proximité des ruches ou visite à l'auberge voisine, et revenir le lendemain matin relever les hausses vidées pendant la nuit des abeilles qu'elles contenaient. Cette méthode ne représente pas un gain de temps, mais son gros avantage est de ne créer aucun stress, aucune agressivité, ni chez les abeilles ni chez l'apiculteur, et de ne provoquer aucune perturbation pour le voisinage, et ce... même si les conseils sexuels et alimentaires de Columelle n'ont pas été respectés.

(Merci à Laurence Decréau pour ses indications et références.)

L'abeille décryptée : Porphyre

Où l'on voit que l'abeille est une âme immortelle

> « Rien ne ressemble à une âme comme une abeille. Elle va de fleur en fleur comme une âme d'étoile en étoile, et elle rapporte le miel comme l'âme rapporte la lumière. »
>
> Victor HUGO, *Quatre-vingt-treize* (1874), III, 3.

Dans ce voyage philosophique où nous entraîne la fabuleuse abeille, nous avons parcouru déjà un long chemin : après avoir visité l'immense nature cosmique d'Aristote ; nous sommes entrés, à l'invitation de Virgile, dans le jardin d'Épicure puis avons poussé jusqu'au portique des stoïciens. Mais nous n'avons encore rien dit de Platon (428-348), figure pourtant tutélaire de la philosophie. Aurait-il été muet sur les abeilles ? C'est assez peu probable pour un auteur dont la légende veut qu'à sa naissance, celles-ci se soient posées sur ses lèvres « annonçant la douceur de son éloquence enchanteresse » (Pline[51]). De fait, on trouve chez lui plusieurs allusions à notre insecte, dont certaines auront, comme nous allons le voir, une postérité tout à fait considérable. Mais c'est sur un de ses disciples tardifs que nous voudrions clore cette cosmologie antique de l'abeille en évoquant un texte des plus singuliers : il s'intitule *L'Antre des nymphes* et c'est un des rares écrits qui nous soient parvenus de Porphyre de Tyr, philosophe néoplatonicien du IIIe siècle après J.-C.

L'abeille idéale de Platon

La renommée de Porphyre (234-305) tient surtout à son maître, Plotin (205-270), dont il fut à la fois le disciple, l'éditeur et le biographe. Lui-même n'apparaît guère dans le panthéon courant de la philosophie scolaire. C'est sans doute injuste mais assez explicable, d'abord parce que peu de ses œuvres nous sont parvenues ; mais, ensuite et surtout, c'est parce qu'il se situe dans une période de transition entre la philosophie païenne et la théologie chrétienne. Plus tout à fait antique, mais pas encore chrétien, il se place à nos yeux dans une sorte de clair-obscur crépusculaire, qui le rend difficile à appréhender. C'est pourtant cette position, qui lui confère, aux yeux des spécialistes, une importance historique considérable. Certains ont vu en lui le « précepteur du Moyen Âge » ; une de ses lettres (à Marsalla) a été qualifiée de « testament de l'Antiquité ». Pour d'autres, il fut le promoteur de certains des dogmes les plus fondamentaux du christianisme (comme celui de la Trinité[52]). Saint Augustin notamment l'appréciait beaucoup et témoignait à son égard d'une indulgence presque coupable pour un chrétien à l'égard d'un païen.

Son influence sur le Moyen Âge se fera surtout sentir à travers un de ses ouvrages de logique, l'*Isagogè*[53], qui était un commentaire des *Catégories* d'Aristote. Ce livre, traduit en latin par Boèce, est à l'origine de la plus colossale controverse philosophique médiévale ; celle qu'on appelle la querelle des « universaux ». La question posée (et que Porphyre prétendait en fait évacuer) était d'une simplicité diabolique ; elle concerne le statut de ce qu'on appelle les idées générales, comme, par exemple, les genres et les espèces : existent-elles indépendamment des objets particuliers qu'elles rassemblent dans leur définition ou ne sont-elles que des produits évanescents de la pensée ? Ainsi, le triangle en général a-t-il une existence propre ou n'est-il qu'une manière de penser ou de dire la ressemblance entre des objets de forme triangulaire ? Le problème avait été évoqué pour la première fois par Platon qui prenait, *comme par hasard*, l'exemple des abeilles (*Ménon*, 72b). Si toutes les abeilles sont différentes (en beauté, en taille, etc.), faisait-il dire à Socrate, elles n'en possèdent pas moins une « seule forme caractéristique (*eidos*) identique chez toutes sans exception » qui nous les fait reconnaître en dépit de leurs disparités. Or, pour Platon, cette forme générale (nous dirions aujourd'hui, ce *concept* ou cette *essence* de l'abeille) existe davantage que les abeilles particulières telles qu'elles sont perçues par nos organes sensibles jamais très fiables. En effet, sans cette idée de l'abeille, nous ne pourrions jamais reconnaître une abeille. Mais quel statut donner à cette idée ? Comment expliquer que l'idée qui nous permet de nous représenter une abeille ne soit pas elle-même représentable ? Car fermons les yeux un instant et tentons de nous imaginer ce que serait l'abeille en général : impossible ! On se la représentera toujours particulière, avec une certaine taille, une certaine couleur, etc. D'où le fait que, pour beaucoup d'autres penseurs (comme d'ailleurs tout un chacun), ce sont les abeilles individuelles qui existent, tandis que le concept d'abeille n'est qu'une abstraction vide, qui arrive dans notre esprit *après coup* pour collecter et unifier des représentations singulières… Autrement dit : pour eux, l'idée est une simple manière de penser, voire de parler produite par notre esprit sans corrélat réel. Mais, en y réfléchissant, le dilemme est terrible ; lequel de ces deux inconvénients faut-il préférer ? Des idées tellement générales qu'elles sont vides ou des images tellement particulières qu'elles sont aveugles ? Ce problème engage la totalité de notre rapport au réel. On imagine sans peine les conflits homériques que sa résolution a pu entraîner ; mais, pour nous, il importe peu d'y entrer. Il nous suffit de percevoir que l'utilisation de l'abeille comme exemple inaugural dans cette querelle n'a rien de fortuit : car notre insecte fut et sera souvent utilisé comme symbole des Idées, de l'âme et de l'intellect en général*. Et c'est précisément ce que rappelle Porphyre dans *L'Antre des nymphes*, qui va nous occuper à présent.

La ruche allégorique

Cet écrit est une sorte d'explication de texte tout entière consacrée à l'interprétation d'un court passage très énigmatique de l'*Odyssée*. Il se situe au chant XIII du poème d'Homère, au moment où Ulysse parvient enfin sur son île accompagné par les Phéaciens qui l'ont recueilli. Le navire accoste Ithaque près d'une grotte dont voici l'étrange description :

> À l'entrée du port, un olivier déploie son feuillage et tout près s'ouvre une grotte aimable et sombre, consacrée aux nymphes, qu'on appelle Naïades. On y voit des cratères, des amphores à deux anses, en pierre, où les abeilles font leur miel, et de longs métiers de pierre, où les nymphes tissent, merveille pour les yeux, des étoffes, teintes à la pourpre de mer ; on y voit encore des sources jamais taries ; et cet antre a deux portes : par l'une, du côté de Borée (le vent du nord), peuvent descendre les hommes ; l'autre, du côté de Notos (le vent du sud), est réservée aux dieux ; les hommes ne passent point par là, c'est le chemin des immortels[54].

À lire ce texte, on se demande franchement ce que l'aède avait fumé pour parvenir à une description dont la précision n'a d'égale que l'obscurité ! Pourtant le moment est crucial : c'est le premier pas du « retour » tant attendu ; après dix ans de guerre et dix ans de mer, Ulysse rentre enfin chez lui. Il est donc peu probable que, dans un

* La démarche de Porphyre consistait plutôt à tenter de supprimer le problème en distinguant cinq manières de désigner la généralité d'une chose : le genre, l'espèce, la différence, le propre et l'accident. C'était là clarifier le problème, mais non le résoudre. *Cf.* A. de Libéra, *La Querelle des universaux. De Platon à la fin du Moyen Âge*, Paris, Seuil, 1996.

passage aussi important, Homère se soit laissé aller à l'improvisation. Comment alors interpréter cet épisode ? Méprisant tous ceux qui ont tenté d'identifier la grotte « réelle » en allant visiter Ithaque en touriste cultivé, Porphyre s'attache à décrypter le sens véritable de cette crypte. Et son enquête, fouillée, minutieuse, tatillonne, quasi « sherlock-holmésienne » va nous conduire très loin.

Car pour Porphyre cette grotte représente rien de moins que l'univers lorsque le philosophe arrivé au terme de sa théorie contemple l'organisation profonde des choses. Chaque élément de la description a une signification allégorique et tous pris ensemble (*sym-bolisés*) forment une image claire du Tout.

Sur le chemin de l'Un

Pour bien comprendre la nature de cette enquête, il faut repartir des fondements de la philosophie de Porphyre et du contexte de l'époque. Porphyre, on l'a dit, rédigea après la mort de son maître, une *Vie de Plotin*. Ce projet était autant le fruit d'une pieuse fidélité qu'une tentative de riposte contre les chrétiens dont l'influence croissante l'irritait au plus haut point. Porphyre avait déjà rédigé un violent traité *Contre les chrétiens* où il dénonçait le simplisme, les incohérences et les absurdités de la nouvelle doctrine. Sa *Vie de Plotin* complétait la riposte en opposant aux vies de Jésus des Apôtres, une sorte d'« Évangile de Plotin selon saint Porphyre[55] » (pour parler comme le regretté Lucien Jerphagnon). D'ailleurs, le ton (querelleur) était donné dès les premiers mots. L'ouvrage commence par cette phrase : « Plotin, le philosophe qui vécut de nos jours, semblait avoir honte d'être dans un corps. » Elle est manifestement destinée à tourner en dérision l'idée chrétienne, absurde pour un philosophe grec, d'un logos divin qui se « serait fait chair[56] ». Un divin incarné : voilà qui n'avait vraiment aucun sens dans une perspective platonicienne. Reprenant un jeu de mots courant en grec qui identifiait le corps (*soma*) à une prison (*sèma*), Porphyre rappelait ainsi d'emblée le cœur de la doctrine platonicienne.

Dans la fameuse allégorie de la caverne – déjà un antre –, Platon distinguait les ombres, que les prisonniers enchaînés étaient contraints de regarder en les prenant pour la réalité, et le ciel lumineux des Idées. Toute la tâche du philosophe était de s'arracher aux chaînes du sensible obscur, fugace, incertain, limité et mortel pour accéder au monde de l'intelligible éternel, évident, vrai, absolu, divin. Entre les deux, un chemin long, rude et escarpé, au cours duquel l'esprit devait franchir tous les niveaux du savoir. Mais cette division du réel en deux mondes existant plus (l'intelligible de l'Un) ou moins (le sensible de la caverne) pose deux immenses problèmes qui constituent l'axe directeur du néoplatonisme. Le premier est de savoir comment concevoir l'intelligible dans sa pureté absolue. Est-ce là une tâche faite pour l'homme, qui, si sage soit-il, reste toujours empêtré dans un corps, englué dans ses illusions, et voué à une vie aussi vaine que brève ? Le second problème concerne les rapports entre les deux mondes : si l'intelligible est parfait, complet et sublime, pourquoi le sensible existe-t-il malgré tout un peu ? Si l'absolu intelligible a besoin du sensible relatif pour exister, il n'est pas absolu ; et s'il n'en a pas besoin, pourquoi ce sensible se manifeste-t-il malgré tout pour nous ?

Tels sont les deux défis laissés par Platon à sa postérité : comment un être fini (l'homme) peut-il penser l'infini ? Comment l'infini (Dieu) peut-il se satisfaire de l'existence du fini ? Tout le projet de Plotin et de ses disciples, plus ou moins fidèles, sera de comprendre le mouvement de flux et de reflux entre la forme supérieure de l'Être (le divin) et ses formes dégradées (la matière).

Qu'on nous pardonne de prendre une image triviale pour tenter d'esquisser la solution proposée. La réalité apparaît aux néoplatoniciens comme une sorte d'immense gratte-ciel, type Burj Khalifa de Dubaï, où le sommet avec le moins de matière (disons ici de mètres carrés) serait pourtant le plus existant (car le *big boss* y a son bureau) ; et où la base avec le plus de matière serait la moins existante (ce sont les bureaux sombres réservés aux débutants). Entre les deux, toute une série d'étages desservis par un ascenseur. Après l'entretien d'embauche dans le bureau du sommet, c'est la chute : on commence sa carrière tout en bas de l'échelle. Mais animé par le souvenir de la vue et de la vie sublimes de la sphère d'en haut, on aspire à gravir, degré après degré, tous les étages de l'Être, gagnant en esprit ce que l'on perd en matière.

Il y a donc deux mouvements qui permettent de rendre compte du réel. Le premier est celui de l'infini qui crée, englobe et descend vers le fini par une série d'« hypostases ». Processus fort difficile (voire impossible) à concevoir pour les petits êtres humains que nous sommes, mais qui doit s'imaginer comme une série de renoncements de la part de l'Un infini, animés par une générosité créatrice. La meilleure image serait celle du parent qui doit renoncer à sa liberté pour laisser être et faire de la place à ses enfants. Et de plus en plus de place au fur et à mesure que ses enfants grandissent jusqu'à ce qu'ils s'autonomisent totalement. Cette vision sera réinvestie par la tradition chrétienne pour désigner les trois personnes de la Trinité : le Père, le Fils, le Saint-Esprit (considérées comme trois hypostases d'un seul et même être (*ousia*) qui est Dieu) (voir florilège n° 5, « L'essaim et l'hypostase selon Proclus », p. 248).

Le second mouvement est celui du fini qui aspire à s'élever vers l'infini par toute une série d'« extases ». Celles-ci le font quitter un degré pour accéder à un autre, plus élevé. Le débutant devient junior, puis cadre, puis dirigeant et, s'il persévère, il peut finir patron. Mais, contrairement à ce qui vaut dans le business, cela passe moins par l'accumulation (du pouvoir, de l'argent, de l'expérience) que par une sorte d'épuration croissante. Plotin utilisait cette belle image selon laquelle l'apprenti-sage doit viser à sculpter sa propre statue (*Ennéades*, I, 6, 9) : nul éloge du body-building dans cette affirmation, mais l'idée que, contrairement à la peinture qui est un art qui ajoute, la statuaire est un art qui dépouille. Il s'agit donc d'ôter le superflu d'un bloc de marbre pour faire apparaître la belle forme qui y est déjà présente. De la même manière, le sage doit ôter l'inessentiel (les passions, les ambitions, les désirs, le sensible, le corps) pour faire apparaître en lui la quintessence de l'Être. C'est une ascèse : « Efforcez-vous de faire remonter le dieu qui est en vous au divin qui est dans le tout », aurait dit Plotin à son disciple Eustochios, le jour de sa mort en 270. Au terme de ce voyage dans l'existence, le sage prend conscience qu'il est de retour chez lui, dans un endroit qu'il n'a au fond jamais quitté, parce qu'il est la vérité profonde de son être. « Car ce à quoi l'on fait retour n'est autre que le soi essentiel, et ce à quoi l'on s'unit de nature n'est autre que sa personne essentielle. » Le sage alors « s'approchera de Dieu qui a son siège dans ses véritables entrailles[57] » (voir florilège n° 6, « Comment quitter le sensible ? », p. 250).

La philosophie comme nostalgie

La philosophie est donc une sorte de voyage dans l'être, rempli d'épreuves et d'obstacles, animé par la quête d'une origine à retrouver. Le poète et philosophe romantique Novalis (1772-1801) reprendra cette définition dans une puissante formule : « La philosophie est à proprement parler nostalgie – aspiration à être partout chez soi[58]. » Comment ne pas penser ici à l'*Odyssée* et au long périple d'Ulysse pour retourner chez lui ? Porphyre est loin d'être le premier à penser qu'il y a dans l'épopée homérique bien plus qu'une belle histoire. Pour lui comme pour nombre de ses prédécesseurs, le message profond du poème, comme d'ailleurs celui de tous les grands mythes, est philosophique : il contient les traces d'une véritable *révélation* que la poésie ancienne a su maintenir vivante même si son accès n'a plus rien d'évident. Pour qui sait lire et interpréter, ces textes contiennent un sens caché sur l'origine et la vérité ultimes des choses[59]. Et leur lecture attentive et assidue sera mille fois plus bénéfique que l'observation simple du monde par nos sens toujours trompeurs.

> La Nature a dérobé aux sens grossiers des hommes la connaissance de son être, en se cachant sous les vêtements et les enveloppes des choses, de la même manière, elle a voulu que les sages ne discourent sur ses mystères que sous le voile des narrations mythiques[60].

Le travail d'explication des mythes n'est donc pas un jeu gratuit que pratiquerait le penseur à ses heures perdues ; c'est la seule voie possible pour atteindre les vérités, celles qui dépassent le corps, le langage et la pensée humains. Le chemin est difficile, mais le vrai philosophe ne doit pas attendre une révélation, une grâce ou un signe pour se mettre en route : son salut ne dépend que de lui ; de la fermeté et de la précision de sa raison. Il doit se garder autant des préjugés religieux que des fausses évidences matérialistes. Alors seulement il pourra accéder à cette vision extraordinaire, qui lui apparaîtra aussi claire que le jour : tous les récits mythiques, toutes les grandes philosophies, toutes les principales religions s'accordent en fait sur l'essentiel. Homère, Pythagore, Platon, les sages égyptiens, les penseurs perses ou juifs : tous sont animés par une même vérité émanant directement des dieux et réservée au petit nombre des initiés qui sauront la saisir. Voilà ce qu'il faut lire dans ces textes sans s'en tenir à leur beauté poétique, sans se laisser prendre par leur intensité dramatique. Les mythes, et notamment l'*Odyssée*, sont des allégories qui nous révèlent la vérité du sens de l'être. Et c'est à cette exégèse allégorique que se livre Porphyre dans *L'Antre des nymphes*.

L'abeille mystique

L'*Odyssée*, qui raconte le retour d'Ulysse à Ithaque, décrit donc en fait l'histoire de l'âme humaine qui, après son incarnation dans le monde sensible, où toutes sortes de tentations mortelles cherchent à la retenir, retourne enfin à son point de départ : le monde intelligible de l'Un éternel. Le choix de l'antre pour décrire cet univers ne doit rien au hasard : toutes les religions, tous les mythes, toutes les philosophies, constate Porphyre, ont utilisé cette image. On la trouve chez Zoroastre, Hésiode, Pythagore, Empédocle et, bien sûr, chez Platon avec sa fameuse allégorie : tous s'accordent à faire de la grotte le « symbole du monde », le « symbole des puissances cachées » et surtout le lieu de l'« initiation » à leurs mystères.

Car la grotte, comme la ruche, est un lieu de rencontre. Elle se situe entre le ciel et la terre, entre l'eau et la pierre, entre l'obscur et la lumière. Cet antre est un carrefour. D'en haut arrivent les nymphes des eaux, les Naïades, qui représentent les âmes descendant du pur intelligible vers le charnel. « On appelle *nymphes*, écrit Porphyre (§ 12), les jeunes filles qui se marient, parce qu'elles s'unissent en vue de la génération et on les lave avec l'eau des sources et des ruisseaux et des fontaines qui ne tarissent point. »

Ces nymphes tissent des étoffes de pourpre qui représentent, selon Porphyre, le sang et les ossements de l'incarnation. Cela illustre bien que ces âmes pures s'épanchent dans des corps.

Et les abeilles ? Venons-y enfin. Quel rôle jouent-elles ? Le texte d'Homère est plutôt allusif et succinct, il faut le reconnaître : il n'est question que d'amphores de pierre (et non d'argile) remplies de rayons de miel (au lieu d'eau ou de vin). Mais, dans son commentaire, Porphyre va dresser une liste quasi exhaustive des usages mythologiques et religieux de l'abeille et du miel, comme si l'allégorie du rayon condensait (en un sens quasi psychanalytique) toute la symbolique apicole. Il se lance alors dans un exercice de mythologie comparée où le culte de Mithra et celui de Déméter, la théogonie d'Hésiode, l'orphisme, le pythagorisme, les oracles chaldaïques, les prophéties bibliques, la philosophie de Platon, etc., seront mobilisés. Tous, dit-il, s'accordent à reconnaître en l'abeille un être ambivalent. D'un côté, elle est *nymphe* (jeune abeille), attirée par la douceur, avide de volupté, prête à se perdre dans les plaisirs de la chair et de la génération. Pourtant, d'un autre côté, remarque Porphyre, « on n'appelait pas indifféremment abeilles toutes les âmes qui vont vers la génération, mais celles-là seules qui devaient vivre selon la justice et retourner ensuite en leur séjour premier après avoir accompli des œuvres agréables aux dieux ». Les abeilles désignent ainsi les meilleures des âmes, celles qui savent s'élever au-delà du monde mortel et des plaisirs charnels. Dante reprendra l'idée dans son *Paradis* en assimilant celles-ci aux anges tantôt plongeant dans leurs corolles, tantôt retournant faire leur miel[61]. Et Porphyre ajoute « car cet être vivant aime à revenir [au lieu d'où il est parti] et il observe particulièrement la justice et il est sobre : c'est pourquoi l'on appelle “sobres” les libations de miel » (§ 19). Si l'abeille est plaisir charnel d'un côté (comme nymphe), de l'autre (comme abeille accomplie) elle est dépassement de la chair. Née de bœufs morts (voir butinage n° 3, p. 32), elle s'arrache au corps sombre pour s'élever vers la pureté céleste où elle recueille le nectar divin. Et c'est un autre attribut du miel qui le montre ; le miel purifie et conserve : « Grâce au miel, écrit Porphyre, beaucoup de choses deviennent incorruptibles et les plaies anciennes sont nettoyées » (§ 15). Plaisir éternel, douceur céleste, pureté promise : la mouche à miel – figure d'Ulysse, image des âmes – réunit les deux facettes du réel. Dans le minimum de matière, elle contient le maximum d'esprit ; dans le minimum de génération, elle recèle le maximum d'immortalité ; dans le minimum de diversité, elle concentre le maximum d'unité. En contemplant la ruche, le philosophe est transporté par son message allégorique ; il se débarrasse de toute nostalgie et, où que porte son regard, il peut dire : « *Home sweet home* » ! Il est partout chez lui ; il est devenu sage…

La fin de la description de la grotte confirme, selon Porphyre, cette interprétation. Homère « écrit » qu'elle possède deux entrées : l'une, pour les hommes, assure la descente vers les corps sensibles ; l'autre, réservée aux immortels (les âmes), monte vers la pureté spirituelle. Rien d'étonnant à ce que l'on retrouve cette même géographie dans une autre caverne platonicienne, celle qui, à la fin de la *République* de Platon, est décrite par Er, soldat tombé au combat à qui il est donné d'aller séjourner au royaume des morts[62].

Mythe, miel et olivier

Le dernier élément à interpréter arrive en premier dans le texte : l'olivier. Sa présence n'a rien de fortuit, mais, dit Porphyre, « il détient la signification mystérieuse de l'antre » (§ 57). Il figure Athéna, la sagesse. Homère a voulu montrer que l'univers n'est pas le fruit du hasard, mais de l'arbre de la sagesse, c'est-à-dire d'une nature intelligente et divine, qui est à l'origine de tout. Cette nature éternelle, toujours verte comme l'olivier, récompense de sa couronne ceux qui luttent victorieusement pour dépasser leur nature mortelle et fusionner avec elle. C'est là toute la différence entre le néoplatonisme et le stoïcisme, pour qui c'est le cosmos lui-même qui est divin et éternel et non, comme Porphyre le suggère ici, une entité qui lui serait – pour ainsi dire – à la fois antérieure, supérieure et extérieure. L'idée d'un Dieu unique et universel est bien présente ; mais non l'idée scandaleuse de son incarnation. L'*Odyssée* offre ainsi l'image poétique de l'harmonie même du cosmos, des degrés qui le constituent, et des étapes qu'il faut franchir pour revenir dans son giron éternel.

Et, aux esprits forts qui penseraient que cette lecture est vraiment tirée par les cheveux, Porphyre réserve sa conclusion : « Il ne faut pas croire que ce sont là des interprétations forcées et des approximations d'esprits subtils : songeons à ce que la sagesse antique et celle d'Homère ont eu de pénétration ; songeons à l'exactitude de leur vue, dans le domaine de la vertu ; et sachons reconnaître qu'Homère a caché sous la fiction du mythe l'image de réalités divines. Il n'aurait pu réussir toute son histoire s'il n'était parti de certaines vérités qu'il a transposées en fiction » (§ 36). Tous les éléments cités dans les vers d'Homère trouvent leur sens les uns par rapport aux autres, mais aussi par rapport à un contexte symbolique qui est celui des religions et des mythologies du monde antique. C'est ce contexte qui permet le décryptage des métaphores et il paraît vraisemblable que la présence simultanée dans le récit d'Homère de métiers à tisser et d'amphores, par exemple, soit aussi riche de sens pour nombre de contemporains de Porphyre que l'évocation d'une croix et d'une couronne d'épines pour un chrétien. En même temps, le décryptage du texte permet de rappeler ce contexte symbolique dans la réaffirmation d'une « identité culturelle » païenne menacée par la montée du christianisme.

Depuis Porphyre, près de deux mille ans ont passé ; et pourtant, malgré les siècles, il nous apparaît comme un compagnon d'armes. Comme lui, nous recherchons les secrets de l'abeille symbolique, celle qui réunit les êtres, les niveaux et les dimensions ; comme lui, nous pensons que ce qu'en ont dit les mythes, les sages et les adages révèle quelque chose de profond sur notre condition humaine, mortelle et éphémère ; comme lui, nous guettons les signes d'une vérité éternelle dont l'abeille serait le reflet paradoxal. Nous aurions simplement quelques réticences à qualifier celle-ci de « divine », et nous préférons faire l'« histoire » (plutôt que la révélation) de cette « vérité éternelle », ce qui n'est certainement pas lui rendre service. Mais il est frappant de remarquer que la réflexion critique sur la symbolique de la mouche à miel n'a rien de récent ni d'original. Ce qui nous montre une idée essentielle : ce n'est pas seulement l'insecte qui intéresse, parce qu'il nous ressemblerait ; c'est aussi et peut-être surtout le symbole qui depuis toujours interroge à la fois dans sa permanence et dans son ampleur. Si l'abeille est *sublime*, c'est au sens où elle paraît saturée de significations, débordante d'idées, en surcharge permanente de sens. On aura encore bien des occasions de le voir.

Mais au moment de quitter l'Antiquité païenne pour rejoindre le monde chrétien, on peut tirer un rapide bilan des usages cosmologiques de l'abeille. Aristote puisait dans son observation scrupuleuse des réponses aux questions métaphysiques les plus ardues ; Virgile, mêlant la nature et les mythes, chantait en suivant son vol l'ordre de l'univers identifié à la paix romaine ; Porphyre en décryptait la symbolique pour révéler les choses cachées depuis le commencement du monde. En dépit de toutes leurs différences, ces trois voies se retrouvent unies pour célébrer le cosmos comme… une ruche sacrément parfaite.

Butinage n° 9
Les différentes races d'abeilles

Aristote et, à sa suite, les agronomes romains (Pline, Columelle et compagnie) distinguent plusieurs sortes d'abeilles de valeurs différentes. Dans son *Histoire des animaux*, il identifie : la « petite, rondelette et mouchetée » qui est la plus active ; la « longue » qui ressemble à la guêpe ; le « voleur », noire avec un gros ventre ; et enfin le bourdon, la plus grosse de ces sortes d'abeilles, ne travaillant pas et dépourvu d'aiguillon. Un peu plus loin, Aristote nous dit que « voleurs », bourdons et mauvais chefs sont engendrés par l'abeille longue, ce qui ramène notre nombre d'espèces d'abeilles à deux : d'une part, la meilleure abeille (*chresta melissa*), et d'autre part, l'abeille longue, laquelle fait des cellules irrégulières et ne produit que très peu de miel, voire pas du tout. Il repère par ailleurs deux sortes de chefs.

Virgile reprendra cette distinction : « Ainsi que les rois, les sujets ont un double aspect : les uns sont laids à faire peur, [...] les autres luisent et brillent d'un éclat vif, et leurs corps sont couverts de mouchetures régulières, aussi brillantes que l'or. Telle est la race qu'il te faut préférer. » Et, plus loin, après avoir décrit le combat des chefs, il ajoute : « Livre à la mort celui [des chefs] qui t'a paru le plus faible, afin qu'il ne soit pas un fardeau inutile : laisse le meilleur régner dans sa cour. »

Que savons-nous aujourd'hui de cette diversité de races d'abeilles décrite par les Grecs et les Romains ? Si on a pu observer un important brassage génétique depuis une cinquantaine d'années, avec une accélération de ce phénomène ces vingt dernières années, jusqu'alors ces races étaient bien circonscrites à leurs régions d'origine. Notre espèce d'abeille, *Apis mellifera* (porteuse de miel), présente aujourd'hui sur toute la Terre à l'exception des régions polaires, occupait jadis toute l'Europe, une partie de l'Asie et le continent africain. Elle se divise en de nombreuses races qui s'étant adaptées au climat, au relief, à la flore de leur lieu d'émergence, bien que toujours interfécondes, ont des caractéristiques, tant physiques que comportementales, différentes. Ainsi le cycle de développement annuel, la capacité de réduire ou de développer la ponte, la gestion des provisions, l'instinct d'amassage, etc., peuvent varier énormément d'une

race à l'autre. La taille, la longueur de la langue (mais oui !), la couleur, la douceur ou l'agressivité peuvent caractériser les races d'abeilles. Pour n'en citer que quelques-unes, nous avons tout d'abord, en Europe de l'Ouest, *Apis mellifera mellifera,* appelée également l'« abeille noire », petite, réputée pour sa rusticité ; en Italie, *Apis mellifera ligustica,* de couleur jaune, productive, et adaptée à des conditions climatiques plus clémentes ; *apis carnica* en Europe centrale et *Apis caucasica* (devinez où) sont grises ; citons également *Apis cecropia* en Grèce, *intermissa* en Afrique du Nord, etc.
Aujourd'hui, la présence dans la même ruche d'abeilles de phénotypes différents est quelque chose de tout à fait banal. Trouver des souches indigènes de race pure est, au contraire, devenu problématique et la préservation des écotypes locaux fait partie des préoccupations des groupements d'apiculteurs. La reine se fait féconder quelques jours après sa naissance, à l'extérieur de la ruche (*cf.* butinage n° 20, p. 206), et ce par plusieurs mâles issus de ruches parfois situées à plusieurs kilomètres du site d'accouplement. Ces mâles peuvent être de races différentes. En effet, le développement accru de la transhumance des ruches au cours du XXe siècle et l'accroissement de l'élevage, de la sélection, des ventes d'essaims et de reines a eu pour conséquence que certaines races, initialement issues d'une région précise, sont présentes aujourd'hui dans le monde entier, conjointement aux races indigènes, parfois au détriment de ces dernières. On peine à imaginer un tel brassage, il y a quelque deux mille, voire deux mille cinq cents ans.
Mais certains indices pourraient indiquer que, toutes proportions gardées, les choses n'étaient peut-être pas tellement différentes dans l'Antiquité et que certaines pratiques et connaissances apicoles, oubliées avec l'effondrement du monde antique, n'ont pu réapparaître qu'aux âges modernes. En lisant Columelle, nous découvrons que la transhumance était pratiquée en Grèce et en Italie, alors qu'il semble qu'elle ne se (re)développera en Europe qu'après le XVIIIe siècle (*cf.* P. Marchenay, *L'Homme et l'Abeille,* Paris, Berger-Levrault, 1987). Dans son traité, l'agronome romain conseille de construire des ruches faciles à transporter, énonce des recommandations pour faire ces voyages sans nuire aux abeilles : la nuit et en leur permettant de se réalimenter pendant la journée. De plus, il justifie l'intérêt de la transhumance en se référant à sa pratique en Grèce entre l'Achaie et l'Ithaque, entre les Cyclades et Scyros, île

des Sporades aux étés et aux hivers doux, et en ajoutant que les apiculteurs siciliens déplaçaient leurs ruches sur le mont Hybla, réputé pour la qualité de son miel.

Sur le même thème, Pline l'Ancien écrit : « J'ai trouvé sur la nourriture des abeilles un fait singulier, et digne d'être rapporté. Il est un bourg appelé Hostilia, et baigné par le Pô ; les habitants, quand la nourriture manque dans les environs, mettent les ruches sur des bateaux, et chaque nuit ils leur font remonter un espace de cinq mille pas ; au jour, les abeilles sortent et vont butiner ; elles reviennent aux bateaux, et ainsi on les change de lieu jusqu'à ce que, le poids faisant enfoncer davantage les bateaux, on comprend que les ruches sont pleines : on revient alors, et on recueille le miel. En Espagne, pour une même raison, on fait voyager les ruches sur des mulets » (*Histoire naturelle*, XXI, 43).

D'après Janine Kievits (« L'abeille entre mythes et réalités », http://remue.net/spip.php?article5137), des abeilles fossilisées trouvées en Israël dans un rucher datant d'un millénaire av. J.-C. avaient les caractéristiques de l'actuelle race anatolienne. La transhumance et les échanges d'abeilles sur de grandes distances ont donc été pratiqués très tôt. Bien sûr, il nous manque une réelle histoire génétique de l'abeille, mais il n'est pas absurde d'imaginer une base réelle à la description par les Anciens d'une diversité génétique dans les ruches. Il nous plairait alors d'imaginer que les préconisations de Virgile visant à privilégier les abeilles mouchetées d'or aient été un des facteurs ayant contribué à sélectionner la couleur jaune de l'actuelle *Apis mellifera ligustica*.

CHAPITRE 3

L'abeille théologique

Le cierge, la vierge et le monastère

> « Dans les fleurs, on se contente d'en regarder la couleur et d'en respirer l'odeur ; mais les abeilles en expriment un suc dont elles composent leur miel. C'est ainsi que ceux qui, dans leurs lectures, ne se proposent pas l'agrément et le plaisir, en tirent des maximes utiles qu'ils déposent dans leur esprit. Et, afin de suivre la comparaison des abeilles, nous devons imiter en tout leur exemple. »
>
> Basile de Césarée, *Aux jeunes gens*, IV.

Comment expliquer que l'abeille divine, céleste, éternelle, symbole privilégié des philosophes, des mystiques et des poètes, ait pu se retrouver un beau jour au chômage ? Comment comprendre le silence soudain de cette médiatrice privilégiée entre l'humain et le divin, entre la terre et le ciel, entre le sensible et l'intelligible, entre l'obscurité et la lumière ? Pourquoi s'est-elle brusquement tue celle-là même qui donna son nom à l'unique prophétesse de la Bible – Deborah –, parce que ce nom (רְבָד) désignait à la fois l'abeille et la parole ? Bref, pourquoi l'abeille a-t-elle une fois de plus disparu… dans le Nouveau Testament ? En effet, à examiner de près les Évangiles, on n'y trouve aucune mention ; pas la moindre allusion ; pas même le plus petit usage symbolique*. Par comparaison, l'Ancien Testament était beaucoup plus prolixe : il parlait de la terre promise comme d'un « pays ruisselant de lait et de miel » (Ex. 3, 8), il représentait la *manne* céleste comme ayant un « goût de beignet au miel » (Ex. 16, 31), il utilisait des proverbes moraux vantant le labeur des essaims (Pr. 6, 8) ou des métaphores sur les insectes vengeurs et guerriers ; il racontait quelques belles histoires sur des abeilles naissant de lions morts (Juges 14, 5-10). Mais dans les Évangiles : plus rien !

Osons une hypothèse pour expliquer cette criante absence. Sans doute faut-il y voir un refus ostensible d'un symbole païen, trop païen, et, qui plus est, déjà usé jusqu'à la corde. Et surtout, dans la nouvelle Alliance, la place de médiation est occupée et bien occupée par le Christ lui-même, qui en détient pour ainsi dire le monopole. Plus question dans cette perspective de laisser l'abeille voleter entre le ciel et la terre ; plus question de faire du miel une sorte de déjection divine, suintant de l'au-delà pour inspirer les hommes et illuminer leurs discours. Jésus a désormais l'exclusivité du message dans toutes ses dimensions : le verbe (*logos*) est incarné et le divin n'a plus l'usage de nos petites messagères. D'une façon plus générale, ce sont les animaux qui sont exclus de toute fonction sacrée, car l'eucharistie destitue définitivement les sacrifices et voue les bêtes au seul usage profane[1]. C'en est donc fini des beaux mythes, des grandes épopées et des énigmatiques allégories païennes.

Mais le christianisme ne tiendra pas sa rigueur antiapicole bien longtemps. Chassée comme messagère divine ou comme *totem* reflet du cosmos, l'abeille va très vite revenir comme *parabole*. Absente des Évangiles, la mouche à miel fait son come-back dans la « patristique ». Par ce terme, on désigne le vaste ensemble des écrits des Pères de l'Église, c'est-à-dire ceux qui, après les Apôtres, vont diffuser, défendre et illustrer le dogme chrétien en grec ou en

* Sur le miel, voir tout de même : Matthieu 2,4 et Marc 1,6.

latin. La liste de ces pères fondateurs est assez floue et sujette à dispute entre les différents courants du christianisme, mais l'ensemble de ces auteurs présente la caractéristique commune de ferrailler contre la philosophie païenne. C'est dans ce contexte polémique que l'abeille réapparaît en habits chrétiens.

Le retour des abeilles

Où l'on voit l'abeille renaître en parabole chrétienne

> « Nous allons chercher ces forêts, berceau de la religion, ces forêts, dont l'ombre, les bruits et le silence sont remplis de prodiges, ces forêts où les corbeaux et les abeilles nourrissaient les Pères de l'Église. »
>
> CHATEAUBRIAND, *Génie du christianisme*, I, 2.

Cette « renaissance » a lieu en Alexandrie au IIe siècle de notre ère. Là, avant même que Porphyre ne soit né, se développe une école chrétienne grecque de première importance, dont Clément d'Alexandrie (v. 150-v. 215) est considéré comme le fondateur. Cet érudit se donne pour tâche d'articuler les cultures concurrentes en cette Antiquité qui commence à devenir tardive. Pour lui, la connaissance humaine ressemble au cours de deux fleuves, la loi juive et la philosophie grecque. À leur confluence, une source nouvelle a jailli : le christianisme, qui « va entraîner dans son cours des eaux qui viennent le grossir de plus loin[2] ». Ainsi, la loi des Hébreux comme la philosophie des Hellènes peuvent alimenter la foi chrétienne sans se confondre avec elle. Comment mieux présenter cette transformation harmonieuse qu'en la comparant au travail de l'abeille ? Car celle-ci, sans négliger ni abîmer aucune des fleurs qu'elle visite, en retire le nectar pour produire son miel. C'est ce que montre Clément, dans son livre intitulé *Stromates* – c'est-à-dire, justement, *Mélanges* –, où il plaide pour un bon usage de la philosophie, quand elle est mise au service de la foi. Tout comme les abeilles qui réussissent à unifier des éléments épars et disparates dans un liquide doux et cohérent[3], le chrétien peut user des sources plus anciennes si cela lui permet de sublimer le véritable message divin. « Car si le mal se repaît de la perte des hommes, la vérité qui, comme l'abeille, ne souille rien de ce qui existe, ne se félicite que de leur salut[4]. » L'abeille redevient ainsi l'image de la transmission de la vérité ; et d'ailleurs Clément en fera l'attribut de son maître bien-aimé, le philosophe Pantène, qu'il surnommera l'« abeille de Sicile[5] ». Mais cette abeille théologique chrétienne se démarque pourtant de manière claire de l'abeille cosmologique païenne.

C'est le principal élève de Clément, Origène (v. 184-v. 253), qui nous le montre. Grand esprit, grand voyageur, Origène a probablement étudié auprès du même maître que Plotin, Ammonius Saccas. Contraint de quitter Alexandrie, il se retire à Césarée, en Cappadoce (aujourd'hui Niskar en Turquie), où il fonde une école et une bibliothèque qui deviennent rapidement un centre de rayonnement intellectuel. Les Pères de l'Église Grégoire de Nazianze (329-389), Basile le Grand (330-379)* et son frère Grégoire de Nysse (335-395) y seront formés. Arrêté et mis à la torture en 250 lors d'une persécution, Origène meurt quelques années plus tard, sans doute des suites des maux endurés.

Son ouvrage le plus célèbre est le *Contre Celse*, du nom d'un philosophe épicurien qui avait attaqué le christianisme dans un livre féroce, intitulé *Le Discours véritable* (v. 178). Celui-ci y soutenait notamment qu'il n'existe aucune différence entre les âmes, qu'elles soient humaines ou animales. Car, pour Celse, tous les êtres participent d'une seule et même loi cosmique immanente : « Si quelqu'un regardait, écrivait-il, du ciel en terre, quelle différence trouverait-il, je vous prie, entre ce que nous faisons

* Voir florilège n° 7, « Éloge de l'abeille par Basile de Césarée », p. 251.

et ce que font les fourmis ou les abeilles ? » Et pour justifier cette idée, Celse rappelait que les abeilles ou les fourmis, tout comme les hommes, ont des rois, connaissent la domination, font la guerre et gagnent des batailles, ont des villes et des faubourgs[6], travaillent et se reposent, « exercent la justice contre les lâches et les fainéants[7] ».

On ne saurait se tromper plus lourdement, lui rétorque Origène. Certes, les abeilles comme les fourmis sont admirables, mais si elles le sont ce n'est pas du fait d'une loi cosmique aveugle, mais de la puissance bienveillante d'un grand dessein divin : « Il ne faut donc pas louer ce que font les fourmis et les abeilles, puisqu'elles le font sans raisonnement ; mais il faut admirer la Divinité qui a mis des rayons et des images de raison jusque dans les animaux qui n'en ont point. »

Car les abeilles comme d'ailleurs les fourmis agissent sans discernement ni volonté, à la différence des hommes. Ainsi, c'est par « abus » de langage qu'on donne le nom de « société » ou de « guerre » ou de « travail » ou de « justice » à leurs comportements. En vérité, il n'y a là que des « mouvements aveugles de la nature ». Mais alors pourquoi « le Fils de Dieu, qui est la raison originelle et qui est aussi le roi de l'univers », a-t-il placé ces apparences de raison dans ces êtres minuscules et insignifiants ?

La réponse d'Origène à cette question qu'il se pose lui-même mérite d'être citée, car elle va influencer la pensée chrétienne jusqu'au XVIIe siècle, où on la retrouvera encore chez Malebranche (voir florilège n° 8, « L'abeille-machine de Malebranche », p. 252) et dans la grande querelle des alvéoles (voir chapitre 5) : si Dieu a mis tant d'humanité dans les petits insectes, c'est, écrit Origène :

> à dessein de faire honte aux hommes, afin que, considérant les fourmis, ils deviennent plus laborieux et plus ménagers, où ils le doivent être, et que les abeilles leur apprennent à obéir aux puissances supérieures et à porter leur part de travaux qui sont nécessaires pour le bien et pour la conservation de la communauté.

La suite du texte détaille le total contresens de Celse (selon Origène) dans l'interprétation du spectacle de la ruche :

> Peut-être encore, ces images de guerres, qui se voient parmi les abeilles sont pour montrer aux hommes comment il faut qu'elles en fassent de justes et de bien réglées, si la nécessité les contraint d'en faire. Elles n'ont ni villes ni faubourgs ; mais les hexagones si réguliers de leurs ruches, l'assiduité de leur travail et le repos qu'elles prennent tour à tour, toutes ces choses n'ont d'autre but que le bien de l'homme qui se sert diversement du miel, tantôt comme d'un remède très utile, tantôt comme d'un aliment très pur. Il ne faut point comparer non plus le traitement que les abeilles font aux frelons avec la justice qu'on exerce dans les villes, contre les lâches et les mauvais citoyens, ni avec la punition qu'on en fait ; mais il faut admirer en cela la Divinité, comme je l'ai déjà dit, et il faut aussi donner à l'homme la louange qu'il mérite, pour avoir pu embrasser la connaissance de tant de choses, et même les gouverner toutes comme ministre de la Providence, en telle sorte qu'aux œuvres de la Providence divine il joint les soins de la prévoyance humaine[8].

L'objection est claire : loin d'être un reflet de l'harmonie cosmique, l'abeille est une sorte de parabole morale qui nous exhorte à faire ce que Dieu attend de nous. Il ne faut surtout pas tenter d'y voir la clé des secrets de la création, mais plutôt des exhortations à la vertu, bref : des *exemples*. C'est ainsi que l'abeille entame sa nouvelle carrière : elle devient un guide spirituel ou un directeur de conscience pour le chrétien, surtout s'il est ignorant. Car Dieu, dans son immense bonté, a rempli de sens ce petit insecte afin que tous, même les plus modestes, les illettrés, les pauvres d'esprit puissent y voir le chemin du salut. La ruche devient une sorte d'image pieuse, un *Évangile pour les nuls*... Ce qu'Origène d'ailleurs formule explicitement : pour lui, l'Écriture est une ruche, les écrivains sacrés sont des abeilles et le Christ est l'abeille des abeilles, *apis super apes*, le roi de la ruche[9].

L'abeille chrétienne va ainsi être, tout au long de sa longue histoire, placée dans une ambivalence : d'un côté, le refus du symbolisme païen, qui subtilise à outrance les signes terrestres ; de l'autre, l'admiration de la bonté divine qui a offert aux hommes ce petit guide de vie et de foi à portée de tous, même des plus ignorants. On est ici bien loin de l'*élitisme* porphyrien qui prétendait que les secrets ultimes du monde – et, avec eux, le salut – ne sont réservés qu'aux esprits supérieurs.

Nous allons retrouver cette ambivalence dans trois domaines en lesquels l'abeille va être, au cours des siècles suivants, constamment sollicitée : la cérémonie du cierge pascal, l'évocation de la pureté virginale de Marie et l'organisation de la vie monastique.

L'abeille et le cierge pascal

Où l'on voit l'abeille conviée à la veillée de Pâques

Le soir de la veillée pascale, « la mère de toutes les saintes veillées[10] » selon saint Augustin, vient le moment de bénir le cierge, symbole de la lumière que le Christ apporte aux hommes. La bénédiction est introduite par la prière de l'*Exultet*, ainsi nommée de son premier mot : « Qu'exulte de joie dans le ciel la multitude des anges… » Le texte, dont il existe plusieurs versions, était écrit, dans l'ancienne liturgie, non dans un livre, mais sur un rouleau qui était lu dans le sens de la longueur (voir illustrations n° 5 et 6 du cahier hors texte). Le diacre laissait pendre devant l'ambon le texte déjà récité, et des illustrations faites à l'envers permettaient aux fidèles des premiers rangs de suivre image par image ce qui était chanté. On peut s'imaginer la scène : dans la pénombre de l'Église seulement éclairée par la lueur mouvante du cierge, les sublimes enluminures d'or et de couleurs s'animaient et produisaient un effet puissamment évocateur : sans doute les premiers dessins animés !

Cette cérémonie du cierge s'accompagnait à l'origine d'une sorte de justification formulée en ces termes : « Ce cierge, nous te l'offrons en hommage de grande piété : il n'a pas été fait à l'aide d'une graisse animale impure, ni souillé par une onction profane, ni allumé par un feu sacrilège ; mais constitué de cire, d'huile et de papyrus, il a été embrasé en l'honneur de ton nom[11]. » La différence était ainsi bien marquée avec les sacrifices des païens ; la cérémonie du cierge n'a rien d'idolâtre : elle est un hommage simple et épuré de la foi.

Et, pour bien marquer l'écart avec les sacrifices sanglants, la bénédiction proposait dans sa version originelle un vibrant éloge de l'abeille, productrice de la sainte cire, dont voici une des versions[12] :

> VIII – L'abeille l'emporte sur tous les autres êtres vivants qui ont été soumis à l'homme. Bien qu'elle soit très petite par l'exiguïté de son corps, elle entretient un grand cœur dans son étroite poitrine, faible par ses forces, mais courageuse par son caractère.
> Celle-ci, après s'être assurée du retour de la saison, lorsque les quartiers d'hiver couverts de givre ont perdu la blancheur, et que les brises tempérées de la saison printanière ont fait disparaître le vieillissement glacé… [lacune] aussitôt vient le souci de sortir pour le travail et, dispersées à travers les champs, les ailes un moment maintenues en équilibre, les pattes pendantes, elles s'arrêtent pour butiner de la bouche les jeunes fleurs du jardin. Après avoir chargé leurs vivres, elles reviennent au camp et là les unes avec un art inappréciable construisent des cellules avec une gomme solide, d'autres accumulent le miel liquide, d'autres transforment les fleurs en cire, d'autres façonnent leurs petits avec leur bouche, d'autres enferment le nectar tiré des feuillages parcourus.

Pour les lettrés de l'Antiquité tardive et du Moyen Âge, ce petit texte constituait une reprise quasi textuelle de la quatrième *Géorgique* de Virgile. Ce qui n'a pas manqué de faire débat. Quoi ! Une des prières centrales de la très sainte veillée pascale plagiait de manière éhontée un poète païen ! Cela faisait désordre, même si Virgile pouvait apparaître comme un précurseur de la « bonne nouvelle » : n'avait-il pas annoncé dans l'un de ses poèmes (la quatrième *Églogue*) que la naissance d'un enfant béni sous le signe d'une vierge allait ramener l'âge d'or sur terre ? Il n'en fallait pas plus pour faire du poète un quasi-chrétien. Mais cela n'a pas empêché que son éloge de l'abeille, adapté dans l'*Exultet*, soit l'objet d'un vigoureux débat parmi les Pères de l'Église. La querelle opposa saint Jérôme (347-420) à saint Ambroise (340-397), avant d'être, dans une certaine mesure, arbitrée par saint Augustin (354-430).

Saint Ambroise (voir illustration 9 du cahier hors texte), évêque de Milan, fin lettré, maître de saint Augustin, est considéré par certains comme l'auteur de l'*Exultet* pascal[13]. Le point est controversé, mais il est clair que saint Ambroise, devenu par la suite le saint patron des apiculteurs, a eu tout au long de sa vie un rapport particulier à notre insecte. Et cela commença dès sa naissance ainsi que le rapporte son secrétaire Paulin dans la *Vie d'Ambroise* qu'il rédigea après la mort de son maître.

> Tout bébé, il se trouvait dans son berceau dans la cour du palais et il dormait la bouche ouverte quand un essaim d'abeilles survenant à l'improviste couvrit son visage et remplit sa bouche, entrant et sortant en de nombreux allers et retours. Son père, qui se promenait à proximité en compagnie de la mère ou avec celle de sa fille, interdit à la nourrice de les chasser (elle était anxieuse et avait peur qu'elles ne lui fissent mal). Mais, après quelque temps, les abeilles prirent leur vol et s'élevèrent dans l'air à une hauteur telle qu'elles devinrent imperceptibles à un œil humain. Son père fut tout troublé de l'événement. “Si ce petit enfant vit, dit-il, il sera quelque chose de grand !” Le Seigneur agissait déjà alors dans la première enfance de son serviteur pour que fût accompli ce qui est écrit : “Les bonnes paroles sont des rayons de miel” [Prov. 16, 24]. Cet essaim d'abeilles produisait pour nous les rayons de miel de ses écrits qui devaient annoncer les dons du ciel et élever l'esprit de l'homme des choses de la terre vers le ciel[14].

Paulin ne fait ici que reprendre un lieu commun déjà utilisé pour le petit Homère, bébé Hésiode, Platon enfant, bambin Pindare, Virgile junior, et bien d'autres après eux. Mais cette légende trouvait un écho particulier dans une œuvre elle-même truffée de références apicoles. Car Ambroise ne ratait jamais une occasion de louer l'abeille que ce soit pour l'organisation modèle de la ruche, pour ses vertus chrétiennes, sa puissance d'inspiration, son génie géométrique, sa force spirituelle, etc. (voir florilège n° 9, « Les vierges-abeilles d'Ambroise » p. 253). Bref, Ambroise développait et amplifiait en latin ce qu'Origène et Basile avaient déjà suggéré en grec (voir florilège n° 7, p. 251). Il reprenait à son compte l'exhortation à « imiter l'abeille, qui forme ses rayons sans nuire à personne et sans attenter au bien d'autrui[15] ».

Chez saint Jérôme aussi, ce moine dalmate, traducteur de la Bible de l'hébreu en latin (première pierre de ce qui deviendra la *Vulgate*), on trouve de nombreuses mentions sur la beauté vertueuse des essaims. Il l'utilise notamment, lui le fondateur de l'ordre des hiéronymites, pour penser la discipline monastique[16]. Mais lorsque le diacre de Plaisance, Praesidius, lui demande en 384 de rédiger à son tour un éloge de la cire pascale, Jérôme sort littéralement de ses gonds ! Il proteste avec véhémence contre le caractère profane, voire païen, de ces éloges que l'on ne peut justifier par aucun texte de l'Écriture[17]. Sans doute sont-ils fort agréables à entendre, inspirés des grands poètes que sont Virgile et Quintillien, mais ils n'ont certainement pas leur place dans une cérémonie sacrée. La colère de Jérôme n'était pas dénuée de mauvaise conscience. Lui-même, féru de culture antique, avait fait ce rêve épouvantable qui l'avait traumatisé : il se voyait mort, se présentant devant Dieu, qui lui demandait : « Qui es-tu ? » Jérôme répondit alors : « Je suis chrétien. » Mais Dieu éclata : « Tu n'es pas chrétien ; tu es cicéronien ! » Et aussitôt, le pauvre Jérôme reçut sur le dos une volée de coups de bâton dont il avait toujours la trace… à son réveil. Le message ne pouvait être plus clair : la culture païenne devait être balayée par les Saintes Écritures. Voilà qui n'incitait guère à citer ni Virgile ni l'abeille dans une prière*. Plus prosaïquement, il est aussi possible que Jérôme, dans cette lettre, eût dans son collimateur Ambroise qu'il n'a jamais beaucoup apprécié et dont l'orthodoxie lui semblait douteuse. En tout cas, ses réserves finiront par l'emporter et l'éloge de l'abeille disparaîtra peu à peu. Mais non sans résistance de sa part, car si, dès le XIIIe siècle, la réforme liturgique d'Innocent III le supprime, il faudra que cette suppression soit encore confirmée, sept siècles et demi plus tard, par le concile Vatican II.

C'est que notre insecte n'avait pas dit son dernier « bzz ». On le retrouve, en effet, sous la plume de saint Augustin, disciple d'Ambroise, et, de son propre aveu, apiculteur assidu. Dans la *Cité de Dieu* (XV, 22), l'évêque d'Hippone évoque des vers qu'il avait composés dans sa jeunesse en éloge du cierge. Si le poème est perdu, on trouve dans ses œuvres un sermon entièrement consacré à la cire pascale. L'attribution à Augustin de ce *Sermon du cierge pascal* est sujette à caution, mais il est difficile de ne pas le citer tant il semble emblématique des usages du temps[18].

Le texte établit une analogie complète entre le cierge et le chrétien. Il note d'abord que le cierge est composé de trois substances : la cire, la mèche et la flamme qui symbolisent (évidemment !) la chair, l'âme et la sagesse ! De même que « la flamme éclaire, la mèche brûle et la cire se dissout », de même « les leçons de sagesse occupent l'âme et triomphent de la résistance de la chair ». Mais la cire est aussi « l'œuvre de l'abeille, dont l'Écriture nous parle ainsi : "Va vers l'abeille, ô paresseux" [Prov. VI, 6], et vois comme elle travaille. Combien son œuvre est sainte, puisque les rois et les sujets s'emparent de ses travaux pour entretenir leur santé. Aux yeux

* Cette méfiance à l'égard de tout ce qui peut rappeler les rites païens se retrouvera chez Thomas d'Aquin à propos du miel : *cf. Somme théologique*, question 102, « Les raisons d'être des préceptes cérémoniels », article 3, solution, 14. « Le miel ne paraissait pas dans les sacrifices offerts à Dieu, parce qu'il était d'usage courant dans les sacrifices idolâtriques, et aussi parce que ceux qui veulent offrir un sacrifice à Dieu doivent s'abstenir de toute douceur ou plaisir sensible. »

de tous, elle a de la grâce et de la beauté, et toute faible qu'elle soit, elle ne s'élève qu'avec sagesse ».

Cette référence à l'abeille est un ajout erroné de la version grecque de la Bible*, le texte hébreu ne mentionnant que la fourmi. Cette erreur permet pourtant de poursuivre l'éloge :

> Que nous apprenez-vous ô Christ ? Que devons-nous considérer dans l'abeille ? C'est un animal petit et pourvu d'ailes, parce que c'est l'humilité qui s'élève. Elle vole au moyen de deux ailes brillantes. Or, quoi de plus éclatant que la charité ? Et la charité renferme deux préceptes, d'aimer Dieu et d'aimer le prochain, qui sont comme deux ailes pour nous élever au ciel. La douceur est l'œuvre de l'abeille, et la vérité est dans la bouche du juste ; car le Seigneur nous dit bien haut : « Je suis la voie, la vérité et la vie » [Jean 14, 6]. Et le Prophète nous dit à son tour : « Goûtez, et voyez combien le Seigneur est doux » [Ps 33, 9]. Les abeilles aiment leur reine, comme les justes aiment leur Christ. Les abeilles forment des rayons de miel, et les justes des églises. C'est sur les fleurs que celles-ci vont recueillir leur butin, de même que tous les justes s'enrichissent des beautés des saintes Écritures, qui font connaître et honorer Dieu, et sont pour eux des prairies émaillées. Les abeilles engendrent sans souillure, de même que les justes engendrent les chrétiens par la chaste prédication de l'Évangile. [...] On distingue, dans le rayon, la cire, le miel, et le couvain. De même, dans l'Église, nous avons l'Écriture, l'intelligence et l'audition. Et comme la cire renferme le miel, ainsi l'Écriture garde l'intelligence, et de même encore que le couvain a son nid dans la cire, ainsi l'auditeur met son affection dans l'Écriture ; de même encore que les cellules de rayons contiennent déjà du couvain, sans contenir encore du miel, de même les mystères des Écritures, avant d'arriver à l'intelligence,

* « Va vers la fourmi, paresseux ! Considère sa conduite et deviens un sage. » La version grecque des Proverbes introduit ici une glose édifiante : « Ou bien va vers l'abeille et considère combien elle est laborieuse et combien noble est l'œuvre qu'elle accomplit. De ses produits les rois et les simples usent pour leur santé. Elle est désirée de tous et renommée. Bien que chétive, sous le rapport de la vigueur, elle s'est distinguée pour avoir honoré la sagesse » (Ancien Testament, *Traduction œcuménique de la Bible* [TOB], Paris, Cerf, 1978, p. 1527).

> exigent d'abord la foi des enfants. Comme la jeune abeille, après avoir pris son essor, remplit de miel ces alvéoles de cire où elle fut nourrie, ainsi les jeunes fidèles, après avoir grandi par la foi et commencé à se diriger par les ailes de la charité, rendent plus solides ces remparts des saintes Écritures […]. Qu'on presse des rayons, il en découle du miel que l'on recueille en des vases ; ainsi la passion du Seigneur a pressuré les livres de la loi et des Prophètes.

Après cette comparaison pour le moins… détaillée, le sermon s'achève par l'interprétation d'un épisode biblique tiré de l'histoire de Samson (Juges 14). Il s'agit du moment où celui-ci décide contre l'avis de ses parents d'aller chercher une épouse chez les Philistins. En route, il doit affronter à mains nues un jeune lion qu'il « déchire comme on déchire un chevreau ». Quelque temps plus tard, repassant voir le cadavre du lion, il découvre qu'« il y avait dans la carcasse du lion un essaim d'abeilles et du miel ». Il recueille alors le miel, en mange et le porte à ses parents sans rien leur dire de son origine. Samson met ensuite au défi le clan de la femme qu'il convoite de résoudre cette énigme : « De celui qui mange est sorti ce qui se mange, et du fort est sorti le doux. » Pour l'auteur du sermon, c'est là un message clair : celui de la victoire de la douce lumière chrétienne sur les dures ombres païennes et, au passage, une attestation du dogme de la résurrection des corps[19].

Il faut reconnaître que, tout au long de cette homélie, la métaphore apicole est poussée loin et d'une manière assez lourde : difficile d'y retrouver la finesse augustinienne. Mais, d'un autre côté, puisqu'il s'agit d'un sermon, on peut penser qu'il vise un public vaste et divers que cette référence peut aisément toucher. Par ailleurs, le texte rassemble l'ensemble des références bibliques possibles sur l'abeille. Sans pouvoir trancher la question de son authenticité, on doit reconnaître qu'en formulant le recyclage chrétien d'un symbole païen, il apporte la solution à la querelle chrétienne des abeilles. On pourrait la résumer ainsi : face aux séductions belles mais souvent trompeuses de la poésie païenne – celle d'Homère ou de Virgile –,

Butinage n° 10
D'où vient la matière-cire ?

On a longtemps cru que les abeilles récoltaient la cire à l'extérieur de la ruche, comme le miel, le pollen ou la propolis. Or deux techniques de récolte avaient été distinguées : d'une part, l'aspiration du nectar ou du miellat avec la trompe et leur stockage dans le jabot ; d'autre part, l'usage des pattes postérieures pour le transport du pollen ou de la propolis. C'est cette dernière qui a souvent été confondue avec la cire, notamment par le grand Aristote.

« L'abeille apporte la cire et l'*Érithaque* (le pollen) sur ses pattes, et elle répand le miel avec sa bouche sur les alvéoles » (*Histoire des animaux*, V, 7). « Les abeilles recueillent la cire en ratissant vivement les tiges des plantes, avec leurs pattes de devant ; elles essuient celles-là sur celles du milieu ; et les pattes du milieu s'essuient sur les parties courbes des pattes de derrière » (*Histoire des animaux*, IX, 27,7). S'il y a erreur sur l'objet récolté, la description de la méthode est néanmoins parfaitement exacte. La propolis est, rappelons-le, une substance résineuse recueillie sur les fleurs et certains bourgeons et utilisée comme une sorte d'enduit antiseptique à l'intérieur de la ruche. « À la bouche de la ruche, le bord de l'entrée est enduit de *mythis*. Cette matière, qui est d'un noir assez foncé, est comme une purification de la cire pour les abeilles, et l'odeur en est très forte. C'est un remède contre les contusions et les plaies qui suppurent. » Pour Aristote, la mythis-propolis n'est rien d'autre que de la cire concentrée. Même si Pline l'Ancien distingue, lui aussi, les substances résineuses récoltées comme matériau de construction, du pollen « nourriture des abeilles pendant qu'elles travaillent », la similitude quant à la technique de collecte du pollen et celle de la propolis continue d'entraîner la confusion.

Et celle-ci va perdurer jusqu'à la fin du XVIIIe siècle. Réaumur (*Mémoires pour servir à l'histoire des insectes*, 1740) parle encore, à propos du pollen de la « matière à cire » alors même qu'il multiplie les expériences montrant leur différence : il oppose la diversité de couleur des grains de pollen et la blancheur de la cire nouvellement faite ; il remarque que des essaims récemment introduits dans des ruches vides bâtissent des rayons avant de récolter du pollen ; il constate que les abeilles se nourrissent du pollen, le stockent parfois longtemps et, n'observant aucun changement pendant ce stockage, il en conclut que la transformation de la « cire brute » en cire se fait dans l'estomac des abeilles et que c'est par la bouche que celle-ci ressort, « propre à être mise en œuvre ». Nous avons un superbe exemple d'obstacle épistémologique linguistique lié ici à l'utilisation de l'expression « matière à cire » pour désigner le pollen.

C'est au génial François Huber (*Nouvelles observations sur les abeilles*, 1802) qu'il reviendra de donner la clé de l'énigme. Les abeilles ont des glandes cirières et ce sont elles qui sécrètent la cire sans la récolter. Dans une sorte d'hommage critique à Réaumur, il relève le blocage : « Il avait bien remarqué la différence très grande qui existe entre les poussières fécondantes et la cire même, et il avait fait plusieurs observations qui auraient dû l'éloigner de cette opinion, s'il en avait tiré de justes conséquences » (éd. 1814, t. II, p. 38).

En 1793, François Huber découvre sous les « anneaux inférieurs du ventre des abeilles » des plaques de cire. « Elles étaient rangées par paires sous chaque segment, dans de petites poches d'une forme particulière [...] on n'en trouva point sous les anneaux des mâles et des reines. » En montrant que l'estomac ne communique aucunement avec ces segments, Huber conclut que la cire est une sécrétion de l'abeille, produite par un organe particulier. Cette « substance, qui paraissait appartenir au règne végétal » est en fait « une sécrétion animale » (p. 52). Cette découverte « fait naître une foule de questions et présente un champ plus étendu aux recherches des physiologistes comme des amateurs d'histoire naturelle ; elle ouvre de nouvelles voies aux chimistes en leur offrant, comme sécrétion animale, une substance qui paraissait appartenir au monde végétal. En un mot, c'est la pierre angulaire d'un nouvel édifice » (p. 53). En poursuivant ses expériences et observations, Huber montrera que les lames de cire sont retravaillées par la bouche de l'abeille, malaxées et mélangées à de la salive (ce qui avait pu faire croire à Réaumur que les abeilles régurgitaient la cire) ; il va définitivement montrer qu'il n'y a aucun lien entre le pollen et la cire, que l'aliment nécessaire à la sécrétion de cette dernière est le nectar et plus globalement les matières sucrées mais que, par contre, le pollen est indispensable pour l'élevage et l'alimentation des larves (voir illustrations 7 et 8 du cahier hors texte).

le miel des Évangiles peut prétendre à une douceur encore plus suave, car c'est celle de la vérité même ; et face aux rigueurs un peu rustiques de la loi juive, le message d'amour chrétien rend l'obéissance à la fois volontaire et lucide, comme l'est celle de l'abeille dans la ruche. La méthode en tout cas est donnée : et tous ceux qui ont porté ou porteront ce message peuvent à bon droit être qualifiés de « *doctor mellifluus* », c'est-à-dire ceux dont la parole coule comme le miel : Origène, Ambroise, mais aussi le pape Grégroire (590-604), Bernard de Clairvaux (1090-1153), etc.

L'abeille et la vierge

Où l'on voit l'abeille prouver l'immaculée conception

> « La virginité en effet mérite d'être comparée aux abeilles : comme elles, diligente, pure, chaste. »
>
> Saint Ambroise, *De virginibus*, 1, 8, 40.

Après le cierge, le deuxième motif qui autorise les chrétiens à se référer à l'abeille, est leur supposée « virginité ». On a déjà vu comment chez les Grecs l'abeille représentait le modèle de la « femme idéale » ; combien sa virginité avait été chantée (par Homère[20], par Hésiode) ; comment sa chasteté avait plongé Aristote dans des abîmes de perplexité. Ce thème se renforce dans le christianisme pour présenter deux des grands mystères du dogme chrétien : la virginité de Marie et son immaculée conception*. Ainsi l'*Exultet*, déjà cité, achève son éloge de l'abeille par ces termes :

> Ô vraiment bienheureuses et admirables abeilles dont les mâles n'ont pas défloré le sexe, dont l'enfantement n'altère ni les fils ne

* Rappelons que l'Immaculée Conception, très controversée, concerne non la virginité de Marie, mais sa naissance hors péché. Les deux points sont à distinguer.

détruisent la chasteté ! Ainsi la sainte vierge Marie a-t-elle conçu : vierge elle a enfanté et vierge elle est demeurée !

Sur ce thème, tous les Pères de l'Église se retrouvent cette fois-ci d'accord, car l'abeille permet d'entrevoir la clé d'un des mystères les plus difficiles de la Révélation : la naissance du Sauveur d'une vierge elle-même née hors péché, c'est-à-dire hors génération. Comment envisager en effet que le Sauveur soit issu du ventre d'une simple mortelle ? Comment la promesse d'une résurrection serait-elle crédible sans une « PSA », une procréation spirituellement assistée ? La difficulté est qu'une génération sans sexe n'est pas non plus très aisée à concevoir… sauf pour ce qui est de la ruche ! Lactance, Rufin, Ambroise (voir florilège n° 9, p. 253), et bien d'autres ne cessent d'utiliser cet argument simple pour fermer la bouche à tous ceux qui pointent les illusoires promesses, les absurdités et autres fantasmagories des mystères chrétiens. « Et l'abeille ? », disent-ils unanimement à leurs adversaires[21].

Puisque l'on n'a jamais vu de copulation entre abeilles alors qu'elles se reproduisent, il faut en déduire que la création de la vie ne se résume pas à la sexualité. Elle relève d'un principe antérieur et supérieur. C'est ce que redit Augustin quand il évoque le problème de l'origine de la vie. Dieu en est le seul véritable Créateur, et il distribue une « poussière séminale » que les êtres vivants reçoivent et dont ils usent pour se reproduire : « On peut citer en preuve la fécondation des abeilles qui recueillent sur les fleurs la poussière séminale. Or Celui qui a créé cette poussière est le Dieu qui a créé tout ce qui existe ; et tous les êtres qui naissent sous nos yeux reçoivent de cette fécondité première que possèdent les éléments le germe et le développement de leur existence. Aussi les progrès de leur accroissement, et la variété de leurs formes sont-ils subordonnés aux règles de leur primitive génération[22]. » La vie est un don de Dieu que chacun reçoit en dépôt.

Cela permet à saint Augustin de renverser pour ainsi dire la charge de la preuve. Il n'y a, dit-il en substance, nul mystère dans l'immaculée conception ni dans la virginité de Marie : c'est, au contraire, la sexualité voluptueuse qui est « anormale ». En effet, avant le péché originel, les humains se reproduisaient sans cette passion néfaste qui les rend à la fois malheureux et… mortels. Car c'est bel et bien la génération et la concupiscence, écrit-il dans son *Commentaire de la genèse au sens littéral*, qui, depuis la Faute d'Adam et Ève, nous éloignent de la vie éternelle :

> Pourquoi ne pas croire que nos premiers parents aient pu, dans l'acte de génération, exercer sur leurs corps avant le péché le même empire qui permet à l'âme de mouvoir les organes, dans certaines fonctions, sans douleur comme sans volupté ? Le Créateur, dont la puissance est au-dessus de toute louange, et qui fait éclater sa grandeur dans les êtres les plus petits, a donné aux abeilles la propriété de reproduire leur espèce comme elles produisent leurs rayons de cire ou leur miel : pourquoi donc n'aurait-il pas donné au premier homme un corps assez docile pour qu'il pût commander aux organes de la reproduction avec un esprit aussi souverain qu'à ses pieds, de telle sorte que la conception et l'enfantement auraient eu lieu sans passion fougueuse comme sans douleur ? Mais depuis qu'il a violé le précepte divin, il a justement ressenti les mouvements de la loi qui est en lutte avec celle de l'esprit, je veux dire de la mort entérinée dans les organes : telle la concupiscence que règle le mariage, que la chasteté contient et domine, et de même que le châtiment est attaché à la faute, le mérite peut sortir du châtiment[23].

L'abeille nous rappelle donc le temps de l'innocence, l'âge d'or d'avant le péché originel, lorsque l'homme voyant le bien le faisait par simple volonté, au lieu de quoi, soumis au règne de la concupiscence, il « ne fait pas le bien qu'[il veut] et commet le mal qu'[il] ne veut pas » (Évangile de saint Paul, Rm 7, 19).

Mais cette nostalgie de l'Éden suscitée par l'abeille nous remet aussi sur la voie du salut, car elle nous montre qu'une sexualité sans *libido* est naturellement possible et spirituellement nécessaire. Attention néanmoins à ne pas en faire trop, rappelle Augustin : « Si nous admirons l'abeille qui s'envole après avoir fait son miel avec je ne sais quelle sagacité par où elle l'emporte sur l'homme, nous ne devons pas pour cela ni la préférer ni la comparer à nous-même[24]. » La mise en garde s'impose après tant d'éloges : il ne s'agirait pas non plus de vouer un culte idolâtre à la déesse abeille ! Pour l'éviter, il suffit de la faire entrer dans les ordres…

L'abeille monastique

Où l'on voit l'abeille entrer dans les ordres

> « [Les poètes] nous disent que, parmi les animaux, ceux qui se rapprochent le plus de notre intelligence sont voués à la chasteté. Ne croirait-on pas en effet reconnaître dans la ruche des abeilles le modèle de ces monastères où des vestales composent un miel céleste avec la fleur des vertus ? »
>
> CHATEAUBRIAND, « Sur le sacrement de l'Ordre », *Génie du christianisme*, I, 9.

C'est ce que va faire sans hésiter Thomas de Cantimpré dans un livre aussi fameux qu'étonnant, composé vers 1256, qui porte ce titre explicite : *Bonum universale de apibus*, ou *Le Bien universel tiré des abeilles*[25]. Son auteur naît aux environs de 1200 dans une famille de petite noblesse près de Bruxelles. Destiné par son père à la vie monastique, il est « mis aux écoles » à Cambrai, et vit dans le monastère de Cantimpré, qui suit la règle de saint Augustin. Après son entrée dans l'ordre des Dominicains, il poursuit sa formation à Cologne, où il suit l'enseignement d'Albert le Grand (v. 1200-1280) en compagnie de Thomas d'Aquin (1225-1274), puis à l'université de Paris. Il enseignera ensuite la philosophie et la théologie à Louvain, où il meurt vers 1270. Au cours de sa vie féconde sur le plan littéraire, Thomas a rédigé de nombreuses vies de saints et de saintes, mais aussi un *Liber de natura rerum* (*Livre *de la nature des choses*, 1240) en vingt volumes qu'il mit quinze ans à composer. Il s'agissait d'une encyclopédie des sciences naturelles dans un but d'édification, genre qui connaissait un grand succès à l'époque (voir florilège n° 10, « Les encyclopédies naturelles au Moyen Âge », p. 254).

Dans *Le Bien universel tiré des abeilles*, rédigé entre 1256 et 1263, Thomas de Cantimpré va reprendre et isoler le chapitre de son *Liber de natura rerum* consacré aux abeilles (IX, 2). Il le découpe en très courts passages qui vont constituer l'entrée en matière des quatre-vingt-deux chapitres de son nouvel ouvrage. Chacun de ces extraits présente une qualité de l'abeille : talent politique, prudence, sens de la justice et de l'obéissance, respect de la hiérarchie, clémence, virginité, pureté, propreté, innocence, douceur, frugalité, solidarité, dévouement, piété, fidélité, rigueur, prévoyance, etc. Toutes ces indications apicoles sont ensuite l'occasion de commentaires, théologiques ou moraux, étayés par l'autorité des Pères de l'Église, mais aussi de philosophes antiques. Viennent ensuite les « *exempla* » : il s'agit de courtes histoires ou anecdotes, toujours données pour véridiques, quoique parfois très fantastiques, qui ont vocation à édifier l'auditoire par une leçon salutaire. Elles n'ont parfois qu'un rapport très éloigné avec le sujet et relèvent d'un genre qui mêlerait la leçon de morale, le récit miraculeux, et… la rubrique « faits divers » d'un magazine *people*, à la limite du commérage. Ces historiettes constituent une sorte de recueil pour prélat en mal d'inspiration pour ses sermons. Le lien avec les abeilles est parfois très ténu, voire inexistant, mais celles-ci fournissent la trame d'un discours qui montre au chrétien et surtout au moine comment il convient de se comporter dans chaque moment de la vie quotidienne.

La simplicité du prétexte apicole, la diversité des sujets abordés, le style *storytelling*… tous les ingrédients sont réunis pour que cet ouvrage soit un succès. De fait, on dispose toujours de plus de quatre-vingts manuscrits de l'ouvrage ce qui témoigne de l'ampleur de sa diffusion ; Charles V en demandera la traduction un siècle après sa parution (1372), tout comme le pape Léon X à l'occasion du concile de Latran (1512-1517) ; autant de signes qui montrent que le livre fut un véritable best-seller du Moyen Âge.

Voici comment Thomas présente lui-même son projet dans sa dédicace au frère Humbert, maître général de l'ordre des prêcheurs :

> Sur la demande très instante de certains de mes familiers, j'ai écrit, à force de soin et de travail, un livre sur les supérieurs et leurs dépendants. À cette fin j'ai repris mon livre *De la nature des choses*, que j'ai jadis compilé très utilement à partir de divers auteurs au prix d'un long effort poursuivi pendant quinze ans. De ce livre, j'ai retenu tout particulièrement le chapitre des abeilles présentées d'après les philosophes : Aristote, Solin, Pline, Basile le Grand, l'évêque Ambroise et Jacques, évêque d'Acre, une perspective qui permettait de saisir tous les états des hommes, surtout chez les supérieurs et leurs dépendants, et en outre d'une manière toute particulière leur genre de vie de religieux. J'ai donc voulu présenter simplement et symboliquement la matière de ce chapitre ; j'ai ainsi achevé un premier livre consacré aux supérieurs et un second à leurs dépendants, le tout distribué en multiples chapitres munis de titres. À tous ces chapitres j'ai joint selon les sujets des exemples [*exempla*] utiles et appropriés, qui sont arrivés de notre temps ou peu auparavant[26].

L'ouvrage va alors filer la métaphore sur près de cinq cents pages faisant de la ruche le « miroir » du monastère, c'est-à-dire une image permettant à la fois d'en décrire et d'en prescrire le fonctionnement. Quelles sont les qualités requises pour les prélats ou les supérieurs ? Comment leur élection doit-elle se dérouler ? Quels sont leur rôle et leur responsabilité à l'égard de leurs sujets ? Comment ceux-ci doivent-ils se comporter dans le monastère ? Quelle répartition des fonctions et des places faut-il promouvoir entre les trois ordres qui le constituent sous l'autorité de son chef : les mères émérites ou officiers du monastère, les jeunes abeilles ou religieux du chœur, les bourdons ou convers ? Toutes ces questions sont examinées, avec force histoires, à partir de l'observation succincte de la cité des abeilles. Cette comparaison n'a rien d'original et la plupart des grands concepteurs du monachisme chrétien en ont, dès l'origine, usé et abusé. Thomas de Cantimpré ne fait donc qu'achever l'occupation d'un lieu déjà très commun qu'il déploie de manière presque outrancière.

Chez lui, l'art de la narration, de la compilation, voire de l'accumulation, l'emporte de beaucoup sur la rigueur « architectonique » ou art du système : très désordonné, redondant et parfois confus, le *Livre des abeilles* n'a rien à voir avec la *Somme théologique* de son ancien collègue Thomas d'Aquin. Henri Platelle dans son édition n'a pas tort de comparer notre auteur au vieillard Ouï-dire du *Pantagruel* de Rabelais[27]. Ce personnage contrefait, aveugle et paralytique, dispose d'un nombre considérable d'oreilles et possède sept langues dans sa bouche. Il peut donc enregistrer toutes les rumeurs et les transmettre inlassablement à ses auditeurs, qui s'instruisent ainsi, mais toujours « par Ouï-dire ». Ce vieillard, on le voit bien aujourd'hui, n'a pas cessé d'exister ; il a seulement changé de nom : il s'appelle « Buzz ». Précisément du nom du bruit de l'abeille butineuse…

Avec Thomas de Cantimpré, la vie des abeilles devient une gigantesque parabole par laquelle le chrétien même ignorant et analphabète peut se convaincre en toute simplicité de la vérité des plus grands mystères du christianisme : l'organisation hiérarchique de l'Église et du monastère qui, loin d'être une atteinte à la liberté, représente sa condition la plus nécessaire ; la virginité de Marie, dont l'exemple de l'abeille jette aux doutes des juifs et des païens le plus cinglant des démentis ; la promesse de la résurrection qui est visible, non seulement dans la longévité de l'abeille, dans la durabilité de la ruche, mais dans le spectacle sublime de l'essaim quand arrive le printemps après l'hiver du purgatoire ; les obstacles au salut, tant intérieurs qu'extérieurs, que représentent symboliquement les ennemis des abeilles, que ce soient l'hirondelle diabolique, la grenouille goinfre, le bourdon sournois ou la guêpe démoniaque[28].

On lira ce texte étrange et singulier avec d'autant plus d'intérêt que l'on gardera à l'esprit tout ce que la modernité doit à la vie monastique : l'individualisme social, la valeur travail, le vote à bulletin secret, la démocratie participative, l'équilibre des pouvoirs, la lecture silencieuse, mais aussi… la gastronomie, le whisky, la chartreuse, la chambre personnelle, la promenade solitaire, etc. À bien des égards, nous sommes devenus des moines sans Dieu ni dogme ni monastère, des « individus-dans-le-monde[29] » pour reprendre l'expression de l'anthropologue Louis Dumont, héritiers assez fidèles des « individus-hors-du-monde » qu'étaient les moines. L'analogie apicole nous révèle cette secrète filiation.

L'ouvrage de Thomas se termine par une foule d'histoires plus fantastiques les unes que les autres que l'auteur a butinées tout au long de sa carrière d'ecclésiastique.

Pour ne donner qu'un exemple de ces *exempla*, on peut citer cette histoire des « abeilles adoratrices du Saint-Sacrement » (II, XI). Elle se trouve dans le chapitre consacré au « chant des abeilles » ! Pour qui sait entendre, en effet, nous dit Thomas, le bourdonnement des abeilles cache une voix d'une suavité admirable qui annonce le chant choral des églises et même des anges. C'est d'ailleurs ce que raconta jadis un saint abbé à Thomas. Un jour, un pauvre homme visitait une de ses très grandes ruches et s'aperçut que ses abeilles chantaient avec une remarquable vivacité. Poussant plus loin son examen, il constata que leur chœur se découpait en six sections alors même qu'elles cessaient simultanément leur travail. Fortuitement, il s'approcha de la ruche à la nuit tombée et entendit sortir de la ruche une sublime mélopée. Il revint faire cette observation en compagnie de son prêtre et même de l'évêque. Celui-ci décida d'ouvrir la ruche et eut la surprise d'y trouver un petit vase d'une cire immaculée contenant une hostie ; et tout autour les chœurs des abeilles en train de célébrer les vigiles. Frappé d'admiration, l'évêque fit construire un oratoire en ce lieu. Et quelque temps après, il reçut en confession le témoignage de deux voleurs épouvantés qui avouèrent avoir dérobé dans une église voisine un ostensoir en argent. Mais pressés de fuir, ils jetèrent les hosties consacrées sous une ruche du voisinage. C'est alors, écrit Thomas, que les petites abeilles reconnurent « ce pain vivant qui est descendu du ciel » ; elles en prirent soin, l'installèrent dans un autel de cire au cœur de leur maison et lui rendirent, comme il se doit, les hommages officiels en s'organisant en monastère parfait.

Cette histoire prodigieuse vient ici boucler à merveille notre évocation des abeilles mystiques de Thomas de Cantimpré, car, si les monastères doivent imiter les ruches pour atteindre la perfection, les ruches en viennent aussi à imiter les monastères quand la vertu et le salut des humains sont en jeu. Le jeu de miroirs est parfait !

Parfait ? Pas totalement, car il est tout de même un comportement de la ruche qui produit chez notre Thomas apicultivé une gêne manifeste : c'est l'essaimage (voir butinage n° 11, « L'essaimage », p. 120).

Certaines abbayes l'avaient intégré à leur vie quotidienne, comme les cisterciens qui considéraient qu'un couvent ne devait jamais abriter plus de douze frères et un abbé, et autant de frères lais. Au-delà, un autre établissement devait être fondé. Mais si le phénomène prend trop d'ampleur, l'image commence à sentir le soufre ! Elle évoque alors le schisme, soit le pire qui puisse arriver à une Église qui se veut « catholique », c'est-à-dire universelle. Or, au milieu du XIIIe siècle, cette actualité est brûlante : nous sommes au sommet du conflit entre le pape (Innocent IV) et l'empereur (Frédéric II Hohenstaufen), qui le premier prétend instaurer une certaine « autonomie du politique » par rapport au religieux[30]. Sans faiblir, Thomas défend (I, V) l'unité de l'Église en opposant la suprématie du pouvoir spirituel aux prétentions du pouvoir temporel. Alors, non, l'essaimage n'aura pas lieu !

Mais c'est à voir…

L'essaim hérétique

Où l'on voit l'abeille pactiser avec le diable

Enjambons allègrement trois siècles et portons-nous en l'an 1569. Quelques mois avant sa mort, Pieter Brueghel, dit Brueghel l'Ancien, produit un de ses derniers dessins, que la postérité retiendra sous le nom des *Apiculteurs* (voir illustration 10 du cahier hors texte). Son intérêt documentaire est remarquable puisqu'il est une des rares représentations réalistes du travail apicole à l'époque de la Renaissance. Mais le dessin contient bien plus qu'une scène de genre. Il est intimement lié au contexte des conflits religieux qui ensanglantent alors les Pays-Bas espagnols. Bien qu'il soit catholique reconnu, Brueghel possédait quelques solides amitiés dans le camp protestant et il avait surtout été profondément choqué par l'installation en Flandre de la féroce Inquisition espagnole dirigée par un funeste « Conseil des troubles ». Ces éléments de contexte à l'esprit, regardons le dessin de plus près : les apiculteurs sont en vérité assez inquiétants ; ils pourraient ressembler aux inquisiteurs qui fouillent dans les âmes des individus. Ils vident les ruches-églises (dont, d'ailleurs, la forme rappelle la tiare pontificale), les saccagent et en pillent le miel. Et qui est cet enfant qui a trouvé refuge dans l'arbre et qui regarde une église sans croix dans l'arrière-plan ? Il symbolise la fraîcheur juvénile de la foi qui s'en va en Angleterre ou en Allemagne et aspire à la régénération d'une Église authentique. Il se pourrait aussi que se soit accroché dans l'arbre un essaim qui a déserté les ruches dévastées pour rechercher un lieu plus accueillant. Bref, sous couvert de peindre une scène de genre, Brueghel veut manifester sa sympathie pour la cause de la Réforme[31].

Ce qui rend cette interprétation encore plus plausible, c'est que 1569 est aussi l'année de parution d'un ouvrage qui va faire hurler de rire et de joie toute la communauté protestante d'Europe. Le libelle, intitulé la *Ruche de la Sainte Église catholique*, est signé d'un certain Isaac Rabottenu de Louvain. Mais tout le monde y reconnaît la plume féroce de Philippe de Marnix de Saint-Aldegonde (1540-1598), calviniste convaincu, poète, théologien et polémiste, futur bras droit de Guillaume d'Orange (et, par ailleurs, auteur de l'hymne national hollandais). Marnix se livre à une parodie truculente, semée de calembours dignes du *Canard enchaîné*, du *Bonum universale* de Thomas de Cantimpré*. Il y présente un clerc catholique qui, tout rempli d'amour pour son Église et de haine des calvinistes, entend la louer comme une ruche admirable. Mais le maladroit se prend les pieds dans son propre discours et l'éloge raté dévoile tous les vices et les manipulations dont se rendent coupables les docteurs, prédicateurs et inquisiteurs catholiques. L'abeille de la ruche catholique de Marnix n'a donc rien de très vertueux : au contraire, elle est prête à tout pour augmenter son gain et produire son miel indigeste. Loin de se fixer une source exclusive pour le fabriquer (les Évangiles), elle butine ici et là les fleurs les plus séduisantes sans souci de cohérence ni de fidélité. Et elle en tire un magma informe, arbitraire et confus qui va être servi à des croyants aussi ignares qu'obtus… Que ce soit chez Brueghel ou chez Marnix, on voit poindre une sorte d'éloge de l'essaimage. Il devient urgent de quitter cette ruche (Église) pourrie et viciée à force d'étroitesse et de rigidité !

On trouve donc ici un autre usage théologique de l'abeille, négatif celui-là, qui renoue avec la suspicion originelle des Évangiles. L'abeille est pure, sans doute, mais tellement qu'elle finit par en devenir suspecte. L'élévation spirituelle, l'exigence morale, la piété exacerbée risquent à tout moment de se transformer en démesure et en orgueil ; et la sainte abeille à force de dogmatisme peut aisément devenir… hérétique et retomber dans les pires erreurs païennes ! Avant la Réforme, on trouvait déjà dans toute une série de récits inquisitoriaux l'assimilation des hérétiques aux abeilles que ce soit à propos de la surenchère dans l'exigence d'égalité (contre les

* Le *Bonum universale* avait été réédité par Léon X à l'occasion du cinquième concile de Latran (1512-1517).

hiérarchies sociales et ecclésiales), dans l'exigence de pureté et le refus de la chair (contre la sexualité et le régime carnivore), dans l'accès à la révélation (contre le monopole clérical de la révélation et de l'interprétation), dans la critique de l'idolâtrie (contre les sacrements, les symboles et les rituels). Sur tous ces sujets, l'abeille en essaimage apparaît comme le signe incontestable d'une lourde rechute dans les pires erreurs du paganisme antique*.

Cet usage va être à la fois amplifié et retourné par Luther (1483-1546). Alors qu'il passe lui-même pour schismatique aux yeux de l'Église, il ne cesse de dénoncer les *Schwermer* (1527). Avant lui, seuls les essaims d'abeilles (*Schwarm*) essaimaient (*schwärmen*) ; après lui, l'essaimage (*Schwärmerei*) désigne l'adversaire par excellence de la véritable foi. Un adversaire double à vrai dire : non seulement l'Église (catholique) qui a quitté l'Évangile, comme un essaim quitte la ruche, et mais aussi le philosophe exalté qui quitte l'expérience commune pour céder aux viles avances de la raison, cette « putain du diable » (voir butinage n° 12, « Kant et la *Schwärmerei* », p. 121). L'esprit et la langue philosophiques se mettent alors à bourdonner à vide sans fin et sans limite pour causer un total égarement des âmes les plus fragiles. Contaminée par la philosophie, la « vraie » religion a perverti sa maison commune qu'il faut donc reconstruire complètement.

Pour banal qu'il soit dans la vie d'une ruche, l'essaimage n'est pourtant pas une situation normale. Hantise de l'apiculteur, pour qui il représente une perte sèche, il constitue symboliquement une sorte de régression : le retour à la sauvagerie par défaut de surveillance ou excès de culture. En effet, c'est souvent la profusion qui

* On a évoqué les nombreuses légendes d'essaims se posant sur les lèvres de bébés futurs poètes, savants ou saints : Hésiode, Platon, Pindare, Ambroise, etc. Mais une version « inversée » de cet événement est rapportée par le chroniqueur médiéval Raoul Glaber (985-1047) : un essaim aurait traversé un homme par le « fondement » pour en ressortir par la bouche, à la suite de quoi cet homme se serait mis à prêcher non la bonne, mais la mauvaise parole : dans ce cas, ses paroles sentaient l'hérésie et son inspiration relevait manifestement du démon. *Cf.* H. Franco Jr, « Les "abeilles hérétiques" et le "puritanisme" millénariste médiéval », *Le Moyen Âge*, 2005/1, t. CXI, p. 71-93.

produit la scission de la communauté et le départ d'une colonie. L'essaimage divise – il est *dia-bolique* – tandis que la ruche rassemble – elle est *sym-bolique*. On comprend que les théologiens ne se soient pas privés d'user de cette image aussi simple que parfaite pour illustrer le danger du schisme et l'idéal de l'Église : seule l'unité de la communauté peut conduire au salut, c'est-à-dire à la victoire sur la mort. Tant que la ruche est unie, elle est immortelle ; dès qu'elle se sépare, elle risque de disparaître. Par où l'on perçoit que la hantise contemporaine de la disparition des abeilles est aussi une réminiscence laïcisée d'un motif chrétien ; car si l'abeille disparaissait, ce serait la fin d'une expression tangible de l'immortalité, ou à tout le moins de la durabilité de la création. Ce serait la victoire définitive du tragique sur le religieux, du matériel sur le spirituel, le triomphe de la mort sur la vie. Bref, l'apothéose du diable. Alors oui : …Abeille, délivre-nous du Mal !

Butinage n° 11
L'essaimage

L'essaimage est un moment très particulier dans la vie d'une ruche, puisqu'il s'agit du moment où, si on la considère comme une entité unique, elle… se reproduit. Et cette reproduction s'opère de la même façon que celle des organismes unicellulaires : par division. Au printemps, lorsque la population de la ruche est à son maximum, les abeilles ébauchent des cellules royales dans lesquelles la reine pondra. Quelques jours avant l'éclosion des premières cellules, une partie des abeilles et la vieille reine quittent la ruche et, dans un premier temps, se pendent telle une grappe à une branche d'arbre, le temps pour les exploratrices de trouver le nouveau logis où l'ensemble de l'essaim s'établira (voir chapitre 6, p. 213). L'essaimage ne se produit pas systématiquement, mais différentes causes peuvent le favoriser : des facteurs génétiques, une reine vieillissante, le confinement dû à une ruche trop petite ou à une alternance rapide de beau et de mauvais temps ; certaines miellées trop intenses comme celles sur les colzas ou les pissenlits le déclenchent presque inévitablement.

Tous les apiculteurs n'ont pas (ou n'eurent pas) la même attitude face à cet événement. Pendant longtemps, en de nombreuses régions, l'essaimage naturel était la seule possibilité pour renouveler ou accroître un rucher, le plus souvent situé à proximité de l'habitation de l'apiculteur, donc facile à surveiller pendant la période propice au départ d'une colonie. Dans nos campagnes, jusqu'à très récemment, il était impensable de considérer les abeilles comme un vulgaire bétail, et donc de les vendre ; aussi, lorsque toutes les ruches disponibles étaient occupées, les essaims en trop étaient tout simplement donnés aux voisins moins favorisés. Par contre, pour des apiculteurs professionnels, dont les ruchers sont impossibles à surveiller quotidiennement, limiter l'essaimage est impératif pour ne pas hypothéquer la production de miel. Ainsi une même réalité peut être envisagée positivement ou négativement, dans un cas comme la multiplication et le renouvellement de la reine des colonies-souches ; dans l'autre comme leur division et leur affaiblissement. Et, bien entendu, ces deux aspects contradictoires de l'essaimage se retrouvent utilisés sur le plan symbolique.

Butinage n° 12
Kant et la *Schwärmerei*

Le terme *Schwärmerei* (« essaimage ») utilisé par Luther pour dénoncer la philosophie aura une longue postérité... philosophique. On le retrouve chez Kant (1724-1804) quand il s'agira pour lui de définir son projet intellectuel*. Ce que Kant entend par *philosophie critique*, prélude à tout travail philosophique digne de ce nom, c'est l'attention scrupuleuse à poser des limites dans l'usage de nos facultés de connaître. Il faut veiller à ne jamais quitter l'expérience sans pour autant y être totalement collé. Trop loin d'elle, on perd pied : c'est le dogmatisme rationnel ; trop près d'elle, on ne voit plus rien : c'est l'empirisme sceptique.

* Ce sera notamment le cas à l'occasion de la querelle du panthéisme (1780-1789) qui marque le début de l'idéalisme allemand. *Cf.* P.-H. Tavoillot, *Le Crépuscule des Lumières. Les documents de la querelle du panthéisme*, Paris, Cerf, 1995.

L'un et l'autre conspirent dans une sorte de spirale infernale qui éloigne l'homme de lui-même, c'est-à-dire de sa double condition tragique et métaphysique. L'homme, être à la fois mortel et spirituel, se doit donc de nager entre ces deux égarements qui lui font quitter sa condition. Contre les dangers de l'essaimage délirant (du dogmatisme) et contre l'accumulation stérile propre aux fourmis (empiristes laborieuses), il est temps de faire rentrer les pensées humaines dans la maison commune afin qu'elles soient vraiment productives. Esprit humain : rentre à la ruche au lieu de voler trop longtemps ! Et retourne butiner plutôt que de ressasser tes lieux communs ! Produis enfin le miel de la « métaphysique future » !

CHAPITRE 4

Politiques de la ruche

Les régimes au miel

« Le philosophe conduit l'homme politique vers l'abeille, car elle lui permet d'apprendre où est son devoir. »

Jean de SALISBURY, *Policraticus*, VI, 24.

Parmi les produits de la ruche, outre le miel, la cire, le pollen ou la gelée royale, il faut compter une autre substance étrange : la *propolis*. Il s'agit d'une gomme rougeâtre que les abeilles recueillent sur les écailles des bourgeons de différents arbres comme les marronniers ou les saules. Son utilisation est multiple : elle sert à la fois de ciment pour obturer les fentes des ruches, de colle pour fixer les gâteaux de cire, d'enduit pour les parois de la ruche. Mais elle a en outre des vertus antiseptiques et antifongiques qui permettent aux abeilles – mais aussi aux hommes qui la récoltent – de se protéger contre toutes sortes d'agressions, microbiennes et autres. Le terme, qui désigne cette pâte à tout faire, sorte de panacée apicole, a une étymologie troublante et discutée. Si certains le font dériver du latin *propolire*, qui signifie « enduire », d'autres, dès l'Antiquité, y ont vu le sens grec *pro-polis*, c'est-à-dire « devant la cité » ; en référence, peut-être, au fait que certaines espèces d'abeilles en déposent une certaine quantité à l'entrée de la ruche pour prévenir l'intrusion des prédateurs.

Adoptons cette version, non qu'elle soit certaine, mais parce qu'elle coïncide à merveille avec un autre usage universel de notre petit animal dans l'histoire de la pensée. L'abeille, en effet, n'a pas été seulement considérée comme un puits de science, un modèle de vertu ou un guide de sagesse ; elle fut aussi perçue comme maître en *art politique*. Dans le désarroi politique qui souvent est le nôtre, quel risque y a-t-il à pénétrer dans cette cité réputée idéale qu'est la ruche ? On ne suivra peut-être pas tous les enseignements, si souvent loués, de ce petit mais génial professeur, mais écoutons au moins le bourdonnement de l'abeille civique : il raconte à lui seul toute l'histoire de la philosophie politique !

L'abeille impériale

Avril 1804. Bonaparte songe depuis quelque temps déjà à devenir Napoléon. Et pour réaliser ce projet, son esprit débordant d'énergie ne néglige aucun détail. Il sait, d'ailleurs, à quel point les symboles n'en sont pas. Il confie donc à une commission du Conseil d'État la tâche de réfléchir à la future symbolique du régime qu'il entend fonder. On imagine sans peine ces premiers spécialistes de communication politique travaillant à ébaucher une sorte de campagne impériale… de pub, à façonner des logos et à tester des slogans : les ancêtres des *spin doctors* en quelque sorte. En tout cas, parmi les différents animaux emblématiques qui sortent de ces réflexions – il y eut l'éléphant, le lion, l'aigle, le coq –, l'abeille occupe une place de choix. Il faut dire qu'elle avait déjà été évoquée à plusieurs reprises au cours de la Révolution française – autre formidable usine à symbole[1] – quand celle-ci cherchait à concurrencer le lourd héritage des emblèmes de plus de mille ans d'« Ancien Régime ». L'abeille est même à deux pattes de devenir le symbole de la République française lors du débat à la Convention du

3 Brumaire an IV. Industrieuse, ordonnée, sobre, guerrière, spartiate, vertueuse : la ruche a toutes les qualités pour représenter l'esprit nouveau. Mais elle a un défaut : celui d'être gouvernée par une reine. Et le projet est alors décapité dans l'œuf...

Cet inconvénient va devenir un avantage dès lors qu'il s'agira de « terminer la Révolution ». Aux yeux de Napoléon, si l'aigle s'impose pour justifier le régime impérial, l'abeille arrive en seconde place, car, ainsi le dira le marquis de Cambacérès, futur archichancelier de l'Empire, les abeilles « offrent l'image d'une république qui a un chef », c'est-à-dire « l'image de la France même ». Le général et conseiller d'État Lacuée ajoutera : « Elles sont à la fois l'aiguillon et le miel[2]. »

Le 2 décembre 1804, jour du sacre, l'abeille triomphe dans Notre-Dame : son image est partout ; dorée, cousue, sculptée, tapissée et, bien sûr, brodée sur le manteau impérial. Leur styliste est l'écrivain et dessinateur Vivant Denon, qui, compagnon de la campagne d'Égypte, deviendra le quasi-« ministre de la Culture » de l'Empire. Il a pris pour modèle des joyaux d'or en forme d'abeilles qui avaient été retrouvés en 1653 à Tournai dans le tombeau de Childéric Ier (mort en 481), le père de Clovis (voir illustration 12 du cahier hors texte). Un érudit avait alors prétendu (à tort) qu'elles étaient à l'origine de la fleur de lis royale. Vivant Denon avait accentué cette ressemblance supposée pour ce qui devenait une entreprise de recyclage symbolique massif, jouant à la fois sur la continuité et la rupture avec des légitimités incontestables (dont Napoléon avant tant besoin). Dans la cérémonie, l'aigle figurait l'Empire romain, la couronne imitait celle de Charlemagne, et l'abeille était mérovingienne. Sans compter, pour les plus fins lettrés, l'allusion subtile, à l'abeille impériale de Virgile. Tout cela incarnait la France éternelle réconciliée avec son histoire multimillénaire, fière de sa puissance et sûre de son destin (voir illustration 13 du cahier hors texte).

C'est ainsi qu'est (re)née l'abeille impériale, qui sera destinée à accompagner et à glorifier la grandeur des deux empires français : celui des Napoléon Ier et III.

La grandeur ou… la petitesse, puisque, dans un poème fameux qu'on ne peut pas ne pas citer, Victor Hugo demandera à ces insectes trahis de se retourner contre celui qui, à ses yeux, a cessé d'être à la hauteur de leur sublime symbolique : Napoléon le Petit.

« Les abeilles et le manteau impérial »
(Les Châtiments, Jersey, juin 1853).

Ô ! vous dont le travail est joie
Vous qui n'avez pas d'autre proie
Que les parfums, souffles du ciel,
Vous qui fuyez quand vient décembre,
Vous qui dérobez aux fleurs l'ambre
Pour donner aux hommes le miel.

Chastes buveuses de rosée,
Qui, pareilles à l'épousée,
Visitez le lys du coteau,
Ô sœurs des corolles vermeilles,
Filles de la lumière, abeilles,
Envolez-vous de ce manteau !

Ruez-vous sur l'homme, guerrières !
Ô généreuses ouvrières,
Vous le devoir, vous la vertu,
Ailes d'or et flèches de flamme,
Tourbillonnez sur cet infâme !
Dites-lui : – “Pour qui nous prends-tu ?

Maudit ! nous sommes les abeilles !
Des chalets ombragés de treilles
Notre ruche orne le fronton ;
Nous volons, dans l'azur écloses,
Sur la bouche ouverte des roses
Et sur les lèvres de Platon ;

Ce qui sort de la fange y rentre.
Va trouver Tibère en son antre,
Et Charles-Neuf sur son balcon.
Va ! sur ta pourpre, il faut qu'on mette,
Non les abeilles de l'Hymète,
Mais l'essaim noir de Montfaucon !"

Et percez toutes ensemble,
Faites honte au peuple qui tremble,
Aveuglez l'immonde trompeur,
Acharnez-vous sur lui, farouches,
Et qu'il soit chassé par les mouches,
Puisque les hommes en ont peur * !

Ce n'est là qu'un des nombreux épisodes de l'utilisation de l'abeille dans l'histoire de la pensée politique. Mais, pour nous, l'Empire napoléonien a l'avantage de condenser les époques et les références. Il mêle, dans sa symbolique, des réminiscences antiques, des allusions médiévales et des projets résolument modernes relatifs au renforcement de l'État et à la souveraineté du peuple. Parce que l'abeille peut être à la fois monarchique, républicaine, impériale, aristocratique, démocratique, communiste, libérale, anarchiste, elle permet d'envisager cette synthèse improbable de *tous les régimes ayant été expérimentés, les meilleurs comme les pires*. De sorte qu'il devient possible, grâce à elle, d'en présenter une liste enfin complète. Dans notre démocratie désenchantée, à la recherche d'un second souffle, la tentation reste forte de se mettre, une fois encore, à l'école politique de la ruche.

---

* D'autres auront plus de mansuétude à l'égard du second Empire. Ainsi, la maison Guerlain fera réaliser en 1853 un de ses chefs-d'œuvre, le flacon aux abeilles destiné à accueillir l'eau de Cologne de l'impératrice Eugénie.

La ruche, idéal du gouvernement mixte

Où l'on voit l'abeille réconcilier roi, grands et peuple

La philosophie politique est née avec une question : « Qui doit gouverner la cité ? » Elle nous semblera banale, à nous autres démocrates, qui avons l'habitude de nous la poser dès qu'il y a une élection en perspective. Mais gardons à l'esprit ce qu'elle a de subversif puisqu'elle suppose que ni le fait accompli, ni la force, ni la crainte ne suffisent à asseoir durablement un pouvoir ; il faut aussi de *bonnes raisons* et une dose de ce qu'on appelle la *légitimité*. Comment la trouver ? Pour les anciens Grecs – et Hérodote le premier –, trois solutions peuvent être envisagées à partir du nombre de prétendants au pouvoir. Celui-ci peut être confié à une seule personne, à condition qu'elle soit la plus vertueuse ou prestigieuse. Le régime s'appellera alors « monarchie ». Si les chefs sont plusieurs, qu'ils soient les plus riches, les rejetons des grandes familles ou les « meilleurs », ce sera une « aristocratie ». Enfin, si le gouvernement revient à l'assemblée de tous les citoyens qui forment la cité, ce sera la démocratie ou la république. La difficulté de la question vient que chacune de ces solutions comporte autant d'avantages que d'inconvénients. Avec la monarchie, on aura sans doute l'efficacité d'un commandement unique, mais aussi le risque constant de tyrannie et d'arbitraire. L'aristocratie permet certes l'excellence d'une direction collégiale d'élite, mais elle rend probables des luttes factieuses sans fin. Et si la démocratie favorise la participation et l'adhésion populaires aux décisions publiques, elle fait surtout encourir le danger d'un désordre permanent. Comment sortir de l'impasse ?

Durant toute l'Antiquité, on a cherché une issue dans une sorte de « motion de synthèse » qui associerait les avantages de ces trois régimes tout en évitant leurs inconvénients. C'est ce qu'on a appelé à partir des Romains le « gouvernement mixte ». L'expression est utilisée par l'historien grec Polybe, puis par Cicéron, mais on trouve déjà l'idée chez Platon et Aristote. Comment envisager un régime qui associerait harmonieusement le gouvernement non tyrannique d'un chef, un rôle important accordé aux meilleurs des citoyens et la participation de tous à la vie de la cité ? La réponse, très complexe en théorie, devient simplissime dès lors qu'on observe la nature : c'est là en effet le portrait craché de la ruche !

L'abeille monarchique

> « C'est là un puissant exemple pour les grands rois. »
>
> SÉNÈQUE, *De la clémence*, XIX.

> « Jusqu'au son de sa voix, et à l'adresse et à la grâce naturelle et majestueuse de toute sa personne, le faisaient distinguer jusqu'à sa mort comme le roi des abeilles. »
>
> SAINT-SIMON (à propos de Louis XIV), *Mémoires*, XII, 16.

> « Naturellement, le chef d'un État est dans une cité ce qu'est dans une ruche le roi des abeilles. Il doit penser toujours à cette similitude lorsqu'il tient entre ses mains le timon des affaires. »
>
> PLUTARQUE, *Préceptes politiques*, 17.

Partons du plus évident : parce que la ruche présente, en son sein, un individu différent (pour nous la *reine* ; pour les Anciens le roi), qui est plus grand, plus fort, plus beau (?) que tous les autres, et dont paraît dépendre la survie de toute la communauté, elle a été assimilée d'emblée à une micromonarchie. Mais, du même coup, cette observation a souvent permis aux penseurs politiques anciens de plaider pour la supériorité de ce régime : si la monarchie est préférable, c'est parce qu'elle est « naturelle ».

Écoutons Sénèque (4-65 apr. J.-C.). Dans son ouvrage *De la clémence*, il s'adresse au jeune Néron, dont il a été précepteur, et qui vient de succéder à l'empereur Claude. C'est en regardant la ruche, dit-il, qu'il saura comment exercer sa fonction de la plus excellente manière.

> C'est la nature qui inventa la royauté : on peut s'en convaincre en observant les autres animaux, entre autres les abeilles, dont le roi occupe la demeure la plus spacieuse, la plus centrale et la plus sûre. En outre, exempt lui-même de toute charge, il fait rendre compte aux autres de leur travail ; à sa mort, tout l'essaim se disperse. Jamais les abeilles n'en souffrent plus d'un et elles cherchent le plus vaillant aux combats. Du reste, ce roi se fait remarquer par sa forme et il diffère des autres en grandeur et en éclat[3].

Il n'est pas certain que son élève ait assez écouté ces conseils, peut-être parce que c'était déjà là un lieu commun de l'Antiquité[4]. En tout cas, l'ouvrage de Sénèque inaugure un nouveau genre littéraire, qu'on appellera plus tard les *miroirs du prince*, en référence à l'introduction du livre : « J'ai entrepris, écrit Sénèque, ce traité sur la clémence, Néron César, pour te faire en quelque sorte office de miroir et t'acheminer, en t'offrant ton image, à la volupté la plus grande qui soit au monde[5]. » Ce genre, qui se poursuivra sans interruption tout au long du Moyen Âge, de la Renaissance et de l'âge classique, présentera toujours un mélange curieux d'éloge courtisan, de moralisme strict et de réflexion éducative (voir florilège n° 12, « La leçon de la reine des abeilles au jeune prince de France », p. 255). Mais, en dépit des différences, son but ne varie jamais : il vise à conduire le puissant à l'auto*réflexion* en proposant un reflet idéal à son visage réel. Car – tel est le message constant des miroirs du prince – on ne peut prétendre gouverner les autres si l'on ne sait pas se gouverner soi-même. Et le tyran est d'abord celui qui ne sait pas résister à la tyrannie de ses propres instincts.

C'est dans cet esprit que l'abeille est mobilisée : naturellement vertueuse, elle devient une sorte de miroir du miroir du prince, c'est-à-dire un modèle permettant de faire comprendre à celui-ci comment il (doit) gouverne(r) sans violence et suscite(r) – sommet de l'art politique ! – l'obéissance volontaire. Écoutons encore Sénèque :

> Voici surtout ce qui le distingue [le roi] : les abeilles sont très irascibles et, eu égard à leur petitesse, très ardentes aux combats. Toujours elles laissent leur aiguillon dans la plaie ; le roi, au contraire, est sans aiguillon. La nature n'a pas voulu qu'il fût cruel, ni qu'il exerçât une vengeance qui eût coûté trop cher. Elle lui a donc refusé un dard et laissé sa colère désarmée[6].

Le dard du roi des abeilles a suscité un vaste débat durant toute l'Antiquité, associé à une réflexion sur ce qui distingue l'autorité de la puissance coercitive (voir butinage n° 14, « Le dard dans la peau et… dans l'histoire », p. 138).

On sait aujourd'hui que le roi est une reine (voir butinage n° 15, « Le sexe de la reine », p. 140) et qu'elle possède bien un aiguillon, mais qu'elle ne s'en sert que contre les autres reines issues de l'élevage de la ruche. Ces « combats singuliers » entre prétendants au trône avaient d'ailleurs été observés et ils représentaient pour les Anciens un signe supplémentaire de la sagesse politique des ruches. N'était-ce pas là, disait-on, le moyen le plus simple et le plus économique d'éviter les ravages d'une guerre civile ? Certes, Virgile et Columelle considèrent que celle-ci est possible dans la ruche, mais tous s'accordent à reconnaître que la pluralité des rois n'est que temporaire, car, chez les animaux comme chez les humains, « l'empire ne souffre point de partage[7] ». Au moins dans la ruche, ce qui décide du chef est incontestable : c'est la nature… ou Dieu.

Le patron des apiculteurs, saint Ambroise (340-397), reviendra encore une fois sur ce point pour bien montrer la supériorité exemplaire de la monarchie des abeilles. Chez les humains, écrit-il dans son *Exameron* qui reprend celui de Basile de Césarée (voir florilège n° 7, p. 251), il existe trois méthodes pour désigner le chef d'une cité : le tirage au sort (en démocratie), l'élection (en aristocratie) et l'hérédité (en monarchie). La vie de la ruche montre bien, par contraste, qu'aucune de ces méthodes n'est satisfaisante. Voici pourquoi :

> Le roi-abeille, écrit Ambroise, n'est pas choisi par tirage au sort, parce que, dans le tirage au sort, il y a hasard, non discernement, et souvent, par les caprices du sort, c'est le dernier de tous qui a la préférence ; elle n'est pas désignée aux acclamations vulgaires d'une foule sans expérience, qui ne pèse pas les mérites de la vertu, ni ne recherche les avantages de l'intérêt général, mais oscille dans l'inconstance de la versatilité ; elle n'occupe pas le trône royal par un privilège de succession et de naissance, s'il est vrai que, ignorant des affaires publiques, le bénéficiaire ne pourra être prévoyant et formé[8].

Seul le choix de la nature (c'est-à-dire ici de Dieu) permet d'éviter les aléas de la fortune, les égarements d'un choix non éclairé et les inconstances de l'hérédité. C'est ainsi qu'il faut comprendre le fameux adage de saint Paul : toute autorité vient de Dieu (Rm 13, 1, 7).

Mais ce qui fait la valeur du chef de la ruche aux yeux des Anciens, ce n'est pas seulement sa vertu, son prestige ou sa clémence, c'est avant tout qu'il est le *principe* même de la cohésion communautaire : sans lui, c'est le lien social qui disparaît. On peut citer ici l'historien romain de langue grecque Élien (175-235) qui, dans son livre *La Personnalité des animaux*, rassemble les différentes traditions antiques sur ce sujet :

> Le roi des abeilles veille à ce que la ruche soit réglée de la façon suivante : il assigne aux unes la tâche d'apporter de l'eau, à d'autres de travailler à l'intérieur au façonnage des rayons, et à un troisième groupe d'aller butiner. Par la suite, elles échangent leurs tâches

> selon un roulement parfaitement défini. Pour ce qui est du roi lui-même, sa seule tâche consiste à établir les lois que je viens de dire et à les faire respecter, à la façon des plus grands chefs auxquels les philosophes prêtent volontiers les qualités conjuguées de bons citoyens et de bons rois[9].

Élien ajoute, en suivant Aristote, que c'est même lui qui donne le signal du sommeil. Mais lorsque le roi meurt ou disparaît, alors « le désordre et l'anarchie envahissent tout : les faux-bourdons se mettent à pondre dans les alvéoles des abeilles, et il règne une confusion générale qui ne permet pas à la ruche de prospérer plus longtemps, et les abeilles finissent par mourir faute de chef ».

De fait, les apiculteurs appellent « bourdonneuse » une ruche dont la reine est morte ou ne peut plus pondre que des mâles (car sa réserve de sperme est vide). Cette ruche est condamnée.

Transposée à l'homme, l'image permet de montrer que la monarchie est une nécessité absolue. Sans chef, pas de société et sans société, pas d'humanité*. Pour autant, la présence d'un chef, clé de voûte de la collectivité, si elle est une condition nécessaire, n'est pas encore suffisante pour élaborer le meilleur régime.

L'abeille aristocrate

La deuxième condition est que les membres de la cité parviennent à vivre et à travailler ensemble en dépit de leurs différences. Là encore, la ruche est exemplaire, car, plus que tout autre insecte (et notamment les fourmis, un peu trop « égalitaires » aux yeux des Anciens), elle offre le spectacle de la diversité. Outre la reine,

* Sur la sociabilité des abeilles, voir Cicéron, *De devoirs* (I, 44, § 157) : « Les abeilles ne se réunissent pas en essaims pour faire du miel, mais réunies par un instinct de leur nature, elles composent des rayons : tout pareillement, les hommes rassemblés par une impulsion naturelle, bien plus puissante encore, donnent, une fois en société, l'essor à leur activité et à leur esprit. » Et aussi Varron, *Économie rurale* (III, 16) : « Les abeilles ne sont pas d'une nature à vivre isolées comme les aigles, mais réunies comme les hommes. »

il y a les ouvrières et les bourdons, mais au sein même des ouvrières, remarquent les Anciens, on peut noter des dissemblances : différences de tâches (entre les butineuses, les gardiennes, les éleveuses), voire (comme le pensait Aristote) différences d'espèce. Or, en dépit de cette variété très proche de la cité humaine, chaque individu et chaque caste restent scrupuleusement à sa place respectant les hiérarchies naturelles. Monarchique, la ruche est donc aussi aristocratique, puisque, sous l'autorité du roi, chaque catégorie joue son rôle selon son degré d'excellence : les meilleures en haut ; et les pires – à savoir les faux-bourdons, paresseux et inutiles (voir butinage n° 13, « Le massacre des faux-bourdons », p. 135) – en bas. Mais, toutes, quel que soit leur degré d'excellence, participent à l'harmonie de l'ensemble. Sur ce sujet, la quatrième *Géorgique* de Virgile est constamment citée : elle rappelait la diversité des fonctions et la hiérarchie des dignités au sein de la ruche.

Dans la littérature médiévale, cette influence ne se démentira pas. Et l'on doit ici citer un texte qui est reconnu avoir une importance capitale dans l'histoire de la pensée politique médiévale. Il s'agit du *Policraticus* de Jean de Salisbury (v. 1120-1180). Son auteur est un grand esprit, formé dans les écoles de Paris, haut fonctionnaire de la curie pontificale, qui joue un rôle clé dans la période du règne de Henri II d'Angleterre. Il est secrétaire de l'évêque de Canterbury et devient l'ami de Thomas Becket, chancelier du roi. Farouchement opposé aux projets de Henri II visant à limiter les pouvoirs ecclésiastiques, il tombe en disgrâce, s'exile (1163) et termine sa carrière comme évêque de Chartres. Son livre, le *Policraticus*, publié en 1159, est considéré comme le plus grand traité politique médiéval. Il se présente à la fois comme une critique des vanités de la vie de cour et comme un « miroir du prince ». Toutes les ressources textuelles, qu'elles soient bibliques ou antiques, sont mobilisées pour inviter le roi à se conformer aux principes de la foi chrétienne et à se soumettre à l'autorité de l'Église. Mais on trouve pourtant dans cet ouvrage un argument assez neuf qui reconnaît au prince, pourvu qu'il soit parfaitement chrétien, une certaine forme d'autonomie par rapport au pouvoir ecclésiastique. Jean de Salisbury utilise notamment, et pour la première fois disent les spécialistes, la métaphore selon laquelle la société politique est comme un *corps humain*[10]. Dans ce corps, les prêtres sont l'âme, le roi, la tête, le conseil royal, le cœur ; les juges et les administrateurs des provinces sont les yeux, les oreilles et la langue ; l'administration des finances occupe le ventre ; les soldats sont les mains ; paysans, artisans et marchands, enfin, correspondent aux pieds.

Butinage n° 13
Le massacre des faux-bourdons

Quand l'automne arrive et que la ruche n'a plus besoin d'augmenter sa population, les faux-bourdons sont exterminés par les ouvrières. D'une façon générale, le destin des mâles n'est guère enviable ! Rappelons que ceux qui ont eu la chance (?) de féconder en plein vol la reine d'une ruche voisine meurent aussitôt qu'ils ont rempli leur office, car le retrait de leur organe entraîne aussi l'arrachement de leur abdomen ! « Bonne leçon pour les libertins ! », se permettra de commenter l'abbé Della Roca, auteur d'un traité d'apiculture en 1790. Cette triste condition et leur inutilité productive font dire à Pline que les bourdons sont les rejetons d'« espèces d'abeilles imparfaites, produites les dernières, ébauchées par des parents fatigués et épuisés, progéniture tardive et, pour ainsi dire, les esclaves des abeilles véritables » (*Histoire naturelle*, XI, 27, 47). De ce point de vue aussi, la ruche est un fidèle reflet de la société romaine... Mais l'on peut retrouver cette projection dans des contextes encore plus dramatiques. Nous avons été stupéfaits de lire dans le *Traité de biologie de l'abeille* dirigé par Rémy Chauvin (Paris, Masson, 1968, t. IV, p. 90) un article de D. Zahan consacré à « L'abeille et le miel en Afrique et à Madagascar » où il était question du Rwanda. L'image de la ruche, écrit l'auteur, y est souvent sollicitée pour penser la société rwandaise : sous la direction d'un roi « bonne mère », les Tutsis, guerriers et pasteurs, y sont assimilés aux faux-bourdons, par les Hutus, agriculteurs, qui se considèrent eux-mêmes comme les bonnes abeilles productives. Certains massacres peuvent en cacher d'autres...

Cette image organiciste avait déjà été suggérée pour décrire l'Église (Rm 12, 4-5) ou le monastère, mais, en l'appliquant à l'État, Jean de Salisbury semble reconnaître qu'en son sein le roi dispose d'une autorité sans limite... à condition bien sûr qu'il se soumette, comme le roi des abeilles, à la justice naturelle et divine[11]. Seul maître à bord après Dieu, si toutefois il obéit à Sa Justice, le roi garantit l'unité du corps mystique de l'État-ruche-république. Celle-ci, écrit Jean de Salisbury, « est constituée conformément à sa ressemblance à la nature et cette constitution est dérivée des abeilles[12] ». Et il peut conclure, après une longue citation de la quatrième *Géorgique* de Virgile, qu'« à parcourir toutes les autorités de la république, à considérer les histoires des républiques ; nulle part ailleurs [que dans la ruche] la vie civile n'est présentée avec plus de précision ni d'élégance. Et les républiques sans doute seraient heureuses si elles se prescrivaient à elles-mêmes ces formes de vie ». C'est pourquoi, ajoute-t-il, « le philosophe conduit l'homme politique vers les abeilles, afin qu'elles lui permettent d'apprendre où est son devoir[13] ». Puisque l'État est comme une œuvre d'art imitant la nature, la ruche fournit le modèle idéal.

C'est ainsi que le roi, comme celui des abeilles, se distinguera du tyran : il respectera la juste place qui revient à chacun au sein de la communauté politique, l'aristocratie venant compenser les dérives inévitables d'une monarchie toujours tentée par l'arbitraire et le pouvoir sans frein. Alors que, dans la cité humaine, le roi tend à s'opposer aux grands qui s'opposent au peuple, la ruche permet d'envisager la juste « intégration des contraires ».

Shakespeare (1654-1616), qui était très au fait des doctrines politiques de son temps, se souviendra de l'argument lorsqu'il fera dire à Canterbury dans son *Henri V* :

> Le ciel a divisé l'économie de l'homme en fonctions diverses ; toutes ses parties, dans un effort continuel, tendent à un but commun, l'obéissance : ainsi travaillent les abeilles, créatures qui, servant

> d'exemple dans la nature, enseignent l'art de l'ordre à un royaume peuplé. Elles ont un roi et des officiers de différentes espèces : les uns, magistrats punissent à l'intérieur ; d'autres, comme les commerçants, se hasardent au loin ; d'autres, comme les soldats armés, de leurs dards, butinent sur les boutons veloutés du printemps, et, chargés de leurs larcins, reviennent d'un pas joyeux à la tente de leur empereur. Lui, dans son active majesté, surveille les maçons bourdonnants qui construisent les lambris d'or, les citoyens pétrissent le miel, le peuple d'artisans qui arrivent en foule, et déposent à la porte étroite de l'État leurs précieux fardeaux ; et la justice, à l'œil sévère, au chant maussade, livre aux pâles exécuteurs les paresseux qui bâillent mollement. – Voici ma conclusion – Que plusieurs parties qui ont un rapport direct vers un centre commun peuvent agir en sens contraires, comme plusieurs flèches, lancées de points différents, volent vers un seul but, comme plusieurs rues se mêlent dans une seule ville, comme plusieurs eaux limpides se confondent dans une mer ; comme plusieurs lignes se rejoignent dans le centre d'un cadran : de même un millier d'entreprises, toutes sur pied à la fois, peuvent aboutir à une même fin, et marcher toutes de front, sans que l'une souffre de l'autre[14].

L'idée, disons-le d'emblée poursuivra son chemin : après avoir été appliquée à l'Église (saint Paul), à l'État (Salisbury), l'image du corps pourra l'être à la société elle-même. Ce seront – comme on le verra – Mandeville, Adam Smith et l'ébauche de ce qui deviendra la théorie du « marché ». Mais, on le perçoit déjà, à travers l'unité organique du royal sacré et du peuple profane, du noble et de l'ignoble, du haut et du bas, la ruche offre l'image même de ce qui doit être une véritable *république*.

Butinage n° 14 Le dard dans la peau et... dans l'histoire

Imaginez, cachés à l'extrémité de l'abdomen de l'abeille, deux harpons dotés de nombreuses barbelures, placés à plat l'un sur l'autre et pouvant glisser l'un contre l'autre dans un mouvement de va-et-vient. Ils sont reliés à une poche et à la glande fabriquant le venin, situées, elles, dans l'abdomen. Entre les deux harpons, un canal permet d'acheminer le liquide empoisonné. Lorsque l'abeille pique, à cause des barbelures, elle ne peut retirer son dard, qu'elle va laisser dans la peau de sa victime. Mais s'amputant elle-même de tout son appareil vulnérant, elle se condamne à mourir peu de temps après. Les deux harpons du dard fichés dans la peau de l'animal (ou de l'homme) restent animés du mouvement de va-et-vient et continuent à s'enfoncer pendant que le venin se diffuse dans la plaie, causant par son acidité cette douleur intense si redoutée. Si la piqûre le plus souvent ne cause qu'une simple enflure passagère, elle peut parfois déclencher une réaction allergique mortelle.

Par où l'on retrouve l'ambiguïté symbolique de l'abeille : à la fois douceur et douleur, *Mellifera,* la porteuse de miel l'est aussi d'une arme redoutable fatale autant à ses ennemis qu'à elle-même. Selon les circonstances ou les époques, l'abeille sera alors louée pour son abnégation, elle qui sacrifie sa vie pour défendre la ruche ou protéger la reine ; ou bien on ironisera sur son arrogance et sa bêtise, puisqu'elle meurt, incapable de maîtriser ses pulsions agressives, tels les aristocrates duellistes du XVIIe siècle. Dans une fable de Fénelon, une mouche à qui une abeille reprochait de s'approcher trop près de la ruche, répond : « La pauvreté n'est pas un vice, mais la colère en est un grand. Vous faites du miel qui est doux, mais votre cœur est toujours amer : vous êtes sages dans vos lois, mais emportées dans votre conduite. Votre colère, qui pique vos ennemis, vous donne la mort, et votre folle cruauté vous fait plus de mal qu'à personne. Il vaut mieux avoir des qualités moins écrasantes, avec plus de modération. »

Cette ambivalence se trouve résumée dans ce dialogue entre un Espagnol et le pape Urbain VIII (1623-1644), lequel avait adopté pour arme l'abeille comme toute la famille Barberini dont il était issu (voir chapitre 5). Au-dessous de ses armoiries et de la devise familiale « Volontiers son miel ; à regret son dard », on pouvait lire : « Le miel est pour la France ; l'aiguillon pour l'Espagne. » On dit que l'Espagnol lui rétorqua : « Quand l'abeille pique, elle laisse dans la blessure et son dard et la vie. » Ce à quoi le pape répondit : « Elles auront du miel pour tous, et des blessures pour personne, car le roi des abeilles n'a pas d'aiguillon. »

Cette question du « dard du roi » est au cœur d'un vaste débat durant toute l'Antiquité. Deux camps s'opposaient, comme Élien (175-235) le montre (*La Personnalité des animaux*, I, 60). Dans le premier, on trouve ceux qui, comme Sénèque considèrent qu'il en est dépourvu et louent le miracle d'une autorité efficace sans puissance coercitive. C'est le cas de Dion de Pruse (30-116), le philosophe conseiller de l'empereur romain Trajan, qui imagine dans son *Quatrième discours sur la royauté* un échange entre Alexandre le Grand et Diogène le Cynique. Il y montre Diogène moquant la couardise d'Alexandre. « Moi, lui répond outré Alexandre, un froussard ? » « Eh oui », rétorque Diogène : « Vois : tu es toujours armé jusqu'aux dents. Pourquoi porter toujours un glaive, sinon parce que tu as peur ? Regarde plutôt le roi des abeilles : il ne porte pas d'arme ; voilà l'image de la véritable autorité ! »

On en trouve une autre illustration, bien des siècles plus tard, quand, le 29 avril 1507, le roi de France Louis XII (1462-1515) fait son entrée dans Gênes conquise. Il portait alors, dit-on, un habit blanc semé d'un essaim d'abeilles d'or : par quoi il entendait illustrer sa devise – « *Rex spicula nescit* » (« Le roi n'a pas d'aiguillon ») – et signifier qu'il pardonnait aux Génois leur rébellion : la clémence, encore... (voir illustration 14 du cahier hors texte).

Dans l'autre camp, on trouve nombre d'héritiers d'Aristote, qui estiment que le roi a bel et bien un aiguillon, mais qu'il ne s'en sert jamais : ce qui leur apparaît, à dire vrai, encore plus méritoire et magnanime : l'exemple même de la puissance maîtrisée, l'idéal du parfait gouvernement de soi.

Butinage n° 15
Tout ce que vous avez toujours voulu savoir sur le sexe des abeilles…
(2) Le sexe de la reine

La découverte du sexe de la reine des abeilles, longtemps prise pour un roi, revient à l'Anglais Charles Butler (v. 1559-1647). Même si, dans l'Antiquité, certains auteurs semblent admettre la féminité du « chef de la ruche » (comme Xénophon ou Épictète, *Discours philosophiques*, 3, 22, 99), même si l'Espagnol Luis Mendez de Torres parle de « *reina* » dans un traité paru en 1586, la présence du dard (c'est-à-dire d'une arme) apparaissait, au moins depuis Aristote, comme un argument déterminant en faveur du masculin. Butler, dans son livre *Feminine Monarchy* (1609), est le premier à décrire la ponte des reines. Cet ouvrage, en dépit d'un titre (et d'un sous-titre) très anthropomorphiste, représente une des toutes premières études basée sur une observation rigoureuse de la ruche. Il est très probable que le contexte politique d'une Angleterre qui venait d'être gouvernée par une reine (réputée « vierge » de surcroît) pendant quarante-cinq ans, Élisabeth Ire (1658-1603), ait permis, sinon favorisé la découverte de Butler. Mais l'usage a retenu le physiologiste hollandais Johann Swammerdam (1637-1680) comme le véritable « inventeur » du sexe des reines. Car c'est lui qui, le premier, par ses minutieuses observations au microscope, repère et dessine les ovaires de celle-ci. Il parvient même à compter les cinq mille cent œufs (!) qui y sont présents. Ses planches furent publiées après sa mort dans la traduction latine de son œuvre (*Biblia naturae, sive historia insectorum*, 1737-1738). Son livre précis et rigoureux contribue à « déshumaniser » la ruche. Il y dénonçait notamment les « fictions » à propos d'élections ou de « gouvernement ». Bref, au moment même où l'on reconnaissait la féminité de la reine, on lui déniait aussi toute espèce de pouvoir ! Elle est d'ailleurs moins reine que mère. Réaumur achèvera d'en désenchanter la figure dans ses *Mémoires pour servir à l'histoire des insectes* (1740). Si celle-ci ne se sert pas de son aiguillon, dit-il, ce n'est pas par clémence, mais uniquement pour préserver sa capacité de féconder. Et si elle marche d'une allure « martiale et solennelle », c'est seulement parce que son abdomen est rempli d'œufs ! Bref, *sa seule et unique* fonction est de pondre. Pourtant, Réaumur, tout objectif qu'il tente d'être, ne parvient pas à neutraliser la tentation anthropomorphiste, comme on le verra dans le chapitre suivant.

L'abeille républicaine

> « Lycurge [le légendaire législateur de Sparte] accoutuma les citoyens à ne pas vouloir, à ne pas même savoir vivre seuls, à être toujours, comme les abeilles, unis pour le bien public autour de leurs chefs. »
>
> PLUTARQUE, *Lycurgue*, 25.

L'exemple de l'abeille, soldat-travailleur-citoyen, qui se dévoue corps et âme pour la cité pouvait frapper les esprits. Le fait qu'elle ne puisse user de violence qu'au sacrifice de sa vie et pour le bien commun apparaît dans toute la littérature antique et médiévale comme le comble de la vertu républicaine. L'idée, à vrai dire, se trouvait déjà chez Homère lorsque, dans l'*Iliade*, celui-ci comparait les Achéens aux abeilles et les Troyens aux sauterelles. Chez les Grecs, lorsque Agamemnon (le roi, « pasteur d'hommes », dit Homère) après avoir consulté les autres rois (les meilleurs, les « porteurs de sceptre ») demande une délibération générale du camp grec en assemblée, voici comment les choses se passent : « Comme on voit les abeilles, par troupes compactes, sortir d'un antre creux, à flots toujours nouveaux, pour former une grappe, qui tantôt voltige au-dessus des fleurs du printemps, tandis que beaucoup d'autres s'en vont voletant, les unes par-ci, les autres par-là ; ainsi, des nefs et des baraques, des troupes sans nombre viennent se ranger, par groupes serrés, en avant du rivage bas, pour prendre part à l'assemblée[15]. » Alors, poursuit Homère, le silence peu à peu se fait ; c'est un silence libre, nullement imposé, mais décidé par chacun des individus qui composent cette foule immense. Ce camp grec fournit, avant l'heure, l'image de la cité démocratique au meilleur de sa forme : c'est un microcosme où chaque être trouve sa juste place. Tandis que dans le camp d'en face, ce sont des sauterelles, c'est-à-dire une multitude sans ordre sans intention ni unité : les Troyens qui fuient devant les Grecs[16] sont l'image même du désordre. Au miel du cosmos s'opposent donc les calamités du chaos, même si l'ordre cosmique des Grecs sera toujours tenté par le péché capital des Hellènes : l'*hybris*, la démesure, l'orgueil.

L'image de l'abeille républicaine ne se démentira pas tout au long des siècles, dans les périodes où l'unité de la cité est en péril : on l'a vu chez Virgile ; on la retrouve en France à la fin du XVIe siècle quand il s'agira de dénoncer les effets délétères des guerres civiles ; et de nouveau en Angleterre dans le contexte des révolutions du XVIIe siècle qui voit fleurir de manière sidérante la littérature apicole*.

Mais c'est sans doute la jeune république américaine qui usera le plus du symbole. Certes, Thomas Jefferson (1743-1826) affirmera que les abeilles monarchistes ne sont pas natives du continent américain : ce pourquoi ce continent est républicain, et doit le rester (voir butinage n° 16, « Thomas Jefferson et les abeilles », p. 143) ! Plusieurs auteurs vont même montrer toutes les différences qui opposent la ruche aux États-Unis : celle-là est soumise à un roi, alors que ceux-ci s'en libèrent ! La ruche se désagrège lorsque la reine meurt, alors que l'indépendance a épanoui les États-Unis ! Les catholiques aiment les abeilles, tandis que les Américains n'aiment guère les catholiques. Et puis les

* En France, Pierre Constant, *La République des abeilles* (Paris, 1582) ; Charles Estienne, *L'Agriculture et maison rustique* (Paris, 1564) ; Philibert Guide, « L'abeille française », *in La Colombière et maison rustique*, (Paris, 1583, p. 37-46). En Italie, Ulysse Aldrovandi, *De animalibus insectis* (Bologne, 1602) ; Giovanni Bonifacio, *La Repubblica delle api, con la quale si dimonstra il mode di ben formare un nuovo governo democratico* (1627, ouvrage dédié à Urbain VIII). En Angleterre, Charles Butler, *The Feminine Monarchie, or a Treatise Concerning Bees and the Due Ordering of Bees* (Oxford, 1609) ; John Levett, *The Ordering of Bees* (Londres, 1634) ; Samuel Purchas, *Theater of Political Flying insects*, (Londres, 1657) ; Thomas Moffet, *Theatre of Insects* (1658) ; Joseph Warer, *The True Amazons or the Monarchy of Bees* (Londres, 1712).

abeilles tolèrent les bourdons paresseux : pas question de cela en Amérique[17] !

Et pourtant, en dépit de ces réserves, l'abeille va finir par l'emporter et devenir même un symbole allégorique majeur de la jeune république. Les nombreuses sociétés techniques, agricoles, commerciales qui se constituent après la révolution, vont la prendre pour emblème et elle va inspirer une foultitude d'allégories vantant l'indépendance et la prospérité des États-Unis. Il faut dire que l'abeille a beaucoup d'atouts : elle sait travailler ; et ce, avec un égal talent, dans tous les domaines, que ce soit l'agriculture, l'industrie ou le commerce. Ensuite, il y a chez elle un subtil mélange d'esprit capitaliste et de puritanisme ascétique qui ne peut que plaire au protestant américain. En outre, si elle est civilisée de par son organisation rationnelle, elle garde le goût des grands espaces et des longues randonnées… Enfin, et pour protéger tout cela, elle porte toujours une arme sur elle ! Voilà quatre raisons décisives de faire de cet insecte immigré une Américaine patentée… républicaine, voire… démocrate.

Butinage n° 16
Thomas Jefferson
et les abeilles américaines

« L'abeille n'est pas native de notre continent. Marcgrove [un naturaliste de l'époque], pourtant, mentionne une espèce d'abeille à miel au Brésil. Mais elle n'a pas de dard et elle est donc différente de la nôtre, qui ressemble exactement à l'abeille européenne. Les Indiens s'accordent avec nous sur cette tradition selon laquelle elle a été apportée d'Europe ; mais quand et par qui, nous ne le savons pas. Les abeilles se sont généralement répandues par elles-mêmes sur le territoire, avec toujours une petite avance sur les colons blancs. Les Indiens d'ailleurs les appellent le "vol de l'homme blanc" et ils considèrent leur approche comme le signe de l'approche des colonies de Blancs. » (Thomas Jefferson [1782], « Notes

on the State of Virginia », *in* M. D. Peterson [dir.], *The Portable Thomas Jefferson,* New York, Penguin, 1977, p. 111.)
Effectivement, si notre *Apis mellifera* s'est diffusée très tôt sur une bonne partie du monde, elle n'a été que tardivement introduite aux Amériques, au début de leur colonisation, il y a environ quatre siècles. « L'espèce d'abeille à miel au Brésil » à laquelle fait référence Jefferson correspond aux *meliponini*, abeilles sociales sans dard, comportant de nombreuses espèces présentes dans les zones tropicales. La méliponiculture était déjà pratiquée avant la colonisation en Amérique centrale et du Sud, et des projets de relance de sa pratique, souvent abandonnée au profit d'*Apis mellifera*, voient le jour au Brésil, au Mexique ou en Guyane. Comme pour l'abeille européenne, toute une symbolique s'était également développée autour de cette mélipone, notamment chez les Mayas.
En Amérique du Nord, par contre, toutes les espèces d'abeilles indigènes, mis à part les bourdons, sont solitaires. Trois mille cinq cents espèces seraient répertoriées. Citons les andrènes, les halictes ou encore les osmies. L'utilité pollinisatrice de ces insectes n'est plus à démontrer, mais, comme en Europe et comme leurs sœurs domestiques, ils sont victimes des phénomènes de surmortalité liés aux altérations de leur habitat.

Déplaçons-nous, en effet, quelques années plus tard dans le contexte d'une autre révolution. La scène a lieu en l'an III dans la toute nouvelle École normale. Le professeur d'histoire naturelle Daubenton (1716-1799) consacre une de ses premières leçons à critiquer les effets de style en science. Il s'attaque notamment à la description du lion faite par Buffon, qui fut son chef au Potager du roi. Et, suscitant l'enthousiasme général, il conclut son cours ainsi : « Le Lion n'est pas le roi des animaux : il n'y a point de roi dans la nature » (séance du 7 Pluviôse). Dix jours plus tard, l'élève Laperruque revient sur cette conclusion en objectant qu'il y a dans la nature « pire qu'un roi », « une reine, et ce qu'il y a de plus extraordinaire, une reine dans une république ». Certes, le professeur

Daubenton avait raison de refuser au lion la royauté du monde animal, puisque toutes les bêtes loin de le courtiser le fuient. Mais la reine des abeilles ? Comment ne pas voir qu'elle est entourée de « courtisans », de « défenseurs », de « gardes du corps » ? Daubenton lui fit cette réponse : la reine ne commande pas la ruche ; d'ailleurs il faut la nommer « abeille femelle », car sa seule fonction est de pondre. Le vrai pouvoir dans la ruche appartient aux ouvrières qui « ne semblent respecter l'abeille femelle et les abeilles mâles » que « parce qu'elles sont nécessaires pour la multiplication de l'espèce[18] ».

Ce n'est là, bien sûr, qu'une anecdote, mais elle révèle qu'une mutation est à l'œuvre. Après les révolutions américaine et française, la ruche comme la cité semblent se convertir sinon à la démocratie, du moins à un régime où, des trois gouvernements anciens, c'est le troisième – « le gouvernement du peuple, par le peuple, pour le peuple » – qui a la priorité, le privilège et la valeur. C'est au tour de la monarchie et de l'aristocratie de rendre hommage à la démocratie qui s'impose désormais comme le meilleur des régimes ou, à tout le moins, comme disait le « Lion », Churchill, « le pire des régimes à l'exception de tous les autres déjà expérimentés ».

La ruche entre société civile et État

Où l'on voit l'abeille se faire tour à tour anar, coco et libérale

Devenue démocratique, la ruche n'en a pourtant pas fini avec les soucis politiques : une démocratie, d'accord, mais quelle démocratie ? Et surtout quel peuple ? S'incarne-t-il de la manière la plus authentique dans ce qu'on appelle la « société civile », c'est-à-dire dans la collectivité des individus privés, ou est-ce dans l'« État », c'est-à-dire dans une volonté commune et unie d'agir ? Cette question des rapports entre société et État va ainsi se substituer à la question du meilleur régime, dont la ruche était l'emblème privilégié.

Elle va opposer dans la philosophie politique contemporaine au moins trois courants : l'anarchisme, le communisme et le libéralisme, qui, chacun, défendront une certaine manière d'articuler société civile et État.

Dans ce nouveau contexte, l'abeille infatigable n'a pas fini d'œuvrer. Elle reprend du service pour aider à résoudre de nouvelles questions : qu'est-ce donc qui fait un « peuple » ? Est-ce la volonté d'un État qui, comme un cerveau, assurerait la cohérence et la cohésion d'un social où tout serait commun (communisme) ? Est-ce au contraire dans le libre fonctionnement des parties que, comme pour un organisme vivant, se trouve le principe de l'unité (anarchisme) ? Ou doit-on envisager dans la conflictualité et dans la disharmonie sociales les voies d'accès au maintien de la collectivité (libéralisme) ?

L'abeille anarchiste : Proudhon

> « Comme on voit les frelons, troupe lâche et stérile
> Aller piller le miel que l'abeille distille. »
>
> BOILEAU, *Satires*, I.

« Le plus haut degré d'ordre dans la société s'exprime par le plus haut degré de liberté individuelle, en un mot par l'anarchie. » Tel est le programme révolutionnaire que Proudhon se propose de réaliser. Il est révolutionnaire, car il entend subvertir de manière radicale tout ce qui a été fait et pensé jusqu'alors en politique. Il ne se propose ni de conquérir ni de réformer l'État ; il entreprend ni plus ni moins de le détruire : « Plus de gouvernement !... Ni monarchie, ni aristocratie, ni même démocratie, en tant que ce troisième terme impliquerait un gouvernement quelconque, agissant au nom du peuple et se disant peuple. Point d'autorité, point de gouvernement, même populaire ; la Révolution est là[19]. » Il ajoute dans un autre texte sa détestation des lois, la tyrannie de cette volonté soi-disant générale, qui n'est jamais que le masque d'intérêts toujours particuliers : « Les lois sont dans la société comme les araignées dans la ruche : elles ne servent qu'à prendre les abeilles[20]. » Le peuple d'ailleurs est rarement démocrate, il préfère le plus souvent se soumettre à un tyran plutôt que d'exercer lui-même ses prérogatives. L'anarchie représente cette destruction d'un pouvoir voué nécessairement, sous prétexte de servir, à dominer, à opprimer, à détruire la liberté. Le régime mixte est un doux rêve condamné à dériver en cauchemar tragique.

Mais « ce plus grand degré de liberté » enfin réalisé, comment l'anarchisme peut-il prétendre qu'il produise jamais « le plus grand ordre » ? C'est là qu'il faut observer, nous dit Proudhon, l'exemple des abeilles. Elles ont inventé, dit-il en substance, l'« autogestion ».

L'ABEILLE AUTOGESTIONNAIRE

En effet, poursuit-il en reprenant des formulations de Buffon*, « dans les sociétés d'animaux, tous les individus font exactement les mêmes choses : un même génie les dirige, une même volonté les anime. Une société de bêtes est un assemblage d'atomes ronds, crochus, cubiques ou triangulaires, mais toujours parfaitement identiques ; leur personnalité est unanime, on dirait qu'un seul *moi* les gouverne tous. Les travaux que les animaux exécutent, soit seuls, soit en société, reproduisent trait pour trait leur caractère : de même que l'essaim d'abeilles se compose d'unités abeilles de même nature et d'égale valeur, de même le rayon de miel est formé de l'unité alvéole, constamment et invariablement répétée[21]. »

Chez les humains, hélas (?), la raison rend les volontés individuelles divergentes. C'est toute l'ambivalence de l'homme : d'un côté, il recherche la société ; de l'autre, il s'isole et se querelle par son refus de la contrainte.

---

* Voir chapitre 5, p. 171.

> Si, comme l'abeille, chaque homme apportait en naissant un talent tout formé, des connaissances spéciales parfaites, une science infuse, en un mot des fonctions qu'il devra remplir, mais qu'il fût privé de la faculté de réfléchir et de raisonner, la société s'organiserait d'elle-même. On verrait un homme labourer un champ, un autre construire des maisons, celui-ci forger des métaux, celui-là tailler des habits, quelques-uns emmagasiner les produits et présider à la répartition. Chacun, sans chercher la raison de son travail, sans s'inquiéter s'il fait plus ou moins que sa tâche, suivant son ordon [calendrier liturgique], apporterait son produit, recevrait son salaire, se reposerait aux heures, et tout cela sans compter, sans jalouser personne, sans se plaindre du répartiteur, qui ne commettrait jamais d'injustice. Les rois gouverneraient et ne régneraient pas, parce que régner c'est être propriétaire à l'engrais, comme disait Bonaparte ; et, n'ayant rien à commander, puisque chacun serait à son poste, ils serviraient plutôt de centres de ralliement que d'autorités et de conseils. Il y aurait communauté engrenée, il n'y aurait pas société réfléchie et librement acceptée[22].

À l'inverse, s'il était donné aux abeilles, à la place de leur « instinct aveugle, mais convergent et harmonique », la réflexion et le raisonnement, alors aussitôt la petite société sombrerait dans le chaos : certaines abeilles se laisseraient aller à innover et à tenter, par exemple, « de faire leurs alvéoles rondes ou carrées ». Et puis, ajoute Proudhon :

> il y aurait des insurrections. On dirait aux bourdons de se pourvoir, aux reines de travailler. La jalousie se mettrait parmi les ouvrières, les discordes éclateraient, chacun voudrait bientôt produire pour son propre compte, finalement la ruche serait abandonnée et les abeilles périraient. Le mal, comme un serpent caché sous les fleurs, se serait glissé dans la république mellifère par cela même qui devait en faire la gloire, par le raisonnement et la raison.

Bref, cette raison qui est censée faire la supériorité de l'humanité est cela même qui la contraint aux troubles, aux conflits, et, au final, à la servitude volontaire. Aussi la seule issue possible pour l'homme, qui ne peut ressembler à une abeille, est-elle de trouver par un *surcroît de raison* un principe encore plus profond et puissant qui ordonnerait la société sans gouvernement. On pourrait penser à la tradition ou à la religion, qui imposent des normes sociales aux individus sans qu'ils aient conscience de s'y soumettre. Mais, aux yeux de Proudhon, l'une et l'autre sont à l'origine des gouvernements, des hiérarchies, des oppressions : elles sont donc viciées à la base. Non, pour l'anarchisme, le salut doit être trouvé au-delà de la tradition, au-delà de la religion, au-delà de la politique… dans l'économie !

En effet, l'économie, la production et les échanges révèlent ce qu'il y a de plus naturel en l'homme et tendent à simplifier les relations entre eux. Nul honneur mal placé, nul au-delà rêvé, nulle soumission imposée, mais, si l'on s'en tient au cœur des choses : des services mutuels, des coopérations spontanées fondées sur l'intérêt bien compris, une recherche collective du bien. L'ordre social que les anarchistes conçoivent passe par la dissolution de l'État dans les échanges économiques sociaux.

L'ABEILLE INDUSTRIELLE (SAINT-SIMON)

Proudhon reprend ici une idée et une image qui avaient été énoncées vingt ans plus tôt par Saint-Simon (1760-1825). Celui-ci avait fait paraître en 1819 un texte fameux qui passera à la postérité sous le titre : « La parabole des abeilles et des frelons ». Il y élaborait l'expérience de pensée suivante : supposons que la France perde subitement ses trois mille « hommes de génie », soit ses quatre cent cinquante plus grands savants et artistes, ses deux cents meilleurs négociants, ses six cents plus énergiques cultivateurs et ses mille sept cent cinquante artisans les plus doués. Sans cette fleur de la société, « la nation deviendrait un corps sans âme ».

Imaginons, par ailleurs, la disparition des trente mille dirigeants actuels de l'État et du clergé, c'est-à-dire « Monsieur, frère du roi, Monseigneur le duc d'Angoulême, Monseigneur le duc de Berry », et « tous les grands officiers de la couronne, tous les ministres d'État », tous les courtisans, maréchaux, cardinaux, évêques, préfets et sous-préfets, tous les propriétaires qui « vivent noblement » en jouissant de leurs biens sans exercer d'autre activité que celle des armes… Eh bien, les Français en seraient peut-être marris, « parce qu'ils sont bons », mais « il n'en résulterait aucun mal politique pour l'État ». On ne pourrait plus rien, sans les abeilles industrieuses ; on pourrait tout et mieux, sans les frelons parasites. Or « les savants, les artistes et les artisans, qui sont les seuls hommes dont les travaux soient d'une utilité positive » se trouvent « subalternisés par les princes et par les autres gouvernants », des « routiniers plus ou moins incapables », dont l'hégémonie n'est due « qu'au hasard de la naissance », ou « à d'autres actions peu estimables ». C'est donc que le corps politique est malade, et que « la société actuelle est véritablement le monde renversé[23] ». Cette *Parabole* montre que l'essence du politique réside moins dans l'État que dans les forces invisibles qui fabriquent et font circuler la richesse qui est le sang du corps social. De ce constat, Saint-Simon tire une conclusion : il convient de confier le pouvoir aux forces productives et gestionnaires de la nation, notamment à ceux qu'il sera le premier à nommer les « industriels ».

C'est ici que Proudhon cesse de suivre Saint-Simon : confier le pouvoir aux « industriels » signifierait à ses yeux remplacer une hiérarchie – fût-elle utile – par une autre sans supprimer la domination. Pour que les abeilles soient vraiment libres, pour que la production et les échanges s'effectuent sans contrainte au plus grand bénéfice de chacun, il ne faut pas seulement substituer les castes du pouvoir, il faut les détruire purement et simplement. C'est alors que l'homme pourra concilier l'ordre parfait de la ruche et la liberté sublime de la raison.

L'ABEILLE MUTUALISTE

Pour y parvenir, Proudhon envisage l'instauration d'une vaste fédération d'organisations coopératives et mutualistes. Sur le modèle de la ruche, il s'agit de substituer au lien vertical « État/société (fondé sur un unique contrat social) une multitude de liens contractuels, égaux et réciproques, qui tisseraient un gigantesque système de relations. Dans l'anarchie fédérative, écrit Proudhon, chacun serait « également et synonymement producteur et consommateur, citoyen et prince, administrateur et administré[24] ». Par où l'on voit que le pouvoir politique n'est pas tant détruit (car il faudrait pour cela user d'une violence incompatible avec l'esprit anarchiste de Proudhon) que divisé à l'infini ; les contraintes ne disparaissent pas, mais sont désormais à la portée et à la maîtrise de chacun ; la liberté n'est pas *absolue* mais seulement limitée par les contraintes naturelles (et non arbitraires) de la vie collective. On le comprend, la partie positive du projet proudhonien vise à réélaborer la société dans son ensemble à partir des principes de la mutualité, comme une fédération de coopératives. C'est ainsi que « le même principe de garantie mutuelle qui doit assurer à chacun l'instruction, le travail, la jouissance de sa propriété [...] assurera également à tous l'ordre, la justice, la paix, l'égalité, la modération du pouvoir, etc.[25] ». Cette réélaboration n'est pas une reconstruction, car elle permettra en fait de révéler la réalité profonde – *organique* – du social.

> Ainsi, chose admirable, la zoologie, l'économie politique et la politique se trouvent ici d'accord pour nous : la première, que l'animal le plus parfait, le mieux servi par ses organes, conséquemment le plus actif, le plus intelligent, le mieux constitué pour la domination, est celui dont les facultés et les membres sont le mieux spécialisés, sériés, coordonnés ; – la seconde, que la société la plus productive, la plus riche, la mieux assurée contre l'hypertrophie et le paupérisme, est celle où le travail est le mieux divisé, la concurrence la plus entière, l'échange le plus loyal, la circulation la plus régulière, le

> salaire le plus juste, la propriété la plus égale, toutes les industries le mieux garanties les unes par les autres ; – la troisième, enfin, que le gouvernement le plus libre et le plus moral est celui où les pouvoirs sont le mieux divisés, l'administration la mieux répartie, l'indépendance des groupes la plus respectée, les autorités provinciales, cantonales, municipales, le mieux servies par l'autorité centrale ; c'est, en un mot, le gouvernement fédératif[26].

C'est le portrait fidèle de la ruche, tellement fidèle d'ailleurs que les termes apicoles vont faire florès pour désigner les mutuelles, et autres compagnies d'assurance coopératives. C'est le cas, par exemple, de L'Abeille bourguignonne, société anonyme fondée en 1856 par des viticulteurs pour se prémunir des méfaits de la grêle, puis de l'incendie. Elle devient nationale en 1858 et ne cesse d'élargir son champ d'activité jusqu'en 1952. Après plusieurs fusions, elle est rebaptisée AVIVA en 2002. Autre exemple : la Mutualité française (FNMF), qui regroupe la quasi-totalité des mutuelles de santé. Elle adopte un logo représentant les alvéoles d'une ruche afin d'illustrer sa devise : « Vos mutuelles unies pour une société plus solidaire. » Et on pourrait multiplier les exemples de cet anarchisme qui se méfie autant du capitalisme des frelons que de l'État bureaucrate et guerrier des fourmis.

L'abeille communiste : Marx, Bachofen, Thiers

> « L'apiculteur était communiste par amour des abeilles, à force d'admirer leur organisation. On le taquinait à propos de la Reine. »
>
> Gilbert CESBRON, *Journal sans date*, II, Paris, Robert Laffont, 1967, p. 140.

L'abeille communiste ressemble beaucoup à l'abeille anarchiste. L'une et l'autre font l'éloge de la division du travail, de la propriété commune des biens et de la subordination totale de l'intérêt individuel à la collectivité. C'est d'ailleurs dans cette perspective que le grand entomologiste français, Louis Eugène Bouvier (1856-1944), titulaire de la chaire d'entomologie du Muséum national d'histoire naturelle, fait paraître en 1926 un ouvrage intitulé *Le Communisme chez les insectes*. Dans ce livre, il reprend, mais en l'inversant, la comparaison de Proudhon : au lieu de partir des abeilles pour promouvoir le communisme, il part du communisme comme d'un moyen de décrire le monde de la ruche. Se défendant pourtant de tout usage politique, il entend montrer qu'« en dehors des organismes multicellulaires, on n'observe nulle part ailleurs que chez les Insectes le communisme total, le communisme parfait[27] ». En effet, que ce soit dans la termitière, dans le guêpier ou dans la ruche, l'apparente indépendance des activités singulières masque une ferme direction commune, et elle « exige une division du travail qui ne va pas sans sacrifices ».

> Le communisme idéal suppose des groupements où les individus mettent en commun toutes leurs activités, toutes leurs ressources, et sont à un tel point solidaires que l'isolement abrège leur existence et les rend incapables de concourir à la perpétuation de la race. Il est la contrepartie de l'individualisme où les unités sont indépendantes les unes des autres et travaillent exclusivement pour leur propre compte, même quand elles se tiennent en bourgades[28].

Toute la question qui anime cet ouvrage irréprochable dans sa description du comportement des abeilles est de savoir « quel est l'esprit qui dirige ces milliers d'efforts, les applique au bien social et leur fait réaliser des œuvres que l'on pourrait croire humaines ? » (p. 6). Bouvier en distingue *in fine* deux : d'une part, une puissance psychique instinctive – on dirait aujourd'hui un « programme » – à laquelle chaque individu répond aveuglément ; d'autre part, une puissance plastique qui laisse à chacun « son initiative et le moyen d'adapter ses actes aux circonstances » (p. 282). Chez les insectes, la première domine la seconde, mais sans pour autant la nier, puisque les abeilles savent s'adapter à des situations exceptionnelles. Chez les humains, c'est l'exact contraire, puisqu'il leur arrive assez souvent d'agir contre leur intérêt individuel et collectif. Ce contraste permet à notre auteur d'être quelque peu dubitatif à l'égard du programme de Proudhon d'une imitation des premiers par les seconds. Bouvier fait sienne la formulation de son collègue suisse Auguste Forel (1848-1931) : « Toute l'histoire des peuples humains prouve à satiété notre incapacité absolue de vivre dans l'heureuse anarchie si bien coordonnée que représente une fourmilière », ou une ruche (p. 283). L'anarchie et le communisme avancent ici du même pas.

L'ABEILLE ET L'ARCHITECTE (MARX)

Mais il existe pourtant une claire différence entre les deux qui tient moins au but qu'aux moyens d'y parvenir. Karl Marx (1818-1883), dans sa virulente polémique contre Proudhon, ne cessera d'y revenir. Alors que celui-ci envisage la destruction pure et simple de l'instrument inique de domination qu'est l'État, Marx pense nécessaire de le conquérir. Aux yeux de ce dernier, c'est seulement par « en haut » (c'est-à-dire par l'État, par la domination, par la « dictature du prolétariat ») que la société pourra être métamorphosée en profondeur et permettre, au bout du compte, le « dépérissement de l'État » et l'avènement du communisme final. Marx reproche ainsi à son aîné de méconnaître non seulement les rapports de force existants, mais le mécanisme dialectique qui anime la réalité sociale dans son ensemble. Lorsqu'on comprend ce processus (c'est-à-dire la lutte des classes), on est voué à envisager, au moins temporairement une dissolution de la société dans l'État, au rebours exact du doux rêve d'une fusion anarchiste de l'État dans la société.

Mais il y a une autre différence, peut-être tout aussi célèbre, entre Proudhon et Marx, et qui concerne directement la ruche. Marx, comme plus tard Bouvier, se refuse à établir la moindre analogie entre l'abeille et l'homme. C'est l'objet de la fameuse comparaison entre *l'abeille et l'architecte*, que François Mitterrand reprendra comme titre d'un de ses livres (lui permettant ainsi, à moindres frais, de se faire communiste) :

> L'abeille, écrit Marx, confond par la structure de ses cellules de cire l'habileté de plus d'un architecte. Mais ce qui distingue dès l'abord le plus mauvais architecte de l'abeille la plus experte, c'est qu'il a construit la cellule dans sa tête avant de la construire dans la ruche. Le résultat auquel le travail aboutit préexiste idéalement dans l'imagination du travailleur. Ce n'est pas qu'il opère seulement un changement de forme dans les matières naturelles ; il y réalise du même coup son propre but dont il a conscience, qui détermine comme loi son mode d'action, et auquel il doit subordonner sa volonté[29].

Marx se situe dans un courant ancien, principalement chrétien (d'Origène à Pascal), mais aussi aristotélicien, qui refuse toute espèce d'analogie entre les hommes et les abeilles. Ce que les unes font parfaitement mais par instinct ; les autres le feront médiocrement mais par réflexion. Cette perte est un gain, car si l'abeille agit *par* nature, l'homme agit *sur* la nature. C'est donc par abus de langage que l'on parle du travail des abeilles ; en vérité, seul l'homme travaille par l'action transformatrice de sa volonté, ce qui n'empêchera pas les architectes d'imiter le travail des abeilles, à l'instar du Corbusier qui se réclame de la ruche. Cela situe sa société hors de toute métaphore organiciste ou biologique : « Notre point de départ, écrit Marx, c'est le travail sous une forme qui appartient exclusivement à l'homme. »

C'est là une barrière infranchissable qui, chez Marx, interdit à l'abeille d'« être communiste ». Elle ne peut l'être puisque, ignorant tout du travail, elle est inapte à envisager la collectivisation des moyens de production. Elle ne peut l'être puisque, ignorant tout de l'histoire, elle ne saurait être un acteur, même inconscient, de l'immense processus du « matérialisme historique » qui détermine la lutte des classes.

L'ABEILLE FÉMINISTE (BACHOFEN)

Mais, avant de déchirer la carte du parti de notre insecte préféré, il convient d'être attentif à un autre texte rédigé après la mort de Marx par son ami et disciple Engels à partir de ses notes : *L'Origine de la famille, de la propriété privée et de l'État* (1884). Dans la préface de l'édition de 1891, Engels fait état de manière détaillée d'un livre qu'il considère comme capital (si l'on peut dire) et pionnier : il s'agit de la première véritable histoire de la famille, à savoir *Le Droit maternel de* Johann Jakob Bachofen, paru en 1861. Avant cet ouvrage, remarque Engels, l'idée d'une généalogie de la famille restait totalement incongrue et exotique : la famille patriarcale, identifiée à la monogamie bourgeoise, était considérée – hormis quelques exceptions primitives ou pathologiques – comme la forme universelle, naturelle et originelle de la famille. Bachofen fut le premier à installer de l'historicité en la matière : « L'histoire de la famille date de 1861, écrit Engels, de la parution du *Droit maternel* de Bachofen. »

Johann Jakob Bachofen (1815-1887) est un juriste et philologue suisse, élève du chef de file de l'école historique du droit allemand, K. F. von Savigny. Il se situe dans ce courant du romantisme juridique pour qui les normes du droit sont les expressions vivantes de l'esprit d'un peuple (*Volksgeist*). Elles témoignent moins d'une raison froide et abstraite, que de rapports secrets qui constituent, souvent inconsciemment, l'individualité d'une nation à l'exclusion de toutes les autres. Admirateur du contre-révolutionnaire anglais Edmund Burke, il sera l'inspirateur de Nietzsche et de Morgan, auteur de la première « anthropologie de la famille ». Mais Bachofen est surtout connu comme étant le théoricien du *matriarcat*, bien qu'il lui préfère le terme, qui ne lui a pas survécu, de « gynécocratie » (*pouvoir des femmes*). Le titre complet de son ouvrage touffu et méandreux qui compile plusieurs monographies est *Recherche sur la gynécocratie de l'Antiquité dans sa nature religieuse et juridique*.

Le préambule, rédigé après coup, en rassemble les idées générales que l'on pourrait résumer de la sorte.

Selon Bachofen, on trouve dans les textes antiques de nombreuses mentions d'un « droit maternel » ou d'un culte de la « déesse mère ». Ces traces à la fois mythologiques, religieuses, archéologiques, littéraires, mais surtout coutumières et juridiques révéleraient les derniers vestiges d'un stade primordial de l'histoire humaine ; celui d'une organisation politique originelle mais perdue : le « gouvernement des femmes », ou gynécocratie. Cette organisation, que l'on retrouve dans des espaces fort différents (en Grèce, en Égypte, en Inde, etc.), « n'appartient à aucun peuple en particulier, mais [correspond] à un état de la culture[30] ». Cet état primitif s'explique aisément, nous dit Bachofen, par la promiscuité des temps préhistoriques où, les couples se faisant et se défaisant au gré des désirs (c'est l'hétaïrisme), seule la maternité peut être prouvée. « En conséquence, on accordait aux femmes, en tant que mères, seuls parents certains de la jeune génération, un haut degré de respect et de prestige qui, selon la conception de Bachofen, alla jusqu'à la parfaite gynécocratie[31]. » Le régime patriarcal (avec son panthéon masculin) se substituera brutalement à cette domination féminine. Les tragédies grecques, notamment l'*Orestie*, représentent pour Bachofen (suivi ici par Engels) le théâtre privilégié de l'affrontement entre les deux régimes. Bien sûr, Engels se refusera à interpréter cette transformation par des motifs seulement religieux.

Mais, pour être tout à fait complet, il faut ajouter un dernier élément à l'analyse de Bachofen. Selon lui, la meilleure image de cette gynécocratie (et l'indice qu'elle est la forme politique originelle) est donnée par l'organisation de la ruche.

> Tous ces traits [ceux de la gynécocratie] se retrouvent dans l'État des abeilles. Nous pouvons d'autant mieux nous y référer que les Anciens eux aussi ont souvent cité l'exemple des abeilles, et qu'il a joué un rôle éminent pour le développement de l'espèce humaine[32].

Après une citation de la quatrième *Géorgique* de Virgile, Bachofen poursuit :

> La vie des abeilles nous montre la gynécocratie dans sa forme la plus claire et la plus pure. Toute ruche a sa reine, qui est la mère de toute la lignée. À ses côtés se tiennent un grand nombre de faux-bourdons ; ces mâles sont affectés à la seule fonction de reproduction. Ils ne travaillent pas et, quand ils ont accompli leur destinée, les femelles ouvrières les tuent. Ainsi tous les individus de la ruche ont une seule mère, mais un grand nombre de pères. Aucun amour, aucun lien d'affection ne les lie à leurs pères. Les faux-bourdons sont expulsés de la ruche par leurs propres enfants, ou tués dans ce qu'on appelle la bataille des faux-bourdons. En fécondant la mère, ils ont accompli leur tâche. Désormais, ils sont voués à la mort. Les abeilles sont si intimement liées à la reine qu'elles se révèlent indifférentes et hostiles à leurs nombreux pères. Un lien quasi magique les unit à l'être à qui elles doivent leur existence, et qui, seul, maintient la cohésion de la communauté. Aucune abeille étrangère n'est tolérée ; tous les individus de la ruche doivent être fils et neveux de la même mère. Si la reine meurt, tous les liens de l'ordre communautaire se défont. Le travail cesse. Chaque abeille cherche pour elle-même sa nourriture, jusqu'à mourir. Les rayons sont saccagés, et toute l'infatigable construction se voit détruite. C'est pourquoi les abeilles défendent leur reine jusqu'à la dernière extrémité, elle qui se distingue de son peuple par ses dimensions plus grandes. Virgile, comme les autres écrivains antiques, parle d'un *rex*, alors qu'une observation plus précise de la nature montre à l'évidence la maternité de la *regina*, et le sexe masculin des faux-bourdons. La reine est la mère de la ruche. Elle n'a pas d'autres fonctions que celle d'enfanter. Elle dépose un œuf après l'autre dans les alvéoles prévues à cet effet. Les abeilles qui naîtront ne deviendront pas mères, elles mèneront au contraire une existence virginale, consacrée uniquement au travail, au métier. Avec de telles caractéristiques, l'essaim d'abeilles est *l'exemple le plus parfait de la première communauté humaine, fondée sur la gynécocratie de la maternité* [nous soulignons], telle que nous l'avons découverte dans les populations évoquées tout à l'heure[33].

Ce texte tout à fait singulier appelle plusieurs commentaires.

D'abord, il explique à sa façon l'aveuglement des anciens à propos de la reine : s'ils se sont refusé à voir contre toute évidence que la reine était une reine et non un roi, c'est parce que, emportés par la dynamique patriarcale qui venait de triompher, ils s'efforçaient de rejeter le régime matriarcal qu'ils avaient détruit. On a là un cas typique de ce que la psychanalyse appelle le *refoulement*.

Ensuite, ce texte formule l'idée-mère (pour ainsi dire) du romantisme politique : l'idée d'un âge d'or, témoignant d'une harmonie singulière entre la nature et la culture, entre les désirs et les volontés, entre le tout et les parties. Ce régime primitif de la ruche est celui de la belle totalité, à laquelle la modernité froide, rationnelle et mécanique nous a arrachés brutalement.

Du même coup, ces lignes dévoilent avec une grande clarté la généalogie *d'un certain féminisme*. À côté du féminisme républicain, qui revendique l'égalité au nom d'une appartenance commune des personnes à l'humanité, le féminisme romantique défend la différence radicale, qui met la femme du côté de l'harmonie naturelle contre la culture laborieuse du masculin. Dans cette perspective, l'« humanité » est un leurre abstrait qui masque fâcheusement les deux versants antinomiques de la condition humaine, homme et femme, irréconciliables dans leurs visions du monde. Dans cette lutte des sexes, la femme se trouve du côté de l'abeille contre les apiculteurs. Elle est la vraie, la seule *écologiste*.

Enfin, et pour revenir à la lecture de Engels, cet état primordial de l'humanité vient conforter le schéma marxiste du « communisme primitif » ; car, dans cette société sans État, sans histoire, à l'économie de subsistance, la propriété commune des biens et des personnes semble un fait avéré. La rupture de cet équilibre originel, causée par le développement du travail humain, entraîna la longue quête dialectique vers un nouvel équilibre promis dans un avenir radieux : non pas sans État, mais au-delà de l'État ; non pas sans histoire, mais au-delà de l'histoire ; non pas dans la subsistance, mais dans l'abondance. La révolution communiste, selon Marx, produira une société similaire à la ruche primitive, mais définitivement « dénaturalisée ». Voilà pourquoi, en dépit des réserves de Marx, l'abeille ne saurait être exclue du Parti. Elle fut et reste rouge dans l'âme, communiste en acte.

LE SPECTRE D'UNE RUCHE POLITIQUE (THIERS)

> « Eh quoi ! Messieurs, tout ce grand mouvement de la Révolution française n'aurait abouti qu'à cette société que nous peignent avec délices les socialistes, à cette société réglementée, réglée, compassée, où l'État se charge de tout, où l'individu n'est rien, où la société agglomère en elle-même, résume en elle-même toute la force, toute la vie, où le but assigné à l'homme est uniquement le bien-être, cette société où l'air manque ! Où la lumière ne pénètre presque plus. Quoi ! Ce serait pour cette société d'abeilles ou de castors, pour cette société plutôt d'animaux savants que d'hommes libres et civilisés, que la Révolution aurait été faite ! »
>
> A. de Tocqueville, *Discours à l'Assemblée sur le droit au travail du 12 septembre 1848.*

Et c'est exactement ce que lui reproche Adolphe Thiers (1797-1877) dans son ouvrage intitulé *Du communisme* paru en 1849 quelques mois après que le « Printemps des peuples » a bouleversé l'Europe. Adolphe Thiers, futur premier président de la IIIe République, est déjà à l'époque un historien réputé et un politique aguerri : partisan de Louis-Philippe, il a été ministre de l'Intérieur sous la monarchie de Juillet (1832), puis président du Conseil (en 1836 et 1840) avant d'être écarté. En 1848, il est dans le camp des républicains conservateurs et libéraux soucieux d'éviter les dérives gauchistes de la révolution. Et c'est dans ce contexte qu'il rédige une virulente critique du communisme*. Elle vise, à vrai dire, autant Marx que Proudhon, dont la rupture venait pourtant d'être consommée avec la publication par le premier de *Misère de la philosophie* (1847) en réponse à la *Philosophie de la misère* (1846) du second. Mais ce qui, aux yeux de Thiers, les rend l'un et l'autre aussi ineptes que périlleux, c'est qu'ils détruisent tout ce qui fait la société humaine : à la fois le travail, la liberté et la famille. Et concernant la liberté, notre auteur en apporte la preuve… par l'abeille :

> Qu'est-ce donc que cette société chimérique, dans laquelle, de peur que l'homme ne se trompe, ne s'égare, ne réussisse pas ou ne réussisse trop, ne reste pauvre ou ne devienne riche, on l'oblige à travailler pour la communauté, on le fait nourrir, vêtir, entretenir par elle, dans laquelle on lui assigne sa vocation, on le déclare, par ordre, agriculteur, forgeron, tisserand, lettré, mathématicien, poète, guerrier ; dans laquelle il est, par ordre, tantôt appelé aux jouissances délicates, tantôt relégué dans les jouissances vulgaires, à moins que, pour prévenir la difficulté de ces classifications, on ne le retienne dans la grossière égalité du pâtre ? Qu'est-ce que cette société ? Ah ! Je vais vous le dire : c'est une ruche ou une fourmilière[34].

Le modèle idéal chez Proudhon ou chez Bachofen, devient le repoussoir absolu chez Thiers. Certes, les abeilles ne commettent jamais d'erreur et l'ordre de la ruche est parfait, mais cette perfection dirigée par l'instinct nie tout ce que dans l'homme est grand, à savoir la liberté.

> Votre communauté, savez-vous ce qu'elle serait ? Une ruche d'abeilles. L'homme, tel que vous voudriez le faire, savez-vous ce

* Et Marx saura répondre à Thiers : « Thiers, ce nabot monstrueux, a tenu sous le charme la bourgeoisie française pendant plus d'un demi-siècle, parce qu'il est l'expression intellectuelle la plus achevée de sa propre corruption de classe » (*La Guerre civile en France*, 1871).

qu'il serait ? Un animal, descendu au rang de l'animal, esclave de l'instinct. En un mot, la liberté manquerait, et la liberté consiste à pouvoir se tromper, à pouvoir souffrir. Erreur et vérité, souffrance et jouissance, telle est l'âme humaine !

On peut citer la suite du texte, car il reprend de nombreux thèmes déjà rencontrés :

> L'abeille ne se trompe pas ; elle va d'un arbuste à un autre arbuste, s'agite dans l'air et la lumière, jouit sans doute, mais sans les vives émotions propres à notre nature ; et, rentrée dans sa ruche, tournant sur elle-même, faisant compas de ses petites pattes, cette machine infaillible ne se trompe pas plus que celle de Vaucanson, parce que son Vaucanson c'est Dieu lui-même. L'homme est tout autre : sa ruche, c'est Athènes, Florence, Venise, Londres, Paris. Les mouvements qu'il est obligé de se donner sont bien différents ! Il n'a pas à courir d'un arbuste à un autre arbuste, presque sans aucune chance de méprise. Il lui faut juger les rapports les plus vastes et les plus compliqués ; il lui faut créer par les arts les plus raffinés les aliments dont il se nourrit ; il lui faut amener de toutes les parties du monde les produits les plus divers, ne pas s'abuser sur leur valeur, les faire arriver à propos et à des conditions avantageuses. Pour aller les chercher, il faut qu'il ait appris à étudier la marche des astres, des vents, des saisons ; qu'il les défende en route avec le génie des Ruyter, des Jean Bart, des Nelson. Dans toutes ces opérations, il peut deviner juste ou non. S'il ne pouvait pas se tromper, s'il voyait la vérité, nécessairement, infailliblement, d'un seul regard de son esprit, il ne serait pas libre. Il serait ou cette abeille, qui limitée à de petits actes qu'elle accomplit sans erreur, est une machine vivante, gouvernée par des ressorts infaillibles de la nature animée qu'on appelle instincts, il serait cette mouche laborieuse, ou Dieu, Dieu lui-même, tel que nous nous efforçons de le concevoir, lequel, en présence de la vérité éternelle, la voit sans intermédiaire et sans interruption, car il est cette vérité même.

Bref, le communisme transforme l'homme en abeille, la cité en ruche, et l'art humain en froide mécanique. Et c'est contre ce modèle que Thiers fait l'éloge du travail qui permet à chacun de s'élever, de s'enrichir, d'enrichir ses enfants qui, s'ils sont eux-mêmes méritants, contribuent à enrichir la société à moins qu'ils ne sombrent dans la pauvreté ou la misère, car, c'est cela aussi la liberté. Tel est, ajoute Thiers, le « spectacle du monde » : « On voit sur la soie un pauvre ouvrier né sur la paille ; on voit sur la paille un grand seigneur né sur la soie » (p. 41). Ces hasards, « ces contrastes si frappants, ces facultés humaines si excitées, ces vices, ces vertus, ces biens, ces maux, c'est la liberté : ce n'est pas l'animal, c'est l'homme ».

Au communisme des abeilles, il faut donc préférer le libéralisme des humains. Mais Thiers fait ici semblant d'oublier un détail troublant qui voue à l'échec sa tentative de réduire l'abeille au communisme. Il omet de rappeler qu'avant d'avoir été anarchiste ou communiste, l'abeille fut d'abord et avant tout… libérale ! C'est même grâce à elle (ou à cause d'elle : c'est selon), que le libéralisme fut inventé…

L'abeille libérale : Mandeville

Il nous faut à présent remonter le temps, celui des révolutions de 1848, de 1789, de 1776, et revenir aux lendemains de la seconde révolution anglaise, celle de 1688 : la Glorious Revolution, qui installe une monarchie limitée en Grande-Bretagne. En 1705, paraît anonymement à Londres un petit poème intitulé[35] : « The grumbling hive : or knaves turn'd honest » (« La ruche mécontente ou les coquins devenus honnêtes »). Son auteur est Bernard Mandeville (1670-1733), un médecin hollandais immigré en Angleterre et, par ailleurs, traducteur de La Fontaine. L'ouvrage fera l'objet de plusieurs éditions, chaque fois étoffées (1714, 1723 et 1729) et il sera aussitôt traduit dans toute l'Europe avec un grand succès… tracté par une virulente polémique.

Le livre commence par un apologue qui, sous l'apparence d'une ruche, décrit de façon transparente l'Angleterre de l'époque. Cette petite cité est économiquement prospère ; elle vit sous la domination d'une monarchie sagement limitée. Mais, à bien y regarder, convoitise et vanité sont les principaux ressorts de cette opulence. Chaque abeille cherche exclusivement son avantage et ne se soucie de rien d'autre que de son intérêt propre, sans égard pour celui des autres : toute profession cultive ainsi « quelque espèce de friponnerie ». Les hommes de loi eux-mêmes sont « uniquement attentifs à tirer de précieux honoraires », les médecins préfèrent « la réputation à la science » – bref : « chaque ordre était ainsi rempli de vices, mais la nation jouissait d'une heureuse prospérité » ; mieux : « les vices des particuliers contribuaient à la félicité publique ». Ainsi, « le luxe fastueux occupait des millions de pauvres », « la vanité, cette passion si détestable, donnait de l'occupation à un plus grand nombre », « l'envie même et l'amour-propre, ministres de l'industrie, faisaient fleurir les arts et le commerce ». En fin de compte, « les pauvres eux-mêmes vivaient mieux que les riches auparavant ».

Mais, dans cette prospérité générale, certaines personnes, et notamment les prêtres, ne cessaient de tempêter contre les vices du temps et la dégénérescence des mœurs. Jupiter finit par les entendre et, les prenant au mot, il extirpe d'un seul coup toute espèce de malhonnêteté de la ruche en général et des abeilles en particulier. « Quel immense et soudain changement ! En une demi-heure, dans toute la nation, le prix de la viande baissa d'un sou par livre. L'hypocrisie a jeté le masque depuis le grand homme d'État jusqu'au rustre. » Aussitôt, les prisons se vident ; les avocats, les juges et les bourreaux sont au chômage ; la médecine s'étiole ; le clergé se raréfie, les ministres s'enfuient ; les femmes cessent d'être frivoles ; les arts, la mode et le luxe agonisent et, avec eux, tous les métiers s'y attachant… bref : tout devenant simple, bon marché et modeste, l'industrie s'épuise, le commerce s'exténue et l'économie s'arrête.

Une ruche voisine, voyant se tarir les forces vives de notre honnête communauté, se décida alors à l'attaquer pour s'emparer de ses derniers trésors. Mais grâce au courage et à l'esprit de sacrifice de ses membres, la ruche vertueuse parvint à résister : « Ils triomphèrent non sans pertes, car des milliers d'insectes avaient été tués. Endurcis par les fatigues et les épreuves, le confort même leur parut un vice, ce qui fit tant de bien à leur sobriété que, pour éviter les excès, ils se jetèrent dans le creux d'un arbre, pourvus de ces biens : le contentement et l'honnêteté[36]. » Les coquins devenus honnêtes s'étaient convertis… à la décroissance et à la frugalité, au point de disparaître car ils n'avaient plus que leur vertu comme « unique potage ».

La « morale » de l'histoire est assez simple à formuler ; elle tient tout entière dans le sous-titre de la *Fable* : « les vices privés font le bien public ».

> Quittez donc vos plaintes, mortels insensés ! En vain vous cherchez à associer la grandeur d'une nation avec la probité […]. Abandonnez ces vaines chimères. Il faut que la fraude, le luxe et la vanité subsistent, si nous voulons en retirer les doux fruits […]. Le vice est aussi nécessaire dans un État florissant que la faim l'est pour le faire manger. La vertu seule ne peut faire vivre les nations dans la magnificence ; ceux qui veulent revoir un âge d'or, doivent être aussi disposés à se nourrir de glands, qu'à vivre honnêtes[37].

La thèse était hardie – Mandeville lui devra d'ailleurs un rude surnom de la part de ses adversaires : Man-Devil (l'« homme diable ») ; elle prenait à rebours toute la représentation habituelle de l'abeille, vertueuse, frugale, honnête, pure, etc. Et, sans faire, à proprement parler, l'éloge du vice ; elle indiquait la vanité et surtout le danger de prétendre l'éliminer chez les humains.

L'image traditionnelle de la ruche sert ici de contre-modèle, ironique et subversif. Loin de prétendre instaurer un ordre parfait et immuable, la cité des humains doit savoir bénéficier des désordres inhérents à la condition humaine ; elle doit apprendre à canaliser, sans les supprimer, ce que Machiavel appelait déjà les « tumultes » et ce que les philosophes anglais à la suite de Mandeville identifieront comme les utiles passions de l'« intérêt ».

Plus d'un siècle plus tard, un autre penseur libéral, Benjamin Constant résumera cette idée en toute clarté :

> Si pour maintenir [l'ordre], on sacrifie toutes les émotions généreuses, on réduit les hommes à un état peu différent de celui de certains animaux industrieux, dont les ruches bien ordonnées et les cases tristement construites ne sauraient pourtant être le bel idéal de l'espèce humaine. [...] Repoussons ces systèmes étroits qui n'offrent pour but à l'espèce humaine que le bien-être physique. Ne nous renfermons pas dans cette vie si courte et si imparfaite, monotone à la fois et agitée, et qui, circonscrite dans ses bornes matérielles, n'a rien qui la distingue de celle des animaux[38].

Mais ces passions, qui font la grandeur de l'humain, mettent sans cesse en péril la société. Comment les organiser ? Il existe plusieurs moyens. Le premier est la puissance étatique telle que Thomas Hobbes (1588-1679) l'envisage dans un fameux chapitre du *Léviathan* (1651). Partant des sociétés politiques naturelles – et notamment celle des abeilles –, il s'efforce de comprendre pourquoi les hommes ne parviennent pas à une harmonie similaire. La principale raison pour lui vient du fait que les humains « sont continuellement en compétition pour les honneurs et les dignités[39] » et que chacun s'estime personnellement mieux pourvu en intelligence et en lucidité que tous les autres et notamment les dirigeants. D'où le fait que l'envie, la haine, et finalement la guerre surgissent inévitablement des communautés humaines. Et comme celles-ci n'ont rien de naturel, mais reposent seulement sur un artifice conventionnel, « il n'est donc pas étonnant que quelque chose d'autre soit requis (à côté de la convention) afin de rendre l'assentiment [des individus] constant et durable[40] » : et ce quelque chose, pour Hobbes, c'est bien entendu l'*État*.

Mandeville, dans *La Fable des abeilles*, propose une tout autre solution. À ses yeux, si l'État est nécessaire pour arbitrer les conflits, il n'est pourtant pas suffisant pour faire vivre et prospérer la société. Celle-ci a une vie autonome hors de la puissance publique qui doit la respecter sans intervention outrancière. Hobbes écrivait que, chez les abeilles, « il n'y a pas de différence entre le bien commun et le bien privé » ; celles-ci, « étant portées par nature vers leur bien privé, elles contribuent de la sorte au bénéfice commun » ; alors que, chez l'homme, le goût de la comparaison le met en péril. Mandeville pense exactement le contraire : loin d'éloigner les humains, les passions les réunissent et fécondent la société. La « ruse » qui permet cette opération n'émane pas de l'État tout-puissant, mais de la société elle-même, conçue, pour la première fois dans l'histoire de la pensée, comme un *marché*.

La tâche de la politique n'est donc pas d'opprimer les passions par la terreur d'une puissance absolue, mais de les faire jouer entre elles.

> Voici quel était l'art de l'État, qui savait conserver un tout dont chaque partie se plaignait. C'est ce qui, comme l'harmonie en musique, faisait dans l'ensemble s'accorder les dissonances. Des parties diamétralement opposées se prêtent assistance mutuelle, comme par dépit, et la tempérance et la sobriété servent la gourmandise et l'ivrognerie[41].

À peu près à la même époque, en Allemagne, et sans qu'aucun lien ne soit avéré, le philosophe Leibniz (1646-1716) publiait les *Essais de Théodicée* (1710). Il y développait la thèse, moquée par Voltaire (voir florilège n° 15, « Voltaire, Mandeville et les abeilles », p. 257), selon laquelle le mal n'est qu'une illusion qui vient de notre point de vue limité d'humain sur les choses. Du point de vue de l'ensemble (de Dieu), tout est aussi bien que possible ; les malheurs ne sont qu'apparents, puisque tout est déterminé par une

« harmonie préétablie » à laquelle tout et tous, en dépit des apparences, participent.

On peut soutenir que ce qu'un successeur admirateur de Mandeville – Adam Smith – appellera plus tard la « théorie du marché », et dont *La Fable des abeilles* offre la première ébauche, constitue une version laïcisée de cette « providence divine », déjà puissamment argumentée par Leibniz.

Comment ne pas y penser lorsque Mandeville écrit : « Ce que nous appelons le Mal dans ce monde, moral aussi bien que naturel, est le principe qui fait de nous des créatures sociables, la base solide, la vie et le soutien de tous les commerces et emplois sans exception[42] » ?

Ce qu'on appelle le néolibéralisme (ou libertarisme) saura s'en souvenir pour promouvoir l'idée d'un grand marché mondial. Le grand théoricien de ce courant, prix Nobel d'économie en 1974, Friedrich Hayek se situera d'ailleurs volontiers dans la postérité de Bernard Mandeville[43].

C'est sur ce point que l'abeille libérale, vicieuse et ironique de Mandeville rejoint l'abeille sérieuse, vertueuse et anarchiste de Proudhon. Toutes les deux plaident, en des termes finalement très proches, en faveur de la liberté individuelle qui, si on la laisse s'exprimer sans les carcans étatiques, moraux et religieux, parviendra à un ordre supérieur et bénéfique pour tous. Marx, de son côté, ne tarira pas d'éloges sur Mandeville, dont il appréciait hautement la « philosophie du soupçon ».

Singulier vol donc que celui de l'abeille politique qui, après avoir su jadis réconcilier les monarchistes, les aristocrates et les démocrates dans une république commune, parvient à réunir dans la saveur de son doux miel les adversaires les plus acharnés de l'époque contemporaine : l'anarchisme, le communisme, le libéralisme. Que ce soit comme repoussoir ou comme modèle, comme fable fantaisiste ou comme analyse scrupuleuse, son évocation est un point de passage obligé de toute la pensée politique. Ce qui

Illustration 1. Zeus enfant est nourri dans la douceur : la nymphe Mélissa lui donne le miel qu'elle a récolté et sa sœur Adrastée lui fait boire le lait de la chèvre Amalthée.

L'Enfance de Jupiter (1640) par Nicolas Poussin.

Illustration 2. Aristée voit ses abeilles renaître du cadavre des bœufs qu'il a sacrifiés. Cette théorie, dite de la « bougonie », a longtemps permis d'expliquer l'énigmatique reproduction des abeilles.

Dessin tiré d'une édition de 1517 des *Géorgiques* de Virgile (Lyon, 1517).

Illustration 3. Des abeilles, du pollen, un peu de nectar.

Illustration 4. Virgile écrit le quatrième livre des *Géorgiques* en contemplant les ruchers.

Dessin tiré d'un manuscrit des *Géorgiques* (1469).

Illustration 5. Un rouleau illustré d'*Exultet*, prière de la veillée pascale qui contenait un éloge de l'abeille. Les abeilles ressemblent à des oiseaux et les ruches surélevées sont horizontales.

Exultet de l'abbaye de San Magno de Fondi (vers 1130).

Illustration 6. Un rouleau illustré d'*Exultet*. À droite des apiculteurs enruchent un essaim ; d'autres récoltent le miel dans une ruche aux parois amovibles, déjà décrite par Columelle au Ier siècle (voir butinage n° 6).

Exultet dit « de Barberini » (vers 1087).

Illustration 7. Des apiculteurs aujourd'hui : sur le cadre, du miel operculé et des abeilles protégeant le couvain.

Illustration 8. Amorces de rayons de cire sur un couvre-cadre déplacé.

Illustration 9. Portrait de saint Ambroise, patron des apiculteurs.

Saint Ambroise de Milan, Jacques Laudin, émail peint sur cuivre, XVIIe siècle.

Illustration 10. Les apiculteurs de Bruegel ressemblent aux inquisiteurs fouillant les âmes des fidèles, d'où la tentation de l'essaimage.

Brueghel l'Ancien, *Les Apiculteurs* (1569).

Illustration 11. Les abeilles du Coran. À la demande de Mahomet, Ali ordonne aux abeilles d'Abbas de guider la communauté.

Dessin tiré du Siyar-e Nabi de Murad III (1595).

Illustration 12. Les abeilles découvertes à Tournai dans le tombeau de Childéric Ier (mort en 481). Elles serviront de modèle à l'abeille impériale de Napoléon.

Illustration 13. Napoléon vêtu du manteau impérial parsemé d'abeilles.

Napoléon sur le trône impérial (1806), J.-A.-D. Ingres.

Illustration 14. L'entrée de Louis XII dans Gênes en 1507 : son armure est couverte d'abeilles illustrant sa devise : « *Rex spicula nescit* » (« Le roi n'a pas d'aiguillon »).

Enluminure tirée de Jean Marot, *La Magnanime Victoire du roy très chrestien Louis XII contre Gênes* (manuscrit de 1508).

explique d'ailleurs qu'elle continue, encore et toujours, ainsi qu'on va le voir, à être scrutée avec autant d'attention et de passion : on y quête aujourd'hui les mystères de la démocratie hypermoderne ; on y recherche les remèdes à la désertion civique ; on y scrute les méthodes d'une intelligence collective respectueuse des libertés. La ruche n'a pas fini de nous faire la leçon : elle semble vraiment contenir tous les secrets de l'organisation commune. L'abeille est dans tous les États…

Butinage n° 17
Une abeille brune : Maya ?

Qui ne connaît pas *Maya l'abeille* ? Le succès de cette série télévisée japonaise pour enfants fut planétaire, mais on sait moins qu'à l'origine il s'agit d'un livre publié en Allemagne en 1912 par un certain Waldemar Bonsels (1880-1952). Lors de la célébration, qui se voulait sereine, du centième anniversaire de Maya, le journal de Munich, la *Süddeutsche Zeitung*, a cassé l'ambiance avec ce titre provocateur (mars 2012) : « Maya : notre abeille brune ». L'article révélait que Bonsels était non seulement un auteur kitsch, mais aussi opportuniste et antisémite, qui avait fait le siège au parti nazi pour y occuper une place… Sans grand succès d'ailleurs, car ses livres anarcho-érotiques publiés auparavant n'y étaient guère appréciés. Il tente pourtant de se faire bien voir en faisant paraître en 1943 *Dositos*, un livre profondément antisémite, dédié au ministre de l'Intérieur Wilhelm Frick. Pour ce qui est de l'ouvrage *Maya l'abeille* : il ne prête guère le flanc à la critique, d'autant que la petite abeille y apparaît comme une individualiste forcenée refusant de se soumettre à la communauté totalitaire de la ruche. Mais la fin est plus troublante et se rapproche de l'idéologie nationaliste *völkisch*. Dans le dernier chapitre, alors que la reine appelle toutes les abeilles à livrer combat contre l'offensive des frelons, elle lance : « *Im Namen eines ewigen Rechts und im Namen der Königin : Verteidigt das Reich !* » (« Au nom d'un droit éternel et au nom de la reine : protégez l'empire ! »). Bonsels reprend ici les mots mêmes de l'empereur Guillaume II exhortant ses troupes lors de la guerre des Boxers en Chine (27 juillet 1900). Contre les frelons jaunes, vivent les abeilles brunes !

CHAPITRE 5

La ruche humaniste

L'abeille dans le « jardin imparfait »

Les succès politiques de la ruche nous dévoilent une abeille devenue bien « terre à terre ». Comment ! Celle qui racontait les secrets des origines, celle qui reflétait l'ordre cosmique, celle grâce à qui les mystères de la Révélation pouvaient être atteints en toute simplicité… Quoi ! Cette abeille, à la fois mythique, mystique et cosmique, serait devenue un simple instrument de gouvernement ?

Après tout, pourquoi pas ? La Renaissance, qui voit l'émergence de l'État moderne, est aussi l'époque où simultanément les trois grandes visions anciennes du monde se fragilisent : les mythes païens, déjà contestés par le christianisme, sont un peu plus ébranlés par le regard scientifique qui s'affirme ; l'idée même de cosmos, c'est-à-dire d'un ordre harmonieux des choses, s'efface devant la figure d'un univers infini traversé par des forces aveugles et mécaniques. Quant au message chrétien, il s'est brouillé des terribles querelles qui vouent les plus sincères croyants au désarroi, au doute et à l'effroi. Quel rôle pourrait avoir l'abeille dans le vertigineux « silence des espaces infinis » ? Comment pourrait-elle survivre à ce chaos spirituel ? N'est-elle pas condamnée à disparaître une fois de plus, victime du désordre du monde ?

Ce serait méconnaître sa capacité de résistance. Loin de décliner, l'abeille symbolique va se régénérer une nouvelle fois sur le cadavre du vieux monde ; mieux, elle sera le guide des hommes qui, coupés des réconforts sublimes d'un âge d'or mythique, d'un cosmos harmonieux et d'une Révélation remplie d'espérance, chercheront simplement à cultiver leur « jardin imparfait », comme dit Montaigne, celui des hommes réduits à eux-mêmes pour le meilleur et, plus souvent encore, pour le pire. Sans doute sera-t-elle moins inspirée, mais d'autant plus travailleuse ; et si son miel n'aura plus l'arôme de l'éternité, il aura une saveur d'autant plus accessible pour le goût des humains. Voyons comment l'abeille désenchantée renaît, en emblème de l'humanisme, à la fois sous la plume des poètes et sous le microscope des savants.

Abeilles vs *araignées*

Où l'on voit l'abeille réconcilier les Anciens et les Modernes

> « On les appelle les favorites des muses [*musarum volucres*]. »
>
> VARRON, *Économie rurale*, III, 16, 7.

1697 : on ne connaît pas le mois, mais c'était un vendredi. Dans la pénombre de la bibliothèque Saint-James à Londres, une fois les hommes partis, les portes refermées, les livres se mettent à parler comme à leur habitude de ce qu'il s'était passé dans la journée. Ce jour avait été particulièrement animé, puisqu'une virulente querelle avait opposé les lecteurs des auteurs anciens à ceux des modernes. Et à leur tour, les livres eux-mêmes commencent à débattre des mérites respectifs des uns et des autres. Ils échangent, se jaugent et se comparent pour savoir qui, des ouvrages anciens ou modernes, a la supériorité, la primeur, la grandeur. Leur dialogue d'abord courtois, tourne vite à l'aigre et, de fil en aiguille, d'injures en coups, une gigantesque bataille se prépare qui allait causer bien des dégâts dans ce lieu habituellement consacré à l'étude sereine et au savoir.

C'est Jonathan Swift (1667-1725), l'auteur du fameux *Voyage de Gulliver*, qui imagine la scène dans son libelle caustique intitulé *Récit complet et véridique de la bataille qui se fit vendredi dernier entre les livres anciens et modernes en la bibliothèque Saint-James* (paru en 1704). Il mettait ainsi son grain de sel dans la fameuse querelle qui passionnait alors toute l'Europe[1]. Elle avait débuté dix ans plus tôt à Paris, le 27 janvier 1687 exactement, lorsque Charles Perrault (1628-1703), qui n'avait pas encore écrit ses *Contes*, fit lire à l'Académie française un discours en hommage au Roi Soleil, intitulé *Le Siècle de Louis le Grand*. Il y dénonçait le culte idolâtre rendu aux auteurs de l'Antiquité, au regard desquels les Modernes, selon lui, n'ont pas à rougir. En voici le début :

La belle Antiquité fut toujours vénérable,
Mais je ne crus jamais qu'elle fût adorable.
Je vois les Anciens sans ployer les genoux,
Ils sont grands, il est vrai, mais hommes comme nous ;
Et l'on peut comparer sans craindre d'être injuste
Le siècle de Louis au beau siècle d'Auguste...

Après la défense, venait l'attaque :

Platon, qui fut divin du temps de nos aïeux,
Commence à devenir quelquefois ennuyeux...
Chacun sait le décri du fameux Aristote
En physique moins sûr qu'en histoire Hérodote.

On aurait pu croire en un habile, mais simple exercice de flagornerie courtisane. Point du tout ! Perrault était on ne peut plus sérieux et entendait exposer une conviction mûrement réfléchie. Une fois la stupeur passée, la polémique s'engagea conduite par

Boileau et Racine, qui défendront avec rage la valeur des Anciens contre la futilité mondaine des Modernes. De son côté, Perrault, bientôt rejoint par Fontenelle qui avait adopté sa cause, ferraillera avec vigueur contre ses collègues, et néanmoins ennemis, de l'Académie. La querelle fut terrible et s'exporta dans l'ensemble de l'Europe comme une traînée de poudre.

En Angleterre, c'est William Temple, le maître (et demi-frère) de Swift qui la (re)lança avec son *Essai sur l'étude antique et moderne* (1690), en forme de réponse à Fontenelle. L'ouvrage suscita de nombreuses réactions. Et c'est pour répondre à ces dernières que Swift rédige sa « bataille des livres ». Il le fait à sa manière, en parodiant de façon burlesque les combats homériques de l'*Iliade* : c'était là une drôle de manière de défendre les Anciens, à la limite de l'insolence ! Mais, pour Swift, défendre l'Antiquité, ne veut pas dire lui vouer une admiration muette. Il s'agit plutôt d'en faire son miel… Et c'est ce que Swift nous suggère dans un intermède de sa *Bataille*, sorte de fable dans la fable.

Au moment où les livres allaient en venir aux mains – si l'on peut dire – une abeille, profitant d'un carreau cassé, s'introduit dans la bibliothèque. En entrant, elle s'empêtre dans la toile qu'une araignée, habitante des lieux, avait tissée dans le coin de la fenêtre. À force de se débattre, l'abeille parvient à se dégager, mais non sans produire des dégâts irrémédiables sur le piège arachnéen. L'araignée sort alors furieuse de son nid et tient à l'abeille à peu près ce langage :

> Qu'es-tu, sinon une vagabonde sans feu ni lieu, sans bien ni patrimoine, venue au monde avec une paire d'ailes et un appareil à bourdonner pour tout héritage ? Ta subsistance, c'est un pillage général de la nature ; tu ne fais que marauder par champs et jardins, aussi prête, pour le plaisir de voler, à détrousser l'ortie que la violette. Cependant que je suis, moi, un animal domestique, pourvu intérieurement de ressources naturelles. Cette vaste forteresse (pour te faire voir jusqu'où je suis allée dans les mathématiques) est bâtie

toute de mes mains, et les matériaux en sont, dans leur entier, tirés de ma personne[2].

La réponse de l'abeille ne se fait pas attendre : certes, dit-elle, l'araignée a du talent, sa toile est fort bien conçue, avec méthode et en parfaite géométrie, mais les matériaux qu'elle utilise sont vraiment exécrables ! Pour preuve : elle, minuscule insecte, n'a eu aucune difficulté à la rompre. Tout cela vient de ce que l'araignée prétend tout tirer d'elle-même ; et ce tout ne vaut pas grand-chose : ce n'est en vérité qu'excrément ou venin. D'où cette méchanceté arachnéenne, qui n'est que voracité et désir de destruction. L'abeille, pour sa part, dépend certes des fleurs qu'elle butine, mais elle en fait son miel et sa cire sans abîmer aucune de celles qu'elle visite.

Après un échange de plus en plus violent entre les deux bestioles, suivi attentivement par tous les livres de la bibliothèque, le dernier mot revient à l'abeille :

> Enfin toute la question revient à ceci : laquelle des deux créatures est la plus noble, celle qui, par l'indolente contemplation de quatre pouces d'espace et par un orgueil outrecuidant, se nourrissant et engendrant à partir d'elle-même, transforme tout en excrément et en venin pour ne produire finalement qu'un piège à mouches et une toile ; ou bien celle qui par un champ d'action universel, par une longue quête, beaucoup d'étude pour juger vraiment des choses et être capable de discernement rapporte du miel et de la cire ? (p. 41.)

Une fois ces paroles prononcées, l'abeille s'envola « vers un bocage de rosiers, écrit Swift, sans attendre la réplique de son antagoniste, qui était alors précisément dans la situation d'un avocat qui médite une réponse à des raisons qu'il ne s'est pas donné la peine d'écouter ».

Son départ marqua la fin de la trêve des livres. L'ouvrage du fabuliste Ésope relança la querelle sous prétexte de résumer l'échange des bestioles. Il apparut à tous les ouvrages en colère que l'araignée représentait les Modernes vaniteux prétendant tirer d'eux-mêmes tout ce qu'ils produisent, sans gratitude aucune pour ce qu'ils ont reçu en héritage. Elle fournissait l'image des orgueilleux cartésiens français qui veulent déduire le monde de leur *cogito* pourvu que ses idées soient claires et distinctes. De son côté, l'abeille figurait les Anciens, ou plutôt leurs défenseurs : ceux qui jugent, comme La Bruyère, que « tout est dit et l'on vient trop tard, depuis sept mille ans [date supposée de la Création à l'époque] qu'il y a des hommes qui pensent » (*Les Caractères*, 1696) et que la seule tâche encore possible est de cultiver le jardin des classiques par un commerce toujours renouvelé avec eux.

Swift ne dit pas comment le combat s'est achevé et s'il y eut, dans cette guerre des livres, un vainqueur et un vaincu, mais il suggérait par cette fable et surtout par l'emblème de l'abeille, une sorte de motion de synthèse.

On la rendra plus lisible en rappelant qu'à ce duel entre l'abeille et l'araignée fut souvent associé un troisième larron : la fourmi. C'est un autre Anglais, dont Swift s'est très probablement inspiré, qui le formule de la meilleure manière : Francis Bacon (1561-1626), réputé pour être le pionnier de la pensée scientifique. Il s'agit donc d'un « moderne », puisque, dans son ouvrage, le *Novum organum* (paru 1620), il affirmait haut et fort son intention de renouveler Aristote dans le domaine des sciences où son autorité était désormais contestée. Pourtant, il n'envisageait aucune « table rase » et, afin de définir la bonne démarche du savant nouveau qu'il appelait de ses vœux, il utilisait cette triade :

> Ceux qui ont cultivé les sciences furent ou bien empiristes ou bien dogmatistes. Les empiristes, à la façon des fourmis, se contentent d'accumuler et d'utiliser ; les rationalistes, à la manière des araignées, extraient d'eux-mêmes des toiles ; l'abeille tient une voie médiane ; elle choisit et recueille sa matière sur les fleurs du jardin et du champ ; et cependant elle la transforme et digère par sa propre faculté. Le vrai travail philosophique est assez analogue : il ne s'appuie pas uniquement et principalement sur les forces de l'esprit, il ne se contente pas non plus d'une matière donnée venant de l'histoire naturelle, ou des expériences mécaniques, et entreposée dans

> la mémoire : il transforme et travaille celle-ci dans l'intelligence. C'est pourquoi il faut mettre son expérience (ce qui jusqu'ici n'a pas été fait) dans ces facultés [l'expérimentale et la rationnelle] réunies par un pacte plus étroit et plus infrangible[3].

L'abeille nous indique donc la juste voie du savoir. Elle trace une voie médiane entre la répétition stérile des autorités passées (les fourmis) et la prétention d'une réinvention perpétuelle des savoirs (les araignées). Elle montre aussi un troisième terme entre le radotage sénile et l'orgueil adolescent. Ce troisième terme, c'est le *travail.* Il est l'apanage de l'âge adulte auquel doit désormais aspirer l'humanité. Et c'est ce travail qui va désormais s'appliquer aussi bien à la production littéraire qu'à la recherche scientifique. Travailler, cela signifie transformer un matériau déjà existant pour lui donner, ce qu'on appellera bien plus tard, une « valeur ajoutée ». C'est là que se niche la seule source possible de la vérité. Il ne faut plus l'attendre d'une révélation transcendante ou d'un héritage fidèle, mais d'un effort acharné à explorer tant l'esprit humain que la nature des choses. Sans doute pour les affaires humaines, les auteurs anciens sont-ils de meilleurs guides, puisqu'ils ont exploré avec soin les passions et les actions, les paroles et les idées humaines. Mais, pour la Nature, il convient d'élaborer une méthode renouvelée d'observation et d'expérimentation afin de la mettre au jour. Au carrefour de ces deux chemins, qui commencent ici à diverger – celui des Humanités et celui de la Science –, c'est la figure d'un sujet connaissant qui s'impose et pour laquelle l'abeille va, une nouvelle fois, fournir une image idéale.

C'est là un moment important pour nous, car nous assistons à un infléchissement du symbole de l'abeille. Celle qui était avant tout l'image de la muse ou de l'ange, symbole de la connaissance immédiate et de la parole inspirée se « prolétarise », pour ainsi dire. Désormais, c'est moins son butinage aérien dans la bouche de poètes exaltés que son labeur zélé qui est valorisé. On s'éloigne ainsi de l'usage qu'en faisait, par exemple, Platon dans son dialogue *Ion*, où il s'y référait pour montrer que, selon lui, la poésie n'est pas un art (au sens d'une technique qui supposerait une maîtrise), mais une pure inspiration divine. Le poète, disait-il, ne s'appartient plus quand il crée ; il est littéralement *hors de lui*.

> Les poètes nous disent bien, en effet, qu'ils puisent à des sources de miel et butinent les poèmes qu'ils nous apportent dans les jardins et les vallons boisés des Muses, à la manière des abeilles, en voltigeant comme elles, et ils disent la vérité. Car le poète est chose légère, ailée, sacrée, et il ne peut créer avant de sentir l'inspiration d'être hors de lui et de perdre l'usage de sa raison. Tant qu'il n'a pas reçu ce don divin, tout homme est incapable de faire des vers et de rendre des oracles. Aussi, comme ce n'est point par art, mais par un don céleste qu'ils trouvent et disent tant de belles choses sur leur sujet, comme toi sur Homère [il s'adresse à Ion, célèbre interprète de l'aède], chacun d'eux ne peut réussir que dans le genre où la Muse le pousse[4]...

Pour Platon, les poètes ne sont donc pas des « auteurs », mais de simples « passeurs ». Avec la Renaissance, c'est un registre différent qui s'impose : l'abeille sera moins aérienne et divine mais plus laborieuse et humaine. Et, contre Platon, les humanistes renouent avec une autre source antique, celle du stoïcien Sénèque (v. 4 av. J.-C.-65 apr. J.-C.) quand celui-ci s'adressait à son jeune ami Lucilius pour le conseiller en matière de sagesse. Sénèque utilisait la métaphore du butinage pour exprimer l'importance des lectures comme aliment de la pensée. « Elles me préservent, dit-il, d'être content de moi seul. » Mais lire, copier ou mémoriser ne suffisent pas pour autant ; les différents emprunts doivent, en outre, être assimilés, synthétisés pour devenir une œuvre tout à fait originale (voir florilège n° 17, « Lire comme l'abeille de Sénèque », p. 260).

Pétrarque (1304-1374), puis Montaigne (1533-1592), tous deux grands lecteurs de Sénèque, reprendront l'image, pour en faire l'emblème de tout l'humanisme renaissant : « Nous devrions écrire, dira le premier dans une lettre à Boccace de 1366, de la même manière que les abeilles font leur miel, non pas en préservant les fleurs, mais en les transformant en rayons de miel, de sorte que d'un grand nombre de ressources variées naisse un produit unique qui soit à la fois différent et meilleur » ; et, en 1580, Montaigne dans ses *Essais* confirme : « Les abeilles pillotent deçà delà les fleurs, mais elles en font après le miel, qui est tout leur : ce n'est plus thym ni marjolaine ; ainsi les pièces empruntées d'autrui, il les transformera et confondra, pour en faire un ouvrage tout sien : à savoir son jugement[5]. »

Le travail littéraire, nourri par la gratitude à l'égard des Anciens, permet donc l'originalité et le progrès – autant de valeurs qu'on qualifierait aujourd'hui de « modernes » –, mais il est aussi exigeant et il suppose de ne pas céder aux sirènes de la nouveauté ni aux séductions de la mode. C'est d'ailleurs de ce mot que dérive « moderne », ce qui nourrit toute la polémique : car *moderne* désigne ici moins ce qui est récent ou nouveau que ce qui est éphémère et passager comme l'« air du temps », par opposition à la stabilité d'un ancien savoir qui a fait ses preuves. Une comparaison reprise de Plutarque (45-120) va nourrir cette idée au cours de la Renaissance : l'élève attentif doit approfondir ce qu'il reçoit, sans se laisser abuser par la superficialité d'une pensée trop ornée. Il ne doit pas faire comme les bouquetières qui, à partir « des fleurs qui ont le plus de parfum et d'éclat » font une composition, certes agréable, mais toujours fugace, vouée à se faner vite. Il doit plutôt imiter les abeilles qui, sans s'attarder sur « les violettes, roses, et jacinthes, se dirigent vers le thym dont l'odeur est ce qu'il y a de plus âcre, de plus pénétrant, et c'est sur cette plante qu'elles se fixent “pour composer l'or de leur miel”... L'auditeur studieux et d'un goût pur ne doit pas rechercher dans les mots ce qui est seulement fleuri et affecté, dans les pensées ce qui est théâtral et pompeux : il ne verra dans ce vain luxe qu'herbes inutiles, bonnes pour les frelons qui s'appellent des rhéteurs[6] ».

Lucrèce (99-55 av. J.-C.) pourrait réconcilier les bouquetières et les abeilles. Certes, il se présente lui-même comme une bonne butineuse quand il s'adresse à son maître Épicure : « C'est dans tes traités, maître glorieux, que semblables aux abeilles butinant çà et là parmi les fleurs des prés, nous allons cueillir nous aussi, pour nous en repaître, des paroles d'or » (III, 10-13). Mais lorsqu'il justifie l'utilisation d'un langage poétique pour enseigner l'austère philosophie épicurienne, il joue sur une autre corde symbolique.

Car l'expression poétique n'est pas un simulacre visant à dissimuler la faiblesse d'une pensée, elle peut être au contraire le moyen d'accès à une œuvre difficile. Dans le chant IV du *De rerum natura*, Lucrèce justifie son choix poétique pour parler d'Épicure et, pour ce faire, il combine implicitement l'analogie du butinage avec une métaphore associant la douceur du miel et l'amertume de l'absinthe ; de même qu'un peu de miel sur le bord d'un verre permettra à un enfant d'avaler un remède amer, de même la douceur de la poésie permettra l'absorption de la pensée d'Épicure (voir florilège n° 18, p. 261).

Ainsi loin d'être un obstacle à la vérité, la douceur sucrée de l'art est le moyen le plus sûr d'y parvenir. Il ne s'agit plus d'inspiration divine, mais d'une élaboration remplie de doute et de fragilité. Elle est pourtant plus sûre que le discours philosophique habituel qui, dans sa technicité savante, oublie trop souvent qu'il doit prendre les hommes là où ils sont, c'est-à-dire dans l'illusion et dans la peur, pour les conduire cahin-caha vers une sereine sagesse. Comme le montre André Comte-Sponville dans son superbe livre, *Le Miel et l'Absinthe*, Lucrèce est sans doute plus humain qu'Épicure, ce sage devenu peut-être trop sage pour être encore humain.

C'est donc en imitant le travail de l'abeille, que l'humaniste doit se faire apiculteur des Lettres : il lui faut d'abord *collecter* les savoirs antérieurs, puis les *sélectionner* avec soin sans se laisser séduire ni par des couleurs trop vives ni par des parfums trop suaves. Mais il doit s'attacher en outre à créer à partir d'eux un *miel singulier* afin de nourrir ses compagnons d'infortune, enfermés comme lui dans les effrayants espaces infinis du « jardin imparfait » : le tragique infini de la finitude humaine. Telle est la ruche des humanistes s'efforçant de trouver ou d'inventer le sens d'un monde en suspension, dénuée de garantie divine ou cosmique. La bonne nouvelle, c'est que dans cette synthèse d'un « miel-savoir » singulier émerge la figure d'un sujet-connaissant capable de ne pas seulement répéter les savoirs d'antan, mais de rationaliser de nouvelles données issues de l'observation.

Presque deux siècles plus tard, Nietzsche (1844-1900) reprendra l'image pour la pousser à son comble. Pour lui, l'homme désenchanté ne se contente pas d'habiter un monde incertain dénué de transcendance, il le façonne de part en part. Le penseur lucide doit s'en convaincre :

> Qu'est-ce donc que la vérité ? Une multitude mouvante de métaphores, de métonymies, d'anthropomorphismes, bref, une somme de relations humaines qui ont été poétiquement et rhétoriquement haussées, transposées, ornées, et qui, après un long usage, semblent à un peuple fermes, canoniales et contraignantes : les vérités sont des illusions dont on a oublié qu'elles le sont, des métaphores qui ont été usées et qui ont perdu leur force sensible, des pièces de monnaie qui ont perdu leur empreinte et qui entrent dès lors en considération, non plus comme pièces de monnaie, mais comme métal[7].

Le génie humain réside dans cette puissance symbolique, cette capacité à construire un monde de toutes pièces. C'est pourquoi, poursuit Nietzsche, « pour son génie de l'architecture, l'homme s'élève loin au-dessus de l'abeille : celle-ci bâtit avec la cire qu'elle recueille dans la nature, lui avec la matière bien plus fragile des concepts qu'il ne doit fabriquer qu'à partir de lui-même*. Il faut ici beaucoup l'admirer – mais non pour son instinct de vérité, ni pour la pure connaissance des choses[8] ».

* Nietzsche se trompe ici et ses connaissances semblent un peu datées puisqu'on savait depuis plus d'un siècle que l'abeille fabrique la cire à partir de ses glandes dédiées (voir butinage n° 10, p. 106).

Car ce qui est admirable et tragique en l'homme, c'est cette capacité incroyable de croire dur comme fer en ce qu'il ne fait que produire : prendre pour du réel ce qui n'est qu'une représentation ; prendre pour du divin ce qui n'est qu'un besoin ; prendre pour une réponse ce qui n'est qu'une question. Telle est sa vitalité symbolique, à laquelle Nietzsche rend hommage à sa manière en usant à son tour de l'*hypersymbole* de l'abeille : la grandeur de l'homme ne vient pas tant de sa capacité à trouver le vrai par la raison, que de son aptitude à s'illusionner… à prendre des messies pour des lanternes, pourrait-on dire. Mais, contrairement à la science qui oublie ses artifices, l'art est une création *lucide et assumée* d'illusions et seul il est à même de rendre compte du réel dans sa diversité. L'art est plus vrai que la science, parce que l'un sait qu'il est faux tandis que l'autre croit qu'elle est vraie.

> À la construction des concepts travaille originellement […] le langage, et plus tard la science. Comme l'abeille travaille en même temps à construire les cellules et à remplir ces cellules de miel, ainsi la science travaille sans cesse à ce grand *columbarium* des concepts, au sépulcre des intuitions, et construit toujours de nouveaux et de plus hauts étages, elle façonne, nettoie, rénove les vieilles cellules, elle s'efforce surtout d'emplir ce colombage surélevé jusqu'au monstrueux et d'y ranger le monde empirique tout entier, c'est-à-dire le monde anthropomorphique[9].

Ce faisant, Nietzsche nous donne une clé précieuse pour comprendre le succès durable de la métaphore apicole qui survit au désenchantement moderne du monde et à la rationalisation de l'univers. Au fond, ce qu'il nous dit, c'est qu'il y a en l'homme un « instinct métaphorique » plus puissant encore que l'instinct de vérité et que l'homme est avant tout un être qui « se raconte des histoires ». La science n'est là qu'un récit parmi d'autres, sans doute *plus exact* que le mythe ou la religion, mais certainement pas *plus vrai* quant aux interrogations ultimes de la condition humaine.

Et il est en outre *très naïf* quant à sa capacité à éradiquer tous les mystères, les métaphores et les illusions sans comprendre que l'humain en a un besoin vital. C'est d'ailleurs ce que la suite de notre histoire va montrer de manière éclatante.

L'abeille dévoilée par le microscope lui-même

Où l'on voit l'abeille devenir objet de science sans rien perdre de sa faculté d'enchanteresse du monde

Le 29 septembre 1623 fut le jour où les abeilles ont envahi Rome. Non ! Il ne s'agit pas là du titre d'un film d'horreur, mais de la cérémonie fêtant l'élection du pape Urbain VIII (1623-1644), l'ami et néanmoins accusateur de Galilée. Le nouvel élu du trône de saint Pierre était le rejeton très cultivé de la puissante famille Barberini ; il en avait adopté les armoiries sur lesquelles figuraient trois abeilles. Aussi, pour bien marquer son nouveau règne, il fit couvrir la ville, lors de sa fête d'intronisation, d'une multitude de petites mouches à miel factices. Par la suite, tous les artistes qui voulaient entrer dans ses faveurs devaient manifester leur amour pour son insecte préféré. Ce fut alors un déferlement : on les trouve sur le baldaquin en bronze de la basilique Saint-Pierre (1633), la statue à son effigie et dans la fontaine du Triton (1642), trois œuvres réalisées par le Bernin. Elles ornent aussi la fresque *Triomphe de la divine providence* peinte par Pietro da Cortona dans le palais Barberini (1639), les nouvelles pièces de monnaie vaticanes… jusqu'à l'église Saint-Yves-de-la-Sapience tout entière conçue sur le modèle d'une ruche… Bref, partout s'étalait le logo Barberini devenu le symbole (quelque peu obsessionnel) de l'universalité et de l'éternité de la papauté[10].

Cette boulimie apicole ne fut pas sans conséquence sur la connaissance de notre chétif insecte fétiche. À l'Accademia dei Lincei (l'« académie des Lynx »), des savants venus de toute l'Europe utilisaient pour l'étudier les tout premiers microscopes, invention hollandaise, perfectionnée et promue à Rome par Galilée. Ils scrutaient de leurs yeux devenus perçants (d'où « lynx ») les petits animaux, les disséquaient et s'efforçaient de les classer. Ces premières recherches devaient permettre d'effectuer dans l'infiniment petit des révolutions similaires à celles qui étaient en cours, de manière bien polémique, dans l'infiniment grand grâce au télescope. D'ailleurs, la première représentation mondiale d'une image microscopique montre les abeilles. Il s'agit de la *Melissographia* de Francesco Stelluti (1577-1653) et Matthäeus Greuter (1564-1638), qui est une planche gravée dédiée au nouveau pape pour célébrer son élection. On y reconnaît les trois abeilles barbériniennes accompagnées de la reproduction de détails anatomiques minuscules observés à la lunette grossissante.

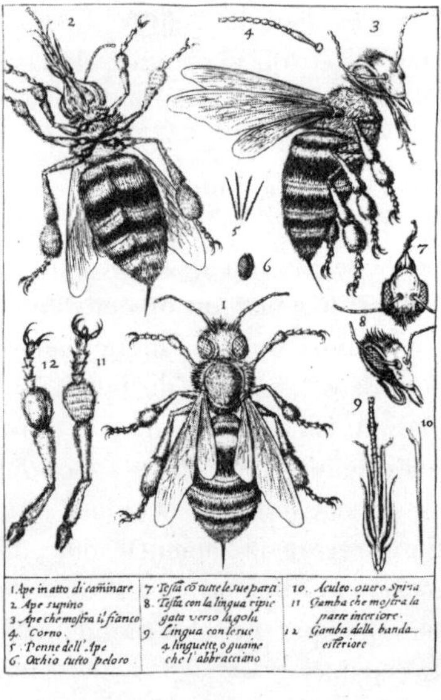

Figure 1. La première représentation microscopique est une abeille.

Cette mise à nu des abeilles constitue une petite révolution : car, avec elle, l'abeille (re)devient (comme au temps d'Aristote) un objet de connaissance. Durant le Moyen Âge, on l'a vu, les traités sur l'abeille, comme les autres traités d'histoire naturelle, étaient surtout des compilations de textes anciens, car il allait de soi que tout ce qui valait la peine d'être connu avait déjà été découvert par les grands esprits du passé : Aristote, Virgile, Pline, etc. La tâche principale consistait donc à compiler les citations de ces auteurs, pour tenter de reconstituer de la manière la plus fidèle des pensées dont il ne restait plus que des traces lacunaires ou corrompues. Cette pratique va perdurer jusqu'au XVIIIe siècle. Mais une autre méthode se met en place dès la fin du Moyen Âge, notamment à partir de l'encyclopédie d'Albert le Grand. Dans le contexte de la querelle des Anciens et des Modernes, l'idée se fait jour que les Autorités antiques n'ont peut-être pas ni tout vu, ni tout su, ni tout compris ! Il faut donc compléter, voire corriger cette source du savoir par des observations plus directes de la nature, et par des expérimentations qui, le cas échéant, la forceront à se dévoiler, comme on force un coupable à avouer par une habile pratique de la torture ! Dans certains cas, il convient donc de préférer la lecture du livre de la nature à celle des auteurs anciens. Ces deux méthodes, à vrai dire, vont longtemps coexister. Et la ruche sera le théâtre de leur combat non seulement pour les penser, mais aussi pour les éprouver. Retenons ces deux exemples, parmi beaucoup d'autres.

En 1646, un certain Alexandre de Montfort, capitaine luxembourgeois de l'armée impériale, fait paraître un *Pourtrait de la mouche à miel* où il reprend toutes sortes d'écrits des Anciens. Il mêle les récits fabuleux aux prétendues descriptions, faisant de longues digressions moralisantes opposant les qualités de l'abeille aux paresseux, ivrognes et autres gourmands, présentant une abeille parfaite, géomètre, mathématicienne, architecte prévoyante, médecin, pharmacienne, pouvant prédire l'avenir, être utilisée comme arme de guerre, etc. Passons : on retrouve chez lui tous les poncifs les plus rebattus*.

Mais, quelques années plus tôt, l'agronome ardéchois Olivier de Serres (1539-1619), promoteur de l'élevage du ver à soie, avait publié *Le Théâtre d'agriculture et mesnage des champs* (1600). Le ton et l'objectif sont totalement différents. Le chapitre XVI du livre V, intitulé « L'apier, ou ruschier, qui est la nourriture des mousches à miel », fait une synthèse tout à fait intéressante, mais souvent critique, à la fois des traités agronomiques romains, de certains usages apicoles pratiqués dans diverses régions d'Europe, du Languedoc aux Flandres, mais aussi d'observations personnelles. Dans sa préface, Olivier de Serres justifie ainsi son projet : « Ayant souvent et soigneusement lu les livres d'agriculture, tant anciens que modernes, et par expérience observé quelques choses qui ne l'ont encore été, que je sache, il m'a semblé être de mon devoir, de les communiquer au public [...]. C'est la liaison de la science et de l'expérience, je leur ajoute pour compagne, la diligence. » La « diligence », c'est-à-dire la mise en pratique, car « la science ici sans usage ne sert à rien et l'usage ne peut être assuré sans la science ». La théorie autorise la mise en application et la mise en application permet d'en vérifier la pertinence. On a ici une visée pratique, justifiant une forme de recherche, à la fois théorique et expérimentale, certes balbutiante et imparfaite, mais bien réelle. Alors bien sûr, pour Olivier de Serres, le miel est toujours issu de la rosée et la cire récoltée sur les fleurs ; certes, le rôle des « abeillauds » (les faux-bourdons) est toujours de rendre les abeilles plus actives ; sans doute la bougonie est-elle mentionnée bien que jugée sans intérêt, mais toutes ces erreurs de « tradition » restent relativement marginales par rapport à l'ensemble des conseils concernant

* À la même époque, l'Italien Ulisse Aldrovandi (1522-1605) assurait avoir identifié à plusieurs reprises dans le corps de bourdons coupés en deux, des « têtes de bœufs », signe infaillible de leur origine (bougonie). *Cf. De animalibus insectis*, Bologne, 1602. Voir également le livre de l'Anglais Thomas Moffet (1552-1604), *Insectorum sive minimorum animalium theatrum* (publication posthume, 1634).

l'implantation des ruchers, les matériaux à employer, la manière de construire et d'utiliser, notamment, ces ruches-troncs encore présentes dans certaines vallées cévenoles, les soins à apporter aux essaims, etc.

La révolution du microscope accélère ce mouvement d'enquête. Car en rendant visibles les mystères de la ruche et l'anatomie des mouches à miel, elle va stimuler les découvertes et lever les réticences*. Grâce à lui, le Hollandais Van Leeuvenhoek (1632-1723) décrit la structure de l'aiguillon, dont le roi (premier microscoop !) est bel et bien pourvu (voir butinage n° 14, p. 138) ; mais son compatriote Swammerdam (1637-1680) montre que le roi est une reine (deuxième scoop !). De son côté, l'astronome Giacomo Filippo Maraldi (1665-1729), entre deux observations des planètes Mars et Jupiter au télescope, s'amuse à mesurer la géométrie des alvéoles… On y reviendra.

Mais arrêtons-nous un instant sur le travail du grand naturaliste français René-Antoine Ferchault de Réaumur (1683-1757), esprit encyclopédique foisonnant et boulimique : géomètre de formation, mais aussi inventeur d'un thermomètre, créateur d'un incubateur à œufs, il s'intéresse aussi bien à la métallurgie qu'à la fabrication de la porcelaine ou des ancres marines, à la botanique qu'aux invertébrés marins. L'abeille ne pouvait donc pas lui échapper. Et pour pouvoir les observer à loisir, il met au point des ruches vitrées, pyramidales et démontables, qu'il décrira longuement dans le tome V de ses *Mémoires pour servir à l'histoire des insectes* (1740).

Réaumur aura aussi à cœur de formuler la teneur de cette nouvelle méthode en opposant le travail des naturalistes à celui des historiens. Pour ceux-ci, dit-il, l'unique source d'information vient des écrits de leurs prédécesseurs qu'ils doivent cependant utiliser de façon critique, « au lieu qu'il ne suffit pas d'avoir lu les auteurs qui

---

* Ainsi le membre de l'académie des Lynx Frederico Cesi continue de plaider pour la virginité des abeilles et la génération à partir de carcasses (*Apiarium*) contre son ami Fortunio Liceti (*De spontaneo viventium ortu*, Vicenza, 1618) qui défend la reproduction sexuée.

ont traité des abeilles, pour nous donner une nouvelle histoire de ces mouches [...] ; il faut les étudier elles-mêmes de nouveau, les suivre avec une grande attention ; s'assurer d'abord si tout ce que l'on nous en a dit est vrai... il n'est guère d'insecte qui ne puisse récompenser la patience d'un observateur attentif, en lui laissant voir des nouveautés singulières[11] ». Ainsi, « Swammerdam et M. Maraldi ont observé bien des particularités dans l'histoire des abeilles, qui avaient échappé aux Anciens ; des circonstances favorables m'en ont montré aussi, et même d'essentielles, que Swammerdam et M. Maraldi ne se sont pas trouvés à portée de voir. Je suis pourtant persuadé que ces mouches admirables ne m'ont pas tout montré à beaucoup près, qu'elles se sont réservé encore des mystères qu'elles pourront découvrir à quelqu'un qui les observera dans de nouvelles circonstances, et avec une nouvelle assiduité[12] ».

Par l'observation, l'étude des abeilles « s'historicise » ; un progrès dans cette étude par l'accumulation de nouvelles observations devient possible, progrès incluant la remise en question, la vérification de descriptions antérieures et leur rejet si celles-ci se révèlent inexactes. Pour citer Bacon, « la Vérité » devient ainsi « fille du Temps ».

De la sorte l'abeille se trouve mise à distance des hommes (voir florilège n° 19, « Pascal, l'abeille et le progrès des sciences », p. 262) : elle cesse d'être un miroir, pour devenir un simple objet d'étude. Le microscope en dénudant l'abeille l'aurait-il « désenchantée » ? Serait-elle donc devenue (enfin) un animal (presque) comme les autres ?

On peut en douter, et l'abeille oppose une résistance féroce à toute espèce de désenchantement. Nul mieux que Réaumur ne le formule ; car la science, toute méthodique, rigoureuse et rationnelle qu'elle soit, ne se coupe pourtant pas du sublime et du grandiose, bien au contraire : observer par soi-même, contrôler ce qui a déjà été dit, découvrir de nouvelles choses en étant conscient que d'autres mystères seront révélés plus tard, par d'autres... Tout cela a pour conséquence, dit Réaumur, que « le *faux merveilleux* qui leur a été attribué sera remplacé par du *merveilleux réel* qui a été ignoré[13] ».

Autrement dit, le merveilleux scientifique se substituera aux illusions des mythes et des fables. L'abeille réelle est un objet d'admiration au bout du compte bien supérieur à l'abeille symbolique et poétique. Et ce sera là tout l'enjeu de la « querelle des alvéoles » où s'opposeront, assez violemment Buffon, Réaumur et Condillac.

Butinage n° 18
Les chevaliers de l'ordre de la Mouche à miel

Les confréries des Jabotiers, du Pissenlit, de la Saint-Michel de Meyrueis de la Saucisse et de Fricandeau, des Gourmands Chevaliers de l'Image d'Épinal, de la Frottée à l'Ail, des Chevaliers de l'Entrecôte d'Erve et Vègre, du Pichet Bitord, de la Brasserie Fantôme, de los Trufaires de Vilanova de Menerbès, la Verte Confrérie de la Lentille du Puy, la Noble Confrérie de la Truffe Noire en Drôme des Collines, sans oublier les célèbres Chevaliers du Tastevin…

Arrêtons-nous là. Des pages pourraient être couvertes par l'énumération de ces regroupements de vaillants promoteurs des produits régionaux, synthèse burlesque des corporations médiévales et des ordres de moines soldats, descendants (presque) directs des confréries bachiques du Moyen Âge. Ils animent fêtes de village et foires gastronomiques par l'intronisation de nouveaux chevaliers, lesquels vont jurer, avant de recevoir toque, cape, canne et médaille, de protéger la meule et le bon vin, de promouvoir la spécificité régionale de tel chapon dodu, limaçon ventru, faisandeau ou fricandeau.

La plupart de ces nouveaux ordonnés ignorent sans doute qu'ils eurent d'illustres prédécesseurs au début XVIIIe siècle, certes moins directement orientés vers les produits alimentaires, mais ayant mis à contribution notre chère avette. L'ordre de la Mouche à miel était un ordre fantaisiste fondé en 1703 par la duchesse du Maine (Anne Louise Bénédicte de Bourbon), célèbre pour sa taille… de guêpe. Elle souhaitait attacher à sa personne la petite cour, en forme de salon, qu'elle avait rassemblée en son château de Sceaux. Cet ordre comportait, comme l'Académie, quarante membres parmi les plus prestigieux du temps, parmi eux : Fontenelle, Voltaire, Montesquieu, Mably, d'Alembert, Mme du Châtelet. Les statuts faisaient obligation de « prendre en protection toutes les espèces de mouches à miel, et de ne faire jamais mal à aucune, de se laisser piquer courageusement sans les chasser, quelque endroit de la personne qu'il leur plaise d'attaquer, soit mains, joues, jambes, etc., dussent-elles, de ces piqûres, devenir plus grosses et plus enflées que celles d'un majordome » ; et au cours d'une cérémonie solennelle le récipiendaire devait prononcer le serment suivant : « Je jure par les abeilles du mont Himette [montagne grecque célèbre pour son miel dans l'Antiquité] fidélité et obéissance à la dictatrice perpétuelle de l'Ordre, de porter toute ma vie la médaille de la Mouche et d'accomplir, tant que je vivrai, les statuts de l'Ordre ; et si je fausse mon serment, je consens que le miel se change pour moi en fiel, la cire en suif, les fleurs en orties et que les guêpes et les frelons me percent de leurs aiguillons. »

Les abeilles géomètres : la querelle des alvéoles

Où l'on voit un savant aveugle observer pour la première fois correctement la ruche

> « Les Castors ne sont sûrement pas plus ingénieurs ou architectes, que les abeilles ne sont Géomètres. »
>
> Charles Bonnet, *Œuvres d'histoire naturelle et de philosophie* (1791).

Par une belle journée du printemps 1740, Mme du Châtelet et Voltaire, tous deux membres éminents de l'ordre de la Mouche à miel (voir butinage n° 18) décident d'aller rendre visite à leur ami Réaumur, installé à Charenton. Ils emmènent avec eux un jeune mathématicien allemand fort prometteur, Samuel Koenig (1712-1757). Voici le récit que celui-ci fit de cette rencontre :

> Mme du Châtelet, M. de Voltaire et moi fûmes voir, il y a quelques jours, M. de Réaumur à Charenton. Cet habile physicien nous montra les ruches artificielles, dont il se sert pour obliger les abeilles de laisser voir les secrets de leur république. Ce qu'il va publier sur l'économie de ces animaux est admirable, et doit étonner les savants autant que les ignorants. La conversation que nous eûmes ce jour-là, nous ayant conduits à admirer beaucoup la régularité des petites loges hexagonales, où les abeilles mettent leur nourriture, et leurs petits, et qu'on nomme alvéoles, M. de Réaumur en prit l'occasion de me proposer un problème peu difficile, mais fort curieux, savoir si les abeilles construisent leurs alvéoles de la manière la plus parfaite possible, la plus géométrique, et si, de toutes les figures possibles, elles ont choisi celle où avec le plus d'espace dans l'alvéole elles dépensent cependant le moins de matière qu'il est possible[14].

Cette question du naturaliste au mathématicien reprenait un motif ancien : déjà Pappus d'Alexandrie (IVe siècle apr. J.-C.), un des plus remarquables mathématiciens de son temps, avait vu dans l'abeille une parfaite géomètre, une calculatrice hors pair et une économe de matière[15] ; et il ne faisait là que reprendre un constat très courant depuis au moins Pythagore. Une telle remarque ne doit pas être prise à la légère dans un contexte cosmologique : si un petit insecte est capable de rigueur géométrique, cela indique bien que l'univers tout entier est écrit en langue mathématique ; et que les nombres ne sont pas seulement des conventions, mais des réalités profondes, voire *les* réalités *les plus* profondes*. D'ailleurs, faut-il rappeler la formule qui ornait le fronton de l'académie de Platon ? « Que nul n'entre ici s'il n'est géomètre ! » Par où

* Le livre de Pappus fut redécouvert et traduit en latin en 1588. Son influence fut alors considérable, notamment sur l'astronome Kepler qui évoquera longuement la géométrie des alvéoles dans son ouvrage *L'Étrenne ou la Neige sexangulaire* (Paris, Vrin, 1975, p. 62 *sq*). Il s'agit d'une méditation, mêlant pythagorisme, animisme et mécanisme sur la géométrie du flocon de neige !

l'on voit, une nouvelle fois, que l'abeille mérite pleinement son agrégation et doctorat de philosophie. Mais Réaumur, et c'est la nouveauté, ne se contente pas du constat. Fidèle à sa méthode, il aspire à regarder les choses au plus près et dans l'exactitude la plus rigoureuse. D'où sa question au jeune Koenig libellée comme une épreuve du bac :

> Une quantité de matière de cire étant donnée, en former des cellules égales et semblables, d'une capacité déterminée, mais la plus grande qu'il soit possible par rapport à la quantité de matière qui y est employée et des cellules tellement disposées qu'elles occupent dans la ruche le moins d'espace qu'il est possible[16].

... Vous avez quatre heures !

Dans un mémoire, qui lui vaudra d'entrer à l'Académie des sciences de Paris (1740), Koenig démontre que les abeilles ont trouvé la solution optimale, à la fois la plus économique et la plus élégante. C'est ce travail que Réaumur intègre dans son propre *Huitième mémoire pour servir l'histoire des insectes*, l'un des neuf qu'il a consacrés à l'abeille.

L'ouvrage porte entièrement sur l'étude de la formation des rayons de la ruche et Réaumur ne tarit pas d'éloges sur la perfection de ce qu'il observe.

> Leurs gâteaux de cire sont de tous leurs ouvrages les plus dignes de notre attention... L'admiration croît pour eux à mesure que l'on les examine, je dois dire qu'on les étudie, car sans les progrès de l'analyse, et sans celui qu'elle a fait faire à la géométrie dans ces derniers temps, nous ne serions pas en état de savoir à quel point ils méritent d'être admirés[17].

Certes, écrit Réaumur, « Pappus a regardé les abeilles comme de grands géomètres », mais il aurait été encore plus admiratif s'il avait pu imaginer que les abeilles avaient résolu un problème inaccessible aux géomètres de son temps.

En effet, ce n'est pas seulement la structure hexagonale de la cellule qui est géométriquement admirable, c'est aussi son fond pyramidal, « formé de trois rhombes [losanges] égaux et semblables ». Chaque cellule étant située à la jonction de trois autres cellules situées sur la face opposée du cadre, le fond pyramidal est imbriqué entre les fonds de ces trois autres cellules. Au final, cet ensemble remarquable présente, parmi une multitude de possibilités, la solution la plus économique en cire garantissant à la fois le maximum de solidité et l'optimum d'espace.

> Dans une suite infinie de pyramides, les abeilles avaient donc à en choisir une et il est à présumer, ou plutôt il est certain et incontestable, qu'elles ont préféré celle qui rassemble le plus d'avantages ; car ce n'est pas à elles à qui l'honneur du choix est dû, il a été fait par une intelligence, qui voit l'immensité des suites infinies de tous genres, et toutes leurs combinaisons, plus lumineusement et plus distinctement que l'unité ne peut être vue par nos Archimèdes modernes[18].

Ainsi, pour Réaumur, il n'y a pas de doute possible ; le calcul n'est pas fait par les abeilles, mais par la seule intelligence omnisciente qui soit : Dieu. Celui-ci, comme Leibniz, l'avait dit, a créé le meilleur des mondes possibles, c'est-à-dire la plus grande perfection utilisant le moins de moyens.

> Si on ne veut pas les regarder comme des êtres très intelligents, on est forcé de reconnaître qu'elles ne peuvent être l'ouvrage que d'une intelligence infiniment parfaite et infiniment puissante. Bientôt l'admiration s'élève à celui qui leur a donné l'être ; mais bientôt on se demande pourquoi les a-t-il si admirablement instruites[19] ?

Et de proche en proche, on arrive à la perfection absolue de la Création : « Chaque être n'est ce qu'il est, que parce qu'il est une partie nécessaire à la perfection de l'ouvrage total[20]. »

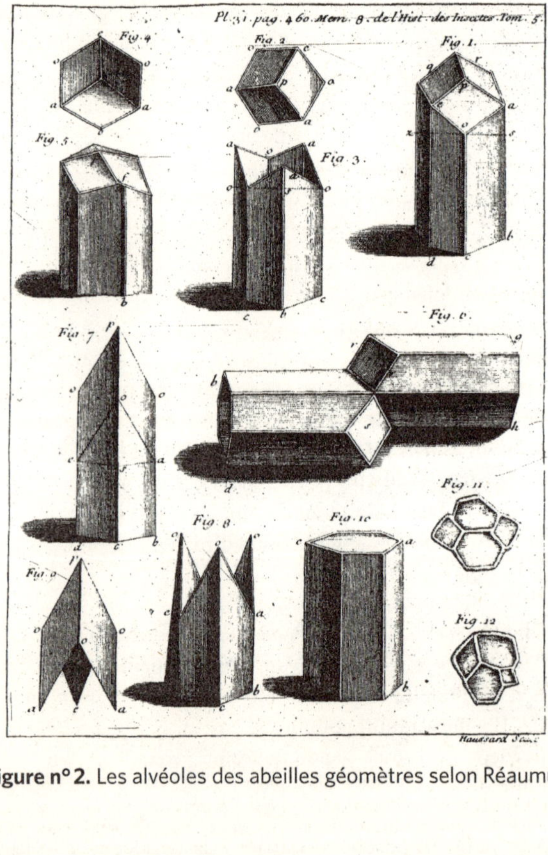

Figure n° 2. Les alvéoles des abeilles géomètres selon Réaumur.

Réaumur se refuse pourtant à voir dans les abeilles de simples rouages d'une immense horloge, car, dans ses expérimentations, il ne cesse de les contrarier afin de tester leur capacité d'adaptation. En dépit des obstacles posés, les abeilles retrouvent toujours leur stratégie de construction alvéolaire. « L'irrégularité n'est pas moins propre à donner idée du génie des abeilles » ; et plus encore de la grandeur de celui qui a su harmoniser tout cela. Ce qui fait de Dieu, bien plus qu'un grand horloger : c'est un véritable chef d'orchestre.

Réaumur ira même jusqu'à proposer, dans une époque avide d'unité de mesures incontestables, que l'alvéole de l'abeille soit choisi comme étalon universel. En effet, aucun produit naturel ne peut se prévaloir d'une telle stabilité, d'une telle constance mathématique : « Il est plus que probable [que les abeilles] d'aujourd'hui ne font pas des alvéoles plus grands ou plus petits que ceux que faisaient les abeilles qui travaillaient dans le temps où les Grecs et les Romains ont été le plus célèbres*. » Dépouillée par la science de ses anciens habits mythologiques, l'abeille se trouve aussitôt rhabillée en manteau théologique. L'abeille, elle-même désenchantée en devenant objet d'étude permet de chanter la Création. Où l'on entend comme par avance la phrase de Pasteur : « Un peu de science éloigne de Dieu, mais beaucoup y ramène. »

C'est cette conclusion qui va provoquer l'ire de Buffon (1707-1788). Le grand naturaliste du Roi, intendant du Jardin des Plantes, revient sur le sujet dans le quatrième volume de son *Histoire naturelle* qui en comptera trente-six. Paru en 1753, le livre contient un *Discours sur la nature des animaux* dans lequel Buffon entend bien régler son compte à Réaumur, à ses abeilles et à quelques autres**.

---

* Cette idée avait été proposée, semble-t-il, pour la première fois par Melchisédech Thévenot (1620-1692), écrivain et physicien, inventeur du niveau à bulle et passionné de récits de voyages. *Cf.* , « Problème IV : fixer la valeur de ces lieux ou mesures ... », *in Discours sur l'art de la navigation* (1681). *Cf.* Réaumur, *Mémoires ..., op. cit.*, p. 398. *Cf.* N. Dew, « The hive and the pendulum : Universal metrology and Baroque science », *in* O. Gal et R. Chen-Morris (éd.), *Science in the Age of Baroque*, Springer, 2013, p. 239-255.

** Notamment Nicolas Malebranche (voir florilège n° 8, p. 252), le théologien allemand Frédérick-Christian Lesser (1692-1754), auteur d'une *Théologie des insectes* en 1742, et l'abbé Pluche (1688-1761) qui publie en 1732 son *Spectacle de la nature*.

Pour lui, il n'est nécessaire de faire appel ni à l'intelligence divine ni à celle des abeilles pour expliquer la structure hexagonale des cellules d'un rayon. Ce résultat est la conséquence purement mécanique de l'interaction d'un grand nombre d'individus identiques circonscrits dans un espace restreint.

> L'intelligence apparente des abeilles ne vient que de leur multitude réunie [...]. Cette société n'est qu'un assemblage physique, ordonné par la nature, et indépendant de toute vue, de toute connaissance, de tout raisonnement. [...] Ces dix mille individus, fussent-ils encore mille fois plus stupides que je ne le suppose, seront obligés pour continuer seulement d'exister, de s'arranger de quelque façon[21].

Les résultats finaux ne peuvent en rien avoir été prévus par les éléments de départ, « ils ne dépendent que du mécanisme universel et des lois du mouvement établies par le Créateur. Qu'on mette ensemble dans le même lieu dix mille automates animés de force vive, et tous déterminés par la ressemblance parfaite de leur extérieur et de leur intérieur, et par la conformité de leurs mouvements à faire chacun la même chose dans le même lieu, il résultera nécessairement un ouvrage régulier[22] ». La figure hexagonale, source d'admiration pour beaucoup, est pour Buffon une chose très banale qu'on observe souvent dans la nature, résultat mécanique de la compression réciproque de corps cylindriques.

Buffon prolonge ainsi la démystification, démythification amorcée par Réaumur[23] : « Une mouche ne doit pas tenir dans la tête d'un naturaliste plus de place qu'elle n'en tient dans la nature et cette république merveilleuse ne sera jamais aux yeux de la raison qu'une foule de petites bêtes qui n'ont d'autre rapport avec nous que celui de nous fournir de la cire et du miel[24]. » Il faut traiter les abeilles en physicien au lieu de les proposer allégoriquement comme modèles moraux. En vérité, elles n'échangent pas, elles n'innovent pas, elles ne calculent pas, elles n'ont ni vertus morales ni talents politiques, elles ne sentent pas (comme nous). Il faut donc remettre à leur place ces petites créatures qui se situent au dernier degré du monde animal, huîtres et polypes exceptés, loin derrière les singes, les chiens et les éléphants… sans parler, bien sûr, des humains.

Mais c'est là sans doute que le désenchantement buffonien commence à dépasser sa cible. Car il ne se contente pas de dépouiller l'abeille des couches métaphoriques qui l'ont recouverte depuis des siècles, de l'épurer de ses thématiques symboliques, il en vient à réduire la ruche à un simple agrégat d'automates identiques. En voulant désanthropomorphiser l'abeille, il la mécanise, voire la réifie. Certes, il prend ses distances avec la thèse cartésienne des animaux machines qu'il juge trop sommaire (voir butinage n° 19, p. 205), mais il envisage les bêtes comme de purs agencements moléculaires. Cela l'expose bien sûr aux accusations des théologiens (où trouver Dieu dans ce Meccano ?), mais surtout cela ne permet pas de rendre compte des remarquables possibilités d'adaptation de l'essaim que Réaumur avait ingénieusement mises au jour.

Celui-ci, comme tétanisé par la puissance polémique de son jeune adversaire, ne parviendra pourtant guère à se défendre. Il se contentera de se plaindre à son collègue et ami Charles Bonnet (1720-1793), lui aussi féru de ruche : « Tout le malheur des abeilles et des autres insectes, lui écrit-il, est que je les aime et ose les admirer. C'en est assez pour faire parler d'eux avec mépris M. de Buffon et toute sa clique[25]. »

Dans cette polémique intervient alors un autre grand nom : Étienne Bonnot de Condillac (1714-1780). Abbé mais néanmoins philosophe, empiriste de surcroît, il va s'efforcer de tracer dans son *Traité des animaux* (1755) une voie médiane entre Réaumur et Buffon. Contre eux, il n'hésite pas à rendre aux animaux la faculté de sentir, de communiquer, de penser, même d'inventer… Ce qui lui fait dire : « Nous ne verrons jamais entre [les hommes et les bêtes] que du plus ou du moins[26]. » Cela vaut aussi pour les abeilles. D'ailleurs, Condillac prolonge, contre Buffon, les expérimentations de Réaumur qui montrent que, en dépit des obstacles et des contraintes, les abeilles finissent toujours par assembler leurs matériaux et construire leurs gâteaux de cire ; elles savent aussi corriger leurs propres erreurs, ce qui interdit de les considérer comme des simples rouages d'une machine. Mais, contre Réaumur, cette organisation, voire cette synergie collective, ne peut être tout entière imputée à un grand Planificateur divin ; elle trouve sa source dans les bestioles elles-mêmes. Que celles-ci soient produites par « une cause première, indépendante, unique, immense, éternelle, toute-puissante, immuable, intelligente, libre et dont la providence s'étend à tout[27] » n'enlève rien à leurs capacités propres, qu'on aurait tort de négliger.

Cette solution élégante et subtile de la querelle des alvéoles va être illustrée et renforcée par l'intervention d'un nouveau protagoniste tout à fait étonnant. Il se nomme François Huber (1750-1831), il est suisse et se présente comme un modeste disciple de Réaumur. Ce savant amateur, tout heureux de correspondre avec les célébrités de Paris, a une particularité : il est aveugle ! Un peu gênant quand on entend (si l'on peut dire) observer les abeilles. Mais on pourrait penser que c'est ce handicap qui lui permet de débloquer la situation et mettre un terme à la querelle. Contraint de concevoir ce qu'il faut voir, il va mettre au point, assisté par son fidèle et passionné serviteur, François Burnens, des procédures expérimentales d'une ingéniosité remarquable. Son ouvrage, *Nouvelles observations sur les abeilles*, paraît en 1802, précédé par une correspondance intense avec tous les grands spécialistes du moment.

Même s'il est rempli d'admiration à l'égard de Réaumur, Huber contribue à dégonfler le mythe de l'abeille géomètre. Comme en passant, il cite, dans une note, les analyses d'autres mathématiciens qui ont simplifié la formulation du sujet. Il ne s'agit en fait que d'un banal problème de division d'un segment en deux, dont la résolution est à la portée du premier venu. En voici le libellé (dû à un certain Le Sage) et le commentaire par Huber :

Étant donné l'inclinaison mutuelle de deux plans, par exemple 120 degrés ; les couper par un troisième plan, de façon que les trois angles qui en résultent soient égaux. » C'est là un problème qu'un artisan très borné pourrait résoudre avec des instruments fort simples. Car il suffit pour cela qu'il sache trouver le milieu d'une droite proposée ; ce que des insectes même peuvent aisément faire avec leurs pattes. Et c'est cependant à cela seul, que se réduit le fameux problème du minimum, dont on est si surpris de trouver la résolution dans le fond de l'alvéole d'une abeille ; lequel consiste à employer à ce fond le moins de cire possible, sans diminuer la capacité de l'alvéole ; et auquel on a employé, sans nécessité, tout l'appareil du calcul de l'infini[28].

Le miracle disparaît (voir figures 3 et 4). Ce qui, du même coup, rend Huber beaucoup moins disert sur l'« intelligence infiniment parfaite et infiniment puissante » induite de la supposée perfection des cellules. Même s'il mentionne parfois la « sagesse ordonnatrice », il reste très en deçà des élans lyriques de Réaumur.

La critique adressée à Buffon est beaucoup plus explicite. Elle pointe sa « grossièreté », sa superficialité et sa méconnaissance du travail des abeilles. Le maître du Jardin des Plantes est présenté comme un « auteur célèbre, peintre plutôt qu'observateur fidèle de la nature ». Huber rappelle avec une pointe de mépris que Buffon « croyait que les abeilles établissaient un gros massif de cire, dans laquelle elles creusaient ensuite des cavités par la pression de leur corps[29] ». On ne saurait se tromper plus lourdement.

Entre l'abeille génialement programmée par le Grand Architecte de Réaumur et l'abeille petit automate stupide de Buffon, Huber trace sa propre voie en décrivant minutieusement la succession des opérations pour la construction des alvéoles.

Tout d'abord, une abeille dépose seule de la cire à un endroit : « C'est toujours une abeille qui choisit et détermine la place de la première cavité ; celle-ci une fois établie sert à diriger tous les travaux ultérieurs[30]. » Ensuite, une autre abeille vient façonner cette cire ;

LA RUCHE EN FEUILLETS .

TOME I . PL. I.

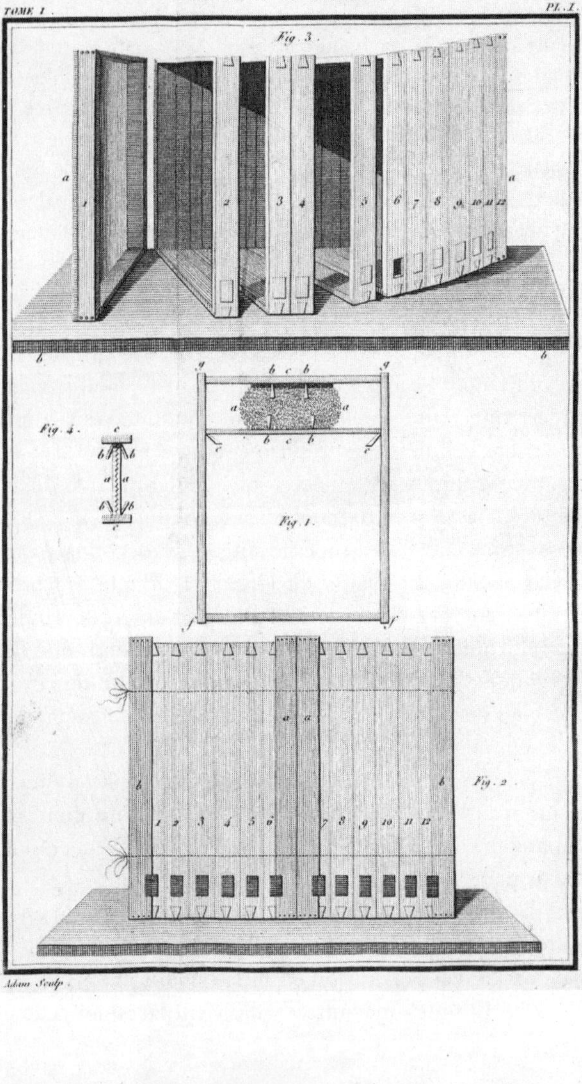

Adam Sculp .

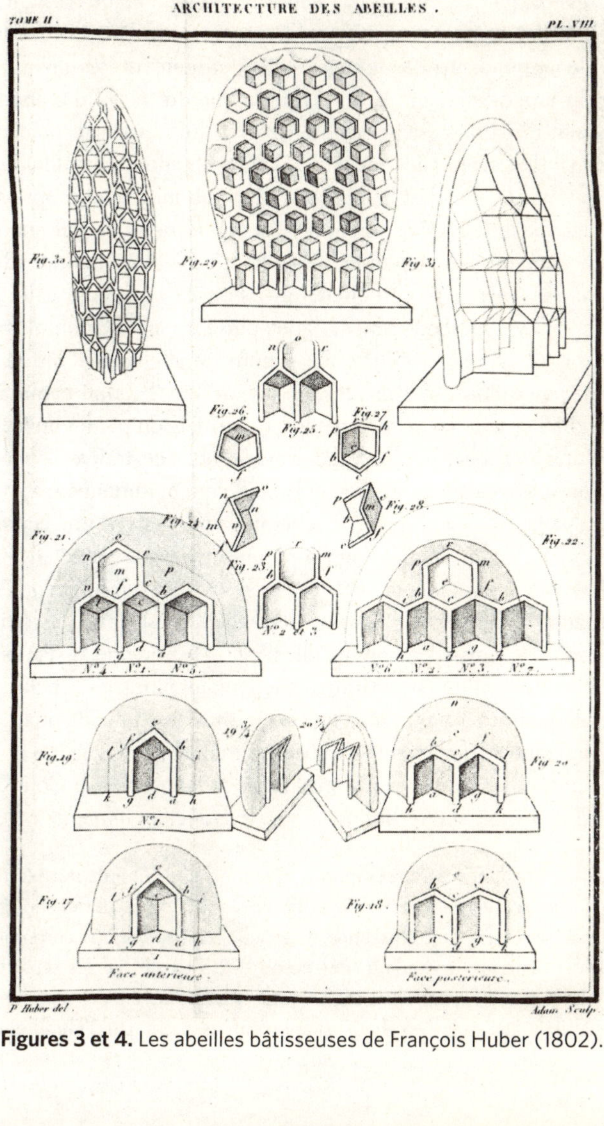

Figures 3 et 4. Les abeilles bâtisseuses de François Huber (1802).

progressivement, le chantier se déploie, chaque abeille agissant en fonction de ce qui a été fait précédemment, tant dans la construction du premier rayon que dans le positionnement des rayons les uns par rapport aux autres. « Chaque partie du travail des abeilles paraissait une conséquence naturelle de celui qui l'avait précédé ; ainsi le hasard n'avait aucune part aux résultats admirables dont nous étions témoins[31]. » C'est là un mode de fonctionnement propre aux insectes sociaux. La construction de leur nid ne nécessite aucune instance organisatrice ou directionnelle. C'est « le travail individuel de chaque ouvrier constructeur [qui] stimule et oriente celui du voisin ». Cette méthode sera désignée plus tard, par l'entomologiste Pierre-Paul Grassé (1959), sous le nom de *stigmergie* (formé de *stigma* : aiguillon et *ergon* : travail, action). « Chacune paraît agir individuellement dans une direction imprimée, ou par les ouvrières qui l'ont précédée, ou par l'état dans lequel elle trouve l'ouvrage qu'elle est appelée à continuer, et l'abeille qui commence une nouvelle opération y est elle-même acheminée par l'effet d'une certaine harmonie qui doit régner dans la progression des travaux[32]. »

La conséquence théorique de ce processus, c'est que « la géométrie qui paraît briller dans les ouvrages des abeilles est plutôt le résultat nécessaire de leurs opérations qu'elle n'en est le principe[33] ». Par où le disciple de Réaumur en expérimentation rejoint plutôt les conclusions de Buffon : il n'y a aucun plan préconçu, mais une sorte de processus auto-organisé. Simplement, ce processus met en jeu des agents doués de qualités incontestables. Par où Huber se rapproche de Condillac quand il écrivait contre Buffon dans son *Traité des animaux* :

> L'abeille a bien d'autres rapports avec nous que celui de nous fournir de la cire et du miel. Elle a un sens intérieur matériel, des sens extérieurs, une réminiscence matérielle, des sensations corporelles, du plaisir, de la douleur, des besoins, des passions ; des sensations combinées, l'expérience du sentiment : elle a, en un mot, toutes les facultés qu'on explique si merveilleusement par l'ébranlement des nerfs[34].

C'est donc inspiré par Condillac que Huber peut renvoyer Réaumur et Buffon dos à dos. Il s'oppose aussi bien au premier qui « leur attribue souvent des intentions combinées, de l'amour, de la prévoyance, et d'autres facultés d'un ordre trop élevé » qu'au second qui « traite injustement les abeilles comme de purs automates ». La nature n'ayant pas doté les abeilles d'intelligence, c'est par l'attrait du plaisir qu'elle incite les insectes à leurs différentes tâches. « Lorsque les abeilles bâtissent leurs cellules, lorsqu'elles soignent leurs vers, lorsqu'elles récoltent des provisions, il ne faut chercher là, ni plan, ni affection, ni prévoyance ; il ne faut y considérer, comme moyen déterminant, que la jouissance d'une sensation douce, attachée à chacune de ces opérations[35]*. »

Sans vouloir ressasser le lieu commun de la clairvoyance, paradoxalement associée, au moins depuis Homère, à la cécité, on ne peut que remarquer la fécondité de cette technique d'observation à deux, où l'un regardait et décrivait à l'autre qui, lui, interprétait, synthétisait et orientait les expériences, avec un recul, une forme de hauteur, certes imposés par le handicap, mais finalement d'une efficacité remarquable. Quand on considère tous les obstacles sur lesquels avaient buté leurs prédécesseurs qui se trouvent avoir été surmontés par ce duo complémentaire du maître aveugle et de son serviteur, on peut vraiment dire qu'avec eux et le changement de siècle, l'étude des abeilles devient objet de science au sens contemporain du terme.

La contribution de Huber est inestimable (voir butinage n° 20, p. 206). On assiste avec lui à une véritable rupture « apistémologique », où l'abeille désenchantée est soumise à un protocole de recherche rigoureux basé sur la prédictibilité des expérimentations,

---

* La puissance géométrique de l'abeille n'a pas fini de faire parler d'elle. En 2001, le mathématicien Thomas C. Hales, professeur à l'Université de Pittsburgh, a démontré ce qu'on appelle la *conjecture du nid d'abeilles*. Cette conjecture, qui semblait intuitivement évidente à Pappus d'Alexandrie, était restée sans démonstration formelle. En fait, Hales a démontré que de tous les découpages du plan en régions de même aire, c'est le pavage en hexagones réguliers qui a le plus petit périmètre. Comme les alvéoles logent des œufs de même forme et de même volume, les abeilles optimisent donc de façon absolue la quantité de cire nécessaire à la construction des nids.

la réfutabilité des hypothèses et la mise à distance de tout regard symbolique. Grâce à lui, bien des questions laissées sans réponse depuis l'Antiquité vont se trouver résolues. Il nous apprend que le pollen n'est pas cette matière à cire dont parlait Réaumur, mais a un rôle essentiel dans l'alimentation des larves ; il révèle que la cire provient de la sécrétion des glandes cirières favorisée par l'ingestion de matières sucrées ; il prouve que la reine s'accouple en vol à l'extérieur de la ruche ; il démontre que les ouvrières sont des femelles porteuses d'ovaires plus ou moins atrophiés, et bien d'autres choses encore.

La voie est ainsi ouverte pour tous les travaux et découvertes qui, au cours des deux siècles suivants, vont porter sur les abeilles. Ainsi, dans le cadre de la théorie de l'évolution, Darwin décrira un processus plausible expliquant la perfection géométrique des rayons de la ruche (voir florilège n° 20, p. 263). Citons aussi pour mémoire les célèbres danses de recrutement, mises en évidence par Karl von Frisch, sorte de « langage » des signes apte à décrire aussi bien la localisation d'une source de nourriture que de vanter les mérites d'une cavité susceptible d'accueillir un essaim en errance ; les capacités sensorielles et la mémoire visuelle conférant à chaque abeille la faculté de s'orienter précisément à l'intérieur d'un périmètre de plusieurs kilomètres de diamètre autour de la ruche ; plus récemment tous les travaux sur le comportement social (Rémy Chauvin) et l'« intelligence en essaim » (voir chapitre 6)… Le merveilleux réel, auquel aspirait Réaumur, a définitivement remplacé ce faux merveilleux qui, depuis la nuit des temps, obscurcissait la vision que l'on pouvait avoir de l'abeille. Notre petit insecte serait-il entré dans les strictes limites de la simple raison ? Aurait-il perdu toute espèce de magie sous le regard perçant du microscope, avec l'analyse complète de son génome, dans l'élucidation méticuleuse de son comportement ? Bref, l'abeille se serait-elle banalisée en devenant objective ? Regardons donc d'un peu plus près cette nouvelle abeille hypermoderne que la science a fait naître, débarrassée enfin (?) de tous les voiles mythologiques, cosmologiques ou théologiques, métaphoriques ou allégoriques, analogiques ou symboliques, autrement dit, de tous ses atours fabuleux et affabulateurs qui en masquaient la vérité.

Butinage n° 19
Abeilles, abeilles, avez-vous donc une âme ?

Le débat eut lieu au XVIIe siècle dans la postérité de la thèse cartésienne des « animaux machines ». Pour Descartes, en effet, tous les comportements animaux, même les plus sophistiqués peuvent être comparés aux mouvements d'une horloge particulièrement ingénieuse. De même que les montres donnent l'heure plus précisément que n'importe quel homme, les animaux agissent sans conteste de manière plus adaptée que les humains. Mais l'homme dispose en outre d'une âme qui le rend à la fois sensible (souffrant) et rationnel.

Nombreux seront les cartésiens qui vont utiliser l'abeille pour étayer la thèse de leur maître. On peut ainsi citer : Nicole Pierre Macy (*Traité de l'âme des bêtes avec des réflexions phisiques et morales*, Paris 1737, a 11, p. 140-148) ; Ambroise d'Illy d'Ambrune (*De l'âme des bêtes où après avoir démontré la spiritualité de l'âme de l'homme, l'on explique par la seule machine, les actions les plus surprenantes des animaux*, Lyon, 1676, c. 19, p. 234-237) ; ou encore Jean M. Darmanson (*La Beste degradée en machine, divisée en deux discours*, Amsterdam, 1681, livre II, p. 82 *sq*).

Certains de leurs adversaires défendront l'idée d'une âme des bêtes en général et des abeilles en particulier, mais en la considérant comme la partie infime d'une grande « âme du monde ». Ce seront, par exemple, Hieronymus Rorarius (*Quod animalia bruta ratione utantur melius homine libri duo*, Amsterdam, 1654, livre II, p. 95) ou encore Gilles Morfouace de Beaumont (*Apologie des bêtes ou leur connaissance et raisonnements prouvés contre le système des philosophes cartésiens, qui prétendent que les brutes ne sont que des machines automates : ouvrage en vers*, Paris, 1732, p. 155-191).

On pourrait montrer que le débat, qui se rejoue à plusieurs reprises depuis l'Antiquité tardive, oppose à trois options :

• la première (position cosmologique) considère que la nature est un grand être vivant dont l'harmonie se retrouve aussi bien dans le mouvement régulier des étoiles que dans la géométrie des alvéoles des abeilles ;

• la deuxième (position théologique) pense que la nature a été créée par une Intelligence suprême dont le génie se retrouve même dans les êtres les plus insignifiants comme les abeilles. À la limite, on pourrait dire (avec Porphyre et Michelet) que les abeilles *n'ont* pas d'âme, elles *sont* des âmes ;
• la troisième position du débat est à la fois anticosmologique et antithéologique. Inspirée par l'épicurisme, elle affirme que la nature est le résultat contingent et temporaire d'un jeu de forces aveugles qu'il est possible de décrire selon les seules règles de la mécanique et sans avoir d'un « Grand Mécanicien ». Les abeilles seront alors considérées comme de simples rouages d'une machine aveugle... ou, si l'on suit Darwin, d'une « sélection naturelle » (voir florilège n° 20, p. 263)[36].

Butinage n° 20
Tout ce que vous avez toujours voulu savoir sur le sexe des abeilles... (3) Les découvertes de François Huber

Avec François Huber, bien des questions irrésolues depuis l'Antiquité vont être définitivement réglées. Nous avons déjà évoqué ses découvertes sur l'origine du matériau-cire (*cf.* butinage n° 10, p. 106), mais la rupture principale va concerner le mystère de la reproduction des abeilles.

La fécondation de la reine

Lorsqu'on lit, dans les *Nouvelles observations sur les abeilles*, la lettre première « sur la fécondation de la Reine-Abeille », on a comme une impression de *déjà lu*. On se souvient qu'Aristote (chapitre 2) avait, avant de présenter sa solution, fait l'inventaire des différentes hypothèses avancées en son temps : le couvain vient-il du dehors de la ruche, ou seul celui des faux-bourdons provient-il de l'extérieur ? Chaque individu d'un genre (caste) naît-il d'un accouplement de ses semblables ou tous les genres sont-ils issus d'un seul genre (les chefs), ou bien encore viennent-ils de l'accouplement des abeilles et des bourdons ?
François Huber procède de la même manière en exposant l'opinion de différents naturalistes. Ainsi pour Swammerdam, la fécondation se

ferait par une forte odeur dégagée par les organes des mâles, thèse qui s'appuie sur la disproportion entre lesdits organes et ceux de la reine ; elle permettait également de rendre compte du grand nombre de mâles dans la ruche. Réaumur, pour sa part, croyait à la réalité de l'accouplement, mais jamais il ne put l'observer. Et même lorsqu'il tenta de confiner une reine vierge avec de gaillards faux-bourdons, celle-là se contentait de faire, selon son dire, « beaucoup d'agaceries aux mâles » ; mais de passage à l'acte, point ! D'après un autre naturaliste anglais de l'époque, M. de Braw, la fécondation se ferait à la manière des poissons, directement sur les œufs, après la ponte. Quant à M. Hattorf, il pensait que la reine se fécondait elle-même sans avoir recours aux mâles, car il avait cru observer qu'une reine vierge (soi-disant) placée dans une ruche privée de mâles, pondait quelques jours après des œufs fécondés. Huber et Aristote se rejoindraient-ils à quelque vingt-trois siècles de distance ? En fait, c'est précisément cette apparente similitude dans la démarche qui permet de pointer tout l'écart entre les deux approches. Là où Aristote restait à un niveau logique, réfutant les hypothèses avancées en jugeant de leur cohérence cosmologique, Huber expérimente de façon rigoureuse et répétée chacune des solutions étudiées, chaque thèse rejetée étant testée de manière à ne laisser aucun doute sur sa non-validité, avec « l'obligation pour l'observateur, de répéter mille et mille fois ses expériences, pour obtenir la certitude qu'il voit les choses sous leur véritable point de vue[37] ».

La solution du mystère de la fécondation de la reine-abeille jaillira de ce qui était apparu dans un premier temps comme une impasse expérimentale. En invalidant les hypothèses de ses prédécesseurs, Huber arrivait à cette observation paradoxale : une reine reste stérile aussi bien si elle est placée dans une ruche dont les mâles sont exclus que si elle est forcée à cohabiter avec eux sans qu'ils puissent en sortir.

Huber avoue son découragement, jusqu'à ce qu'il se rende compte que le dispositif empêchant les mâles d'entrer ou de sortir a également comme effet secondaire de confiner la reine à l'intérieur de la ruche. Tout se passe donc comme si celle-ci restait stérile du fait de sa réclusion. Une autre hypothèse se dessinait : la fécondation ne pourrait-elle se dérouler qu'en dehors de la ruche ?

Pour tester son intuition, Huber met en place, avec son fidèle serviteur, un protocole d'observation à l'entrée d'une ruche où une jeune reine vient de naître. Celle-ci, après un premier tour de repérage, s'envole hors de la ruche ; elle reste absente vingt-sept minutes exactement. Et à son retour, il faut le constater : l'accouplement a eu lieu ! La preuve ? Des parties génitales d'un bourdon sont encore fixées à la vulve. Deux jours après, sa ponte commence. Huber multipliera les vérifications en faisant varier les modalités de l'expérience, pour pouvoir confirmer cette première observation qui apportait enfin une réponse à une question ouverte depuis plusieurs siècles.

Prédictibilité et réfutabilité : l'observation des abeilles était vraiment devenue une discipline scientifique partie intégrante des sciences de la nature.

Le sexe des ouvrières

Une autre découverte de Huber concerne le sexe des ouvrières[38]. La croyance, développée par Aristote et toujours partagée par Swammerdam et Réaumur, selon laquelle les ouvrières-abeilles n'auraient pas de sexe ou seraient neutres sexuellement parlant, va être remise en cause et démontée par Huber. La découverte par un pasteur-apiculteur allemand, Adam Gottlob Schirach (1724-1773), de la capacité qu'ont les abeilles (à la base de toutes les techniques actuelles permettant la réalisation d'essaims artificiels) de remplacer une reine absente à condition qu'elles aient à leur disposition du couvain d'ouvrières de moins de trois jours, semblait prouver que « les abeilles étaient du sexe féminin, et qu'il ne fallait pour qu'elles devinssent de véritables reines, que certaines conditions matérielles, comme une nourriture particulière et un logement plus vaste[39] ». Huber vérifie les expériences de Schirach. Elles corroborent l'observation selon laquelle à la suite d'une absence prolongée de la reine, des abeilles peuvent devenir fécondes (nous parlons aujourd'hui d'ouvrières pondeuses).

Cette découverte va susciter de nombreuses réserves et se heurter à de multiples résistances notamment de la part de Charles Bonnet (1720-1793), un des maîtres de Huber. En effet, une telle éventualité semblait renouer avec une forme d'obscurantisme ; transformation réelle aux forts relents d'alchimisme, à mettre au même niveau que la « génération équivoque » (une espèce en engendre une autre), ou que la bougonie et autre génération spontanée (*cf.* butinage n° 3, p. 32), cette hypothèse était tout simplement insupportable à des esprits éclairés de la fin du XVIIIe siècle. Comment d'un même œuf peuvent naître aussi bien « une reine d'une prodigieuse fécondité, mais inhabile aux travaux de tous genres que l'on observe chez les abeilles, ou une ouvrière stérile, mais capable de l'industrie la plus étonnante : ces deux modes d'existence s'excluent mutuellement[40] ? ».

Bonnet, inspiré par Malebranche et Leibniz, était partisan du préformationnisme et de la thèse de l'emboîtement des germes, tendance ovisme. Traduction : chaque être existe « préformé » dans le germe, le développement de l'embryon étant simplement la croissance de cet être minuscule ; lors de la Création du Monde, le premier être de chaque espèce contenait déjà en lui les germes emboîtés de toutes les générations à venir. Pour Bonnet, chaque être préexiste dans l'œuf, le sperme ne sert que comme déclencheur de la croissance, thèse finalement assez cohérente avec sa découverte de la parthénogenèse des pucerons chez qui il avait pu observer onze générations successives se faire sans fécondation. La version « mâle » du préformationnisme, l'animalculisme, avait été étayée avec la découverte par Van Leeuwenhoeck (1632-1723) des spermatozoïdes : le futur être s'y serait trouvé préexistant en miniature, l'ovule servant alors simplement de milieu nourricier.

Mais une troisième thèse du développement embryonnaire, déjà présente chez Aristote, se manifeste à nouveau à la fin du XVIIIe siècle, l'épigenèse[41]. Il ne s'agit plus ici « simplement [du] développement "en grand" de l'individu déjà tout constitué dans l'œuf », mais du développement d'une forme organique à partir de l'informe, d'une « autodifférenciation et croissance graduelle à partir du mélange amorphe des semences » (p. 42). Et même s'il n'en utilise pas le terme, les expérimentations d'Huber vont être une justification éclatante de ces thèses épigénétiques.

Nous avons déjà vu qu'il n'a rien d'un polémiste et son admiration et son respect à l'égard de Bonnet sont trop grands pour qu'il l'affronte directement, mais sa démonstration sera néanmoins sans appel.

Pour Huber, il y a une explication rationnelle possible à ce que les ouvrières soient des femelles, et cette explication est dans sa formulation, à la fois une description et une justification de l'épigenèse : les deux modes d'existence de la reine ou de l'ouvrière doivent être en germe dans l'œuf, et dans ce cas précis de l'abeille-femelle il n'y a pas « un », mais « deux » développements possibles. « On sera donc conduit à cette réflexion, que cet être qui n'est encore ni reine ni ouvrière, que le ver avant trois jours possède les germes de l'insecte industrieux et de l'insecte susceptible de fécondité ; le germe des organes des deux animaux, l'instinct de l'abeille ouvrière et celui de l'abeille mère non développés, mais susceptibles de l'être, suivant la direction donnée par les circonstances de l'éducation. Dans l'un des cas, les facultés génératrices seront étouffées ou resteront sans développement ; dans l'autre ce seront les facultés industrielles[42]. » Il n'y a pas transformation, mais de deux développements possibles, un seul est effectif, l'autre restant inhibé. La seule façon de valider de façon irréfutable cette hypothèse ne pouvait être, une fois de plus, que l'observation. Il fallait s'obstiner à découvrir ces ovaires qui devaient forcément exister chez les ouvrières, ne serait-ce qu'à l'état de traces ; il fallait affiner les préparations et les techniques de dissection. Huber confia cette tâche à une naturaliste particulièrement habile et compétente, Mlle Jurine, qui finit par découvrir ce qui avait échappé aux Swammerdam, Réaumur et Bonnet : la présence d'ovaires, certes atrophiés mais parfaitement identifiables. La preuve était enfin faite que les *chrestai melissai* (les « meilleures abeilles ») d'Aristote ont bien un sexe ; ce sont des femelles comme la reine, issues d'une même larve, mais ayant eu un développement différent, suite notamment à une alimentation différente (la gelée royale). Comme dans la recherche de l'accouplement des reines, la réflexion théorique a orienté l'observation, elle a construit l'expérimentation, elle a anticipé et prédit le résultat d'une expérience qui, en retour, a validé l'hypothèse de départ. Cette hypothèse valide à son tour une théorie épigénétique du développement embryonnaire et lorsque le débat va ressurgir ces dernières années entre, d'une part, les tenants de cette forme réactualisée du préformationnisme, qu'est le rôle absolu attribué au code génétique dans la formation de l'embryon, et, d'autre part, les partisans de l'épigénétique moderne, à savoir d'une expression différenciée des gênes en fonction de l'environnement, quel est à votre avis un des premiers exemples utilisés ? C'est évidemment l'abeille comme dans ce passage d'un livre de l'excellent Jean-Claude Ameisen :

« Dans chaque espèce vivante, diverses composantes de l'environnement se réimpriment à chaque génération, influencent la façon dont les corps se construisent...

« Mais dans de nombreuses espèces, c'est la nature de l'environnement social, les modalités d'interactions avec d'autres membres de la même espèce, qui influera sur les modalités de construction du corps...
Chez les insectes sociaux, comme les abeilles, deux cellules œufs génétiquement identiques peuvent se développer selon deux modalités radicalement différentes en fonction de leur environnement extérieur – la nature de la nourriture fournie par les ouvrières... L'ouvrière et la reine ne diffèrent pas seulement par la forme de leur corps, leur stérilité ou leur fertilité, leur espérance maximale de vie, mais aussi par leur comportement, etc. : près de six cents gènes sont utilisés de manière différente par les cellules du cerveau des abeilles ouvrières et des abeilles reines[43]. »

CHAPITRE 6

L'abeille hypermoderne

L'abeille hypermoderne est-elle vraiment débarrassée de tous ses voiles mythologiques, cosmologiques, théologiques, métaphoriques ou allégoriques qui la paraient depuis la nuit des temps ?

Définitivement débarrassée de tous ses voiles ? Rien n'est moins sûr et le lecteur curieux pourra, pour s'en convaincre, se reporter au florilège n° 21 (p. 265). Il y lira quelques extraits de préface, postface ou conclusion d'ouvrages récents, incontestables sur le plan scientifique, rigoureux, parfaitement documentés, mais dont les auteurs ne peuvent s'empêcher, en fin ou en début de parcours, d'extrapoler, d'exagérer et de renouer avec les discours symboliques du passé.

Rien n'aurait donc changé ? On retrouve là intacts mythe, cosmos, voire théologie. Tout se passe comme si un fonds ancestral se glissait dans ces interstices où les savants se « lâchent », abandonnent leur objectivité impersonnelle et laissent sourdre, pour ainsi dire entre les lignes, les archétypes de la symbolique apicole. Voici la démonstration à l'âge hypermoderne…

La ruche 2.0

Printemps 2010 : quarante-deux ans après son fameux appel du 22 mars 1968, Daniel Cohn-Bendit se décide à en lancer un nouveau. Nous sommes au lendemain du second tour des élections régionales qui ont vu Europe Écologie remporter un beau succès. Profitant de la vague, son porte-parole plaide dans une tribune parue dans *Libération* pour une régénération de la vie politique autour de la cause écologique. Son idée ? La promotion d'une organisation inédite qui transcenderait les « vieilles cultures politiques », et prendrait la forme d'une « coopérative politique ». Voici son rêve :

> J'imagine une organisation pollinisatrice, qui butine les idées, les transporte et les féconde avec d'autres parties du corps social. En pratique, la politique actuelle a exproprié les citoyens en les dépossédant de la Cité, au nom du rationalisme technocratique ou de l'émotion populiste. Il est nécessaire de « repolitiser » la société civile en même temps que de « civiliser » la société politique et faire passer la politique du système propriétaire à celui du logiciel libre.

En évoquant la forme coopérative, Dany le Rouge, devenu Vert avec l'âge, ne faisait que reprendre le vieil idéal de Proudhon déjà évoqué (voir chapitre 4), mais il le parait des habits de l'hypermodernité en lui associant Internet, l'intelligence collective, l'auto-organisation, la démocratie participative, les externalités positives… Et l'abeille, une fois de plus, était mobilisée pour servir de modèle. Alors, certes, on pouvait sourire un peu : celle-là même qui avait déroulé le tapis rouge à Octave-Auguste au temps de Virgile, celle-là même que Sénèque évoquait à l'aube du règne de Néron, celle-là même qui avait chanté la virginité de Marie dans l'*Exultet* et loué l'organisation monastique avec le dominicain Thomas de Cantimpré, celle-là même qui avait couronné Napoléon, etc., reprenait du service pour défendre la cause de soixante-huitards en quête de rédemption. Ne risquait-on pas l'« overdose métaphorique » ?

Sans doute le projet de Cohn-Bendit est-il (très) loin d'avoir eu le succès escompté, mais comment ne pas reconnaître que ses idées continuent de flotter dans l'air du temps ? Car force est de constater que l'exigence d'une démocratie plus participative, plus délibérative, plus représentative, plus coopérative, voire plus empathique s'exprime de plus en plus puissamment dans notre espace public.

Bref : une fois de plus, on demandait à l'abeille de sauver le monde ; une fois de plus, les mystères de la ruche étaient scrutés avec une féroce avidité dans l'espoir d'y trouver sinon le réenchantement de la cité contemporaine, à tout le moins des éléments de réponse aux grandes questions de notre temps… Lesquelles ?

Eh bien, disons, pour aller à l'essentiel, ces deux principales : 1) Comment le régime de production/consommation capitaliste peut-il être compatible avec le respect de l'environnement ? 2) Comment, en démocratie, une décision optimale peut-elle être prise collectivement, alors même que ce régime semble voué à l'impuissance, à l'hésitation et à la cacophonie ?

Tels sont deux des enjeux majeurs qui font que l'abeille continue aujourd'hui encore à fournir plus que du miel, de la cire et de la joie aux apiculteurs : des paradigmes de connaissances, des pistes de solutions, des horizons… et des discussions sans fin. Aussi n'ayons pas peur d'exagérer : c'est bien du salut du capitalisme et de la démocratie, dont il s'agit ; ou plus exactement de l'invention du capitalisme et de la démocratie de demain, dont on espère trouver la formule magique dans les petites alvéoles de la ruche. C'est en ce sens que la perspective de leur disparition représente en effet comme l'horizon d'une fin du monde…

L'abeille et le capitalisme pollinisateur

Où l'on voit l'abeille renaître encore à l'ère de la Toile

Dans son second appel du 22 mars, Daniel Cohn-Bendit reprenait pour une large part les idées d'un de ses inspirateurs et amis, l'économiste Yann Moulier-Boutang, auteur d'un livre très suggestif intitulé *L'Abeille et l'Économiste*[1]. L'allusion à Marx est limpide, tout comme la référence à Mandeville, puisque l'ouvrage s'ouvre par une « nouvelle fable des abeilles ». Le projet de Moulier-Boutang est de prolonger la critique marxiste du capitalisme en comblant sa principale lacune : la prise en compte de l'environnement. Pour ce faire, l'auteur distingue et oppose deux formes de capitalisme.

Le premier, le *capitalisme productif*, est marqué par la démesure d'un homme qui se prend pour Dieu et qui puise dans la nature comme si elle était sa création, c'est-à-dire sans limite ni réflexion sur les effets de ses actions. Ce productivisme trouve aujourd'hui son terme avec la prise de conscience par l'homme que la nature est à la fois *finie* et *fragile*. Finie, parce que les ressources dans lesquelles l'homme puise sans réfléchir sont objectivement limitées ; fragile, parce que l'homme dispose du pouvoir de détruire irrémédiablement ce qu'il n'a pas créé.

Face à ce premier capitalisme, Moulier-Boutang repère un second capitalisme dont l'émergence commence seulement à se faire sous nos yeux un peu myopes. C'est le « capitalisme pollinisateur » : la formule et l'idée, énoncées il y a une dizaine d'années, ont eu un réel succès. On peut la résumer très simplement. L'abeille certes produit : elle produit le miel et la cire, mais cette production exige un environnement de qualité dont l'équilibre – les apiculteurs le savent bien – est aussi fragile qu'incertain.

C'est la première différence. Mais – seconde différence encore plus décisive – l'abeille, dans son processus de production, contribue à maintenir l'équilibre du milieu dans lequel elle puise : c'est la pollinisation. Passant de fleur en fleur pour recueillir le nectar, elle favorise la reproduction des plantes dont elle a besoin. Selon Moulier-Boutang, on a ici le modèle parfait de ce que les économistes nomment des « externalités positives », soit une sorte de cercle vertueux dans lequel la récolte, loin de nuire aux ressources, contribue à leur régénération[2]. Par contraste, les « externalités négatives » représentent des récoltes qui épuiseraient de manière définitive les ressources recherchées : ainsi, une collecte outrancière d'œufs d'esturgeons épuisera à terme la production de caviar. Dans le cas de l'abeille, ce qu'il y a d'étonnant, c'est que la pollinisation qui semble « invisible » en termes productifs est sans doute plus importante que la production proprement dite (de miel ou de cire). Toujours selon le même auteur, si l'on devait chiffrer la valeur de ces deux activités des abeilles, on arriverait à un bilan étonnant. Pour les États-Unis, alors que la valeur de la production de miel se monte à 80 millions de dollars, on peut estimer entre 29 et 35 milliards de dollars la valeur de la pollinisation des cultures commercialisées. Telle est la vraie valeur des abeilles. Celles-ci contribuent pour 16 % à la pollinisation du coton, 27 % à celle des oranges, 48 % des pêches, 90 % des pommes et des myrtilles, et pour 100 % à celle des amandes*. Et si l'on étend au monde, Moulier-Boutang considère que c'est 33 % de la production agricole marchande qui dépend de la pollinisation : cela représente 792 milliards de dollars (en 2009) contre seulement 1 milliard de dollars pour la production de miel[3]. Bref, et pour

* Le cas des États-Unis est cela dit particulier dans la mesure où la principale source de revenus des apiculteurs y est non la production du miel, mais précisément la pollinisation. Ainsi, les plus gros apiculteurs américains louent leurs ruches pendant la période de la floraison pour favoriser la pollinisation, par exemple des amandiers en Californie. Cela exige des transhumances très longues en camion (plusieurs milliers de kilomètres) qui ne sont sans doute pas la meilleure manière de combattre le stress des ruches.

le dire autrement, sans les abeilles le PIB mondial perdrait des sommes astronomiques*.

Or c'est précisément à cette éventualité qu'il faut se préparer. Car le capitalisme productif, dans son aveuglement, contribue non seulement à fragiliser, mais aussi à détruire cette pollinisation qui lui est essentielle. Les CCD (*collapse colony disorders*, ou disparitions de ruchers) se multiplient depuis leur premier repérage en 2006 par David Hackenberg, un apiculteur de Pennsylvanie, et certaines de leurs causes relèvent des dérèglements d'un productivisme effréné : pesticides, monocultures intensives, etc. Ces nouveaux ennemis de la ruche rendent leur disparition sinon probable, du moins possible. L'agriculture industrielle acharnée à produire toujours plus finira inéluctablement à produire… plus rien du tout, quand les abeilles pollinisatrices auront disparu.

Voilà pourquoi, nous dit Moulier-Boutang, l'abeille menacée peut être considérée comme l'emblème des nouvelles contradictions du capitalisme. Ce n'est plus seulement, comme le pensait Marx, sa tendance monopolistique qui le conduit à réduire à néant le prolétariat dont dépend pourtant sa prospérité. C'est son aveuglement sur la fragilité d'un environnement alors qu'il est la condition *sine qua non* de sa survie. En tout cas, l'idée centrale demeure : le capitalisme productif, ignorant les ressorts réels de l'économie, sera « son propre fossoyeur ».

Sauf s'il sait tirer les conséquences de cette évolution. Et c'est dans le domaine de l'économie numérique que cela apparaît le plus clairement[4]. Prenons deux entreprises majeures du domaine : Apple et Google. Apple, en dépit de sa puissance innovante, fonctionne à l'ancienne : elle possède une organisation pyramidale qui va du génie créateur (en haut) au consommateur (en bas). Mais le flux est uniquement descendant et le système intégralement verrouillé.

* Il convient sans doute d'être prudent, car les abeilles ne sont pas les seuls insectes pollinisateurs, même si elles sont un indice visible du déclin des autres pollinisateurs. *Cf.* V. Tardieu, *L'Étrange Silence des abeilles*, Paris, Belin, « Pour la science », 2009, p. 49 *sq*.

Google, à l'inverse, offre gratuitement l'accès à son moteur de recherche. La raison en est simple : à l'inverse d'un moteur de véhicule qui s'use à l'usage, le moteur de recherche, lui, ne cesse de s'améliorer au fil des utilisations. Chaque internaute devient ainsi une abeille qui, en quête de nectar, va butiner sur le Web. Mais chacun de ses clics produit de l'information qui va permettre de classer les sites, de hiérarchiser les liens, de faire émerger des contenus ; et cette information utilisable à des fins notamment publicitaires sera source de valeur. C'est ainsi que le butinage informatique produit de la pollinisation cognitive*. Toutes les traces de cette pollinisation peuvent être utilisées. Et c'est la valeur produite par cette pollinisation que Google s'efforce de capter. Peu importe que 80 ou 90 % de cette valeur lui échappent, les 10 ou 20 % restants suffisent amplement puisqu'ils ne cessent de s'accroître. Google est donc une sorte d'apiculteur qui, offrant aux abeilles (nous) un écosystème, obtient d'elles qu'elles travaillent pour lui sans qu'elles s'en doutent. Aujourd'hui, on peut estimer à trente millions par seconde le nombre de cliqueurs sur Google ! La valeur ne vient plus du seul produit, mais des informations que son usage fournit. À la limite, le produit lui-même importe peu ; ce qui compte, ce seront les relations, les informations qu'il véhiculera.

Ce nouveau capitalisme cognitif est à la fois fascinant et terrifiant. D'un côté, il fascine par sa capacité à produire une valeur colossale, par sa compréhension de nouvelles ressources insoupçonnées issues non de la nature (donc épuisables), mais de l'activité inépuisable de l'homme. En ce sens, le capitalisme cognitif semble repousser les limites d'une planète finie. D'un autre côté, sa réalisation terrifie, surtout quand elle est le fruit d'entreprises telle que Google ou Facebook que l'on soupçonne à tout moment de s'approprier les biens communs qu'elles suscitent. Ne sont-elles pas les nouveaux prédateurs de la pollinisation ?

* On retrouve ici avec un nouveau contenu la métaphore du butinage productif que l'on avait étudiée dans le chapitre précédent de Sénèque à Nietzche.

Yann Moulier-Boutang utilise une distinction éclairante pour préciser cette dimension prédatrice et, là encore, le monde de l'abeille est à l'honneur. L'apiculteur traditionnel peut être décrit comme un exploiteur au sens exact où Marx entend ce terme. Avant l'apiculture, les abeilles faisaient leur miel, construisaient leur ruche et nourrissaient leurs larves : il n'y avait pas de surplus ou très peu. Mais lorsque arrivent les apiculteurs, ceux-ci obligent les abeilles au « surtravail », c'est-à-dire à une production au-delà du temps nécessaire à la seule reproduction de leur force de travail. On a là l'exacte définition de la *plus-value* marxienne. Avec, en outre, cette idée (« plus-value relative ») que l'apiculteur intelligent a intérêt à prendre soin de ses abeilles ; et investir pour cela, faute de quoi sa production s'épuisera. C'est le schéma de l'exploiteur classique. Mais, avec le modèle de la pollinisation, on arrive à une exploitation d'un autre type. Pour capter les ressources de la pollinisation, il faut aller au-delà du surtravail. Il faut doper la puissance de pollinisation des individus et pour cela leur offrir sans cesse de nouveaux lieux, occasions, des motifs d'échanges, de recherche, de loisir. Ce sont les plates-formes numériques (Google, Facebook, iTunes, Cloud) qui permettent de favoriser leur mouvement et leur créativité afin de mieux leur soutirer des informations. Ce que les individus font très volontiers en « adultes consentants ». Or cette captation est potentiellement périlleuse, car elle place dans les mains d'un seul acteur un pouvoir de connaissance colossal. Qui peut garantir qu'il en fera bon usage ? L'abeille, elle, n'est jamais prédatrice et ne prétend pas capter la pollinisation à son profit exclusif. C'est donc bien une nouvelle « bataille des clôtures » qui se dessine* : le capitalisme cognitif a besoin de nouveaux *biens communs* numériques.

---

* Ce terme désigne le conflit qui opposa en Angleterre au XVIIIe siècle les partisans et les adversaires du clôturage des terrains : doit-on les clôturer pour assurer une augmentation des rendements ? Ou doit-on les laisser libres d'accès pour permettre à chacun d'y faire cueillette de fruits, récolte de petits bois ou de tourbe ? Ces pratiques étaient alors punies… de la peine de mort ! *Cf.* E. P. Thompson, *La Guerre des forêts*, Paris, La Découverte, 2014.

Mais, à tout prendre – et tel semble être le dernier mot de Moulier-Boutang –, ce capitalisme cognitif et pollinisateur est une chance, pour autant qu'à ses yeux il représente non seulement la destruction du capitalisme productiviste et marchand, mais sans doute aussi la destruction du capitalisme tout court. D'où l'idée qui clôt le livre : il faudrait « conclure un *deal* avec le capitalisme cognitif [...] parce que ce capitalisme cognitif [...] est compatible avec une sortie du capitalisme. Il est soluble dans une sortie expérimentale, astucieuse, concertée, mondialisée[5] ».

Google ou le capitalisme de la fin du capitalisme ? On touche là, ce nous semble, les limites de l'analyse de Moulier-Boutang. Sans doute l'analogie de la pollinisation a-t-elle une réelle valeur pour permettre de comprendre de nouveaux enjeux de l'économie contemporaine, mais y voir le modèle exclusif de l'avenir et le système où le capitalisme s'enterrera lui-même : c'est aller un peu loin*. D'autant qu'un scénario beaucoup moins coûteux et plausible se présente : celui de la coexistence durable des deux types de capitalisme : le modèle pyramidal productiviste et le modèle pollinisateur coopératif. Après tout, les abeilles continuent de produire du miel... C'est donc plutôt les conditions de leur cohabitation qui constituent le problème et sa difficulté : comment la collectivité démocratique sera-t-elle à même de l'arbitrer ? Par où l'on touche l'autre grand dessein que suggèrent les essaims : l'hyperdémocratie, ou comment l'abeille guide le peuple vers l'authentique maîtrise de son destin...

* On peut mentionner une autre objection face à l'idéalisation de la pollinisation : très sympathique quand il s'agit d'assurer la reproduction des fleurs, celle-ci le devient beaucoup moins si l'on pense à la prolifération des virus, qu'ils soient informatiques ou biologiques, des rumeurs, des appels à la haine...

L'essaim hyperdémocrate

Où l'on voit l'abeille louée pour son intelligence collective et participative

Si l'on tente de formuler les reproches les plus communément adressés à la démocratie actuelle, sous sa forme représentative et libérale, on peut les résumer à ces deux principaux :

1) d'une part, cette démocratie resterait foncièrement aristocratique pour autant qu'elle maintient une distinction de principe entre gouvernants et gouvernés, loin de la promesse d'un « gouvernement du peuple, par le peuple, pour le peuple » ;

2) d'autre part, en dépit de cette organisation pyramidale et hiérarchisée, elle deviendrait de plus en plus impuissante, à la fois face à la montée des critiques de citoyens de plus en plus individualistes et face à des enjeux mondialisés (comme ceux de la finance ou de l'environnement) qui révèlent les limites du cadre étatique national. Affaiblie à l'intérieur par une exigence accrue de participation « citoyenne », et fragilisée à l'extérieur par des contraintes qui dépassent le cadre de l'État-nation, la démocratie contemporaine serait donc à la fois injuste et inefficace.

D'où la question : son inefficacité ne viendrait-elle pas de son injustice ? Autrement dit, ne serait-ce pas la toute-puissance des politiques qui rendrait la démocratie impuissante ?

C'est dans ce contexte critique que les appels à une démocratie plus délibérative, plus participative, plus autogérée, voire plus directe se déploient, réactivant dans le contexte hypermoderne d'anciennes idées libertaires ou communistes*. La révolution numérique

---

* Il est intéressant de noter que de telles idées sont présentées comme nouvelles depuis bientôt deux siècles : leur modèle se recycle constamment au fil des découvertes scientifiques mais sans rien apporter quant au principe directeur d'éléments foncièrement inédits. On se reportera pour en avoir une vision claire à ce volume passionnant rédigé avant la révolution du net : J.-P. Dupuy et P. Dumouchel (dir.), *L'Auto-organisation. De la physique à la politique*, colloque de Cerisy, 1983, et, entre autres, la contribution de P. Rosanvallon, « Formation et désintégration de la galaxie "auto" », p. 456 *sq*.

est propice à ce recyclage : on y parle à nouveau de *commons* (ou biens communs), de réseaux coopératifs, de mutualisme, d'intelligence collective, d'abolition de la propriété privée…

C'est ce qui conduit ces régénérateurs de la démocratie à s'intéresser, une nouvelle fois, aux comportements des insectes en général et des abeilles en particulier. L'idée est d'y dénicher le secret de l'intelligence collective, ou comment une multitude d'individus sans intérêt (non pas au sens de désintéressés, mais d'inintéressants…) parvient-elle à produire des décisions qui favorisent le bien commun ? On perçoit ainsi dans les communautés d'insectes sociaux ce qu'on appelle des phénomènes d'« émergence », à savoir quand le tout dépasse la simple somme des parties, quand le collectif s'avère plus intelligent que la somme des individus qui le composent. Une expression s'est même imposée dans la recherche scientifique : on parle désormais d'« intelligence en essaim » ou *swarm intelligence*.

Certes, les abeilles n'ont, en la matière, pas d'avantages particuliers : le talent des fourmis à suivre le chemin le plus court entre leur nid et plusieurs sources de nourriture ; ou encore le génie des termites à construire de véritables cathédrales est souvent cité et même plus que cela, puisque leur comportement est aujourd'hui imité scrupuleusement dans l'élaboration de systèmes informatiques complexes. C'est ce qu'on appelle les « réseaux intelligents » qui parviennent à optimiser les communications sans contrôle surplombant. Mais la ruche garde un privilège de par la diversité des décisions qui y sont prises : le choix du nid, la communication sur les sources d'approvisionnement en nectar et en pollen, la méthode de construction des rayons de cire, l'invention de stratégies de défense contre les attaques de nouveaux prédateurs, etc., autant de défis complexes qui entraînent des réponses collectives parfaitement adaptées et coordonnées. En tout cas, disent certains, bien plus que chez les humains.

Rien d'étonnant à ce que les nostalgiques du communisme y soient allés voir de plus près, espérant trouver dans l'obscurité des ruches, des nids ou des termitières, de quoi rallumer les flammes de l'avenir révolutionnaire radieux. Écoutons, par exemple, comment les néocommunistes Hardt et Negri vantent l'intelligence de l'essaim dans le chapitre consacré à l'insurrection en réseau de leur ouvrage *Multitude* (2004).

> Lorsqu'un réseau réparti passe à l'offensive, il fond sur son ennemi comme une nuée d'insectes : une myriade de forces indépendantes, surgissant de tous côtés, concentrent leurs frappes puis se dispersent dans l'environnement. Vue de l'extérieur, une telle attaque s'apparente à un essaim en raison de son caractère informe. Le réseau étant privé de centre d'où émaneraient les ordres, il ne semble répondre à aucune forme d'organisation aux yeux de ceux qui restent prisonniers des schémas traditionnels – tout n'est qu'anarchie et spontanéité. L'offensive réticulaire évoque une nuée d'oiseaux ou un essaim d'insectes sortis tout droit d'un film d'horreur, une multitude d'assaillants qui semblent agir au hasard, inconnus, imprévisibles, invisibles et inattendus. Si l'on plonge notre regard à l'intérieur du réseau, cependant, on s'aperçoit qu'il est organisé, rationnel, et créatif. Il est habité par une intelligence en essaim. Depuis peu, certains chercheurs travaillant dans le domaine de l'intelligence artificielle et des méthodes de calcul parlent d'*intelligence en essaim* pour désigner des techniques de résolution de problèmes, collectives et réparties, qui se caractérisent par l'absence d'un contrôle centralisé ou d'architecture générale[6].

La suite du passage évoque la manière dont Rimbaud peignait l'épisode de la Commune de Paris. C'est un peu guerrier à notre goût, mais passons… et revenons à cette idée d'intelligence en essaim.

Swarm intelligence

Thomas Seeley n'a rien d'un communiste. Il est américain et professeur au département de neurobiologie et d'étude du comportement de l'Université Cornell. Passionné par le monde de la ruche dès son plus jeune âge, il a été l'élève de Bert Hölldobler, qui fut l'élève de Martin Lindauer, lui-même disciple du fameux Karl von Frisch, le savant autrichien qui perça le secret de la « danse des abeilles ». Spécialiste de l'intelligence en essaim, il est l'auteur de plusieurs livres tout à fait passionnants : *The Wisdom of the Hive* (« La sagesse de la ruche ») et surtout de *Honeybee Democracy* (« La démocratie de l'abeille »)[7]. Comme beaucoup d'autres savants, il plaide pour l'idée que l'essaim d'abeilles est un « super-organisme » (voir butinage n° 21, « La ruche ou l'abeille ? Cherchez l'individu ! », p. 230) ; et, selon lui, la meilleure preuve en est donnée par son extraordinaire capacité à choisir un nouveau nid.

En effet, chaque année, à la fin du printemps ou au début de l'été, si les conditions sont favorables, les ruches les plus peuplées sont tentées par l'essaimage. La reine quitte alors le nid, accompagnée de plusieurs dizaines de milliers de fidèles. À peine parti, l'essaim se stabilise sur un arbuste non loin du lieu initial en attendant que son lieu d'atterrissage définitif soit décidé. Le cahier des charges pour le futur nid est très strict. Voici ce que pourrait être la petite annonce déposée : « Cherche appartement spacieux (de 15 à 80 litres) mais à entrée étroite (de 10 à 30 cm^2) ; très sécurisé ; si possible en étage ; de préférence avec une orientation sud ; une reprise des meubles (c'est-à-dire des rayons) d'éventuels locataires précédents sera très appréciée ; l'idéal serait un arbre creux. » À défaut d'agence spécialisée sur ce marché pourtant très porteur, ce sont les butineuses les plus expérimentées de l'essaim qui vont se mettre en chasse*. Elles inspectent toutes les cavités possibles à quelques kilomètres alentour en prenant des mesures précises avant de revenir faire leur rapport.

Pour informer leurs collègues des plans dénichés, elles procèdent à une danse frétillante similaire à celle pratiquée pour la localisation des sources de pollen. Au cours de cette danse, l'abeille revit

* On peut observer que cette exploration commence avant même que l'essaim ne quitte la ruche.

ou rejoue sous une forme compressée le voyage et la découverte qu'elle vient de faire. L'exploratrice communique ainsi à ses sœurs les informations essentielles : la direction, la distance, la qualité du lieu qu'elle a visité. Au fur et à mesure des « auditions », le choix se restreint. D'autres abeilles (qui ne sont pas éclaireuses) convaincues par l'enthousiasme de la première vont aller à leur tour repérer les lieux. Habituellement, au matin du second jour, il ne reste que quatre options en lice, puis deux. À midi, l'essaim entonne une sorte de chant du départ : des vibrations de plus en plus aiguës. Toute exploration alors cesse et, au bout d'une demi-heure environ, l'essaim unanime s'envole vers son nouveau *home sweet home*. La question qui se pose est : comment s'est-il décidé ?

Thomas Seeley, à la suite de ses maîtres, tente d'en décortiquer le mécanisme en montrant qu'il s'agit d'une sorte de « buzz ». D'une part, l'activisme frétillant des éclaireuses d'un lieu encourage d'autres à aller y jeter un œil ; si celles-ci « like » le lieu, elles se lanceront, à leur tour, dans une danse frétillante qui va contribuer à augmenter le nombre de « followers ». Mais, d'autre part, les partisanes des autres lieux vont progressivement se lasser de défendre leur cause sans même aller voir l'autre site. Face à l'enthousiasme des premières, elles vont frétiller de moins en moins. Sans changer d'avis, à proprement parler, elles vont plutôt se résigner à lâcher leur premier choix.

Comment les abeilles savent-elles qu'à un moment donné la décision est prise et qu'il faut partir ? Y a-t-il un vote ou, à tout le moins, une sorte de sensation confuse de majorité qui ferait pencher l'ensemble dans un sens plutôt que dans un autre ? Pour tenter de répondre, Seeley met en place l'expérience suivante, inspirée par son maître Lindauer : il place une ruche sur une île du Maine dépourvue de cavités naturelles. Il fabrique ensuite deux refuges artificiels exactement identiques, très attractifs tous deux pour un essaim en quête de nid. Mais il les situe à l'opposé l'un de l'autre et à distance équivalente par rapport à l'essaim. Devant ce choix cornélien, l'essaim est longtemps indécis et, jusqu'au dernier moment, le nombre de danses pour l'un et pour l'autre lieu s'équivaut. Certaines exploratrices utilisent même contre l'autre camp un signal particulier « stop – n'y allez pas ! », lorsqu'une butineuse repère un prédateur ou un danger sur une source attrayante de nectar. Seeley met là en expérience la fameuse image de l'âne de Buridan qui, hésitant entre l'eau et l'avoine qu'il a devant lui, finit par mourir et de faim et de soif.

À ceci près que l'essaim ne meurt pas, mais finit toujours par prendre une décision, même quand on lui complique la tâche. Certes, il est arrivé parfois que, au moment du décollage, l'essaim se divise et parte dans deux directions opposées. Mais très vite, il « s'aperçoit » de la scission et revient à la case départ. Selon Seeley, cela montre que les abeilles ne sont pas sensibles à une logique majoritaire, mais fonctionnent au consensus, voire au conformisme. Il refait l'expérience avec cinq refuges identiques, ce qui plonge les abeilles dans la plus grande perplexité : il leur faut beaucoup plus de temps pour se décider. Mais le choix se fait pourtant : il remarque alors qu'il faut une sorte de *quorum* d'au moins vingt exploratrices favorables pour déclencher la décision du lieu de l'emménagement.

Ce constat conduit Thomas Seeley à comparer l'essaim à un cerveau, dont les abeilles ne seraient que les neurones. Entre elles se met en place, selon lui, comme dans un cerveau, un double processus d'excitation (les danses frénétiques) et d'inhibition (la lassitude progressive des partisans des sites les moins intéressants) qui, après un passage à la limite (*quorum*), déclenche une action motrice (l'essaim prend son envol). Nous avons tous fait cette expérience : au matin, le réveil sonne ; il faut se lever et pourtant je reste sous la couette ; puis, sans que j'en aie vraiment conscience, je me retrouve debout prêt à affronter la nouvelle journée. La décision de se lever a été prise par un travail infraconscient qui procède sans doute d'une logique assez similaire à celle d'un essaim migrant. Au fond, si l'on peut parler aussi facilement d'intelligence en essaim, c'est que l'intelligence *est un essaim*, voire un « examen de conscience » pour reprendre l'étymologie latine du terme examen (essaim*). En tout cas, c'est ce qui permet à Thomas Seeley de parler de la démocratie des abeilles, vantant ainsi leur capacité à prendre des décisions bonnes (voire les meilleures pour la collectivité) de manière parfaitement consensuelle.

Mais c'est là aussi que la limite de l'analogie apparaît. Elle repose sur un double glissement conceptuel : essaim = cerveau = cité. Or la description, passionnante sur le plan entomologique, devient très incertaine quand on passe sur le plan de la philosophie politique ; car c'est une profonde erreur de définir la démocratie comme « absence de chef » ou comme « décision consensuelle ». Au vrai, quand la décision consensuelle est possible, il n'y a absolument aucun besoin de démocratie. La démocratie se définit par l'espace public qu'elle instaure entre l'État et la société civile et qu'elle s'attache à préserver à la fois de l'un et de l'autre. Contre le premier, il s'agit de lutter contre les abus de pouvoir ; contre la seconde, il convient d'éviter le triomphe des intérêts particuliers quels qu'ils soient (économiques, idéologiques, moraux, etc.). On est là très loin de la ruche**. Et c'est précisément parce que la cité n'est pas une ruche que l'on a besoin d'une démocratie ; et c'est parce que la décision ne peut pas être prise de manière directe que des procédures institutionnelles doivent être élaborées pour espérer y parvenir.

---

* Voir la reprise de cette idée *in* Hardt M. et Negri A., *Multitudes, op. cit.* p. 384 : « Comment la multitude peut-elle parvenir à une décision ? Le modèle du cerveau que décrit la neurobiologie peut nous fournir une clef. Le cerveau ne décide pas à partir de ce que dicte un centre de commandement. Sa décision est la disposition ou la configuration commune de tout le réseau neuronal communiquant avec le corps entier et son environnement. Une unique décision est le fait d'une multitude qui habite le corps et le cerveau. »

** … et encore plus d'un essaim qui représente cet état très particulier et transitoire correspondant presque au conglomérat d'abeilles toutes identiques décrit par Buffon (voir chapitre 5). Les analogies organiques ou sociétales ne sont plus de mise à propos de l'essaim ; dans cette sorte de parenthèse SDF, en l'absence des rayons (définis par Jürgen Tautz comme le plus grand organe de la ruche), toutes les différenciations s'organisant dans la complexité d'une colonie établie se trouvent réduites à quelques exploratrices et à la reine maintenant l'unité de l'ensemble.

Le grand problème de la démocratie contemporaine c'est qu'elle est toujours mesurée à l'aune d'un idéal de démocratie directe qui n'a jamais existé (même dans la Grèce du Ve siècle) et qui n'existera jamais (même dans la future république numérique). On la déteste toujours, que ce soit au nom d'un passé mythique ou d'un avenir radieux, mais on n'arrive jamais à l'aimer pour ce qu'elle nous permet d'éviter et qui n'apparaît plus dès lors qu'elle est installée : le conflit permanent, l'inégalité de droits, le règne du rapport de force, l'ordre moral, l'obligation de participer à tout ou l'interdiction de participer à rien.

Mais la différence la plus essentielle se situe entre le peuple de la ruche et celui d'une cité : celui-ci, contrairement à celui-là, ne désigne pas une entité substantielle, qu'elle soit machine ou organisme, mais une méthode à mettre en œuvre. Pris en ce sens « procédural », le peuple se définit par quatre moments fondamentaux[8]. Pour qu'il y ait « peuple démocratique », il faut : 1) des élections libres ; 2) une délibération publique et ouverte (impliquant qu'on puisse changer d'avis) ; 3) une décision politique ; 4) une reddition de comptes. Ces quatre moments sont tous nécessaires pour parler de démocratie (même s'ils peuvent prendre des formes très diverses dans l'histoire et dans le temps) ; et quand l'un d'entre eux fait défaut, le dispositif ne fonctionne plus. Aucune de ces étapes n'est respectée dans aucune des décisions de la ruche : ni la règle de la majorité, ni la délibération, ni la décision (qui peut être mauvaise ou arbitraire), ni la reddition des comptes n'interviennent. Et cela parce que l'individualité n'y a aucune valeur (voir butinage n° 21, p. 230 et florilège n° 22, « L'essaim animal de Diderot », p. 267). Certes, on pourrait dire que la délibération des humains est une forme un peu plus élaborée par rapport à celle des abeilles. Mais là encore, ce serait un contresens. Le débat démocratique suppose des conditions qui ne sont jamais réunies dans la ruche : la possibilité de changer d'avis, de ne pas en avoir, d'être totalement indifférent, voire de rejeter l'ordre général ; et, plus encore, elle intègre le fait qu'il est possible d'être menteur, trompeur, de mauvaise foi, partisan, partial, hypocrite… salaud. C'est parce que tout cela est possible et souvent réel que la démocratie est nécessaire et qu'il est si difficile de la réaliser. Par ailleurs, le fait même que l'on puisse imiter les processus de décision des insectes par des programmes informatiques montre les périlleuses limites de l'analogie : qui d'entre nous voudrait vivre dans une démocratie qui fonctionnerait comme un logiciel ?

On voit par là les inconvénients du modèle de l'« intelligence en essaim » (ou de l'intelligence en réseaux) dès lors qu'on est tenté d'en étendre l'usage à l'ensemble de la société des hommes. Très éclairant pour décrire des processus ponctuels, il devient terrifiant quand on l'installe en idéal sociopolitique. Ajoutons que si l'intelligence se déploie bien en essaim, il se pourrait que, chez les humains en tout cas, la bêtise, l'insignifiance utilisent souvent le même mode de fonctionnement…

Veillons donc à rester prudent et rigoureux, évitons de prendre trop au sérieux les charmes du lyrisme : et n'attendons de la ruche ni une régénération de la démocratie ni une réinvention du capitalisme. Son exploration peut fasciner ; son fonctionnement peut donner des idées et nourrir les débats, mais jamais on n'y trouvera la moindre réponse tangible pour relever les grands défis de notre temps… hélas !

Butinage n° 21
La ruche ou l'abeille ? Cherchez l'individu !

Quand vous interrogez un apiculteur sur son cheptel, jamais il ne vous indiquera le nombre de ses abeilles, mais toujours le nombre de ses ruches. Et en cas de problème sanitaire, il ne s'inquiétera pas de l'état de faiblesse de telle ou telle abeille, mais de la ruche dans son ensemble. C'est elle qui apparaît comme l'unité de base : « Une sorte d'organisme composé d'abeilles-cellules, les ouvrières représentant les organes de base et de digestion, la reine et les bourdons, les organes reproducteurs »

(Johan Mehring [1815-1878] cité par Jürgen Tautz). Et pourtant l'abeille semble avoir une vie propre, un comportement relativement autonome et surtout qui sait s'adapter à des situations singulières et exceptionnelles, même isolée. Donc, qui de l'abeille ou de l'essaim est le véritable individu ? Cette interrogation sur la force et le type de lien unissant chaque abeille à l'ensemble de la colonie est ancienne, mais pour s'en tenir aux modernes, on peut dire que trois modèles ont successivement été conçus. Il y eut d'abord un modèle mécaniste : chaque abeille représenterait un rouage et le fonctionnement de la ruche serait réductible aux seules lois de la mécanique. La ruche serait une sorte de montre particulièrement bien conçue (c'est la solution de Buffon). Ensuite, on a pu la concevoir sur le modèle de la plante, c'est-à-dire d'un être organisé disposant d'une individualité relative, puisque, la plupart des plantes peuvent être multipliées à l'infini par division que soit par clonage, bouturage ou autre. De fait, une abeille peut fort bien passer d'une ruche à une autre, surtout si elle est chargée de nectar ou de pollen, et une ruche se reproduit bien par simple division par le biais de l'essaimage. Mais c'est finalement un troisième modèle, organique et systématique, qui semble s'être imposé pour penser l'unité de la ruche : celle-ci serait une totalité à la fois transcendante et immanente à ses parties : immanente, car un essaim n'existe pas sans abeilles ; transcendante, parce qu'il ne suffit pas de mettre ensemble quatre-vingt mille abeilles pour avoir un essaim. Henri Bergson (1859-1941) formulait parfaitement cette idée quand il remarquait, dans *L'Évolution créatrice* (1907, chap. II) : « Quand on voit les abeilles d'une ruche former un système si étroitement organisé qu'aucun des individus ne peut vivre isolé au-delà d'un certain temps, même si on lui fournit le logement et la nourriture, comment ne pas reconnaître que la ruche est réellement, et non pas métaphoriquement, un organisme unique, dont chaque abeille est une cellule unie aux autres par d'invisibles liens ? » Un certain nombre de chercheurs ont prolongé cette réflexion en élaborant pour la ruche le concept de « superorganisme ». Ce fut le cas du biologiste américain William Morton Wheeler (1865-1937), dans un livre de 1926 (*Les Sociétés d'insectes. Leur origine, leur évolution,* Paris, Douin) où il considérait la ruche comme un système de coordination complexe

d'éléments disposant d'une autonomie relative. Pour prendre un exemple frappant, le chercheur américain Mark L. Winston (*La Biologie de l'abeille*, Paris, Frison-Roche, 1993), évoquait la question de la régulation thermique de la ruche. On a constaté qu'au milieu du nid à couvain une température constante de 35 °C était maintenue. Dès que celle-ci tend à augmenter, un rafraîchissement est provoqué par une stimulation des butineuses à rapporter de l'eau et par la ventilation du nid : « Le concept du superorganisme argue qu'un tel comportement comprend une réaction à la surchauffe au niveau de la colonie, alors que l'hypothèse de l'individu ouvrière prétend que les ouvrières qui acceptent l'eau (incitant ainsi les butineuses à continuer leur approvisionnement) l'utilisent simplement pour se rafraîchir elles-mêmes et arrêtent d'accepter l'eau lorsqu'elles sont suffisamment rafraîchies » (p. 131). De même en ce qui concerne les ventileuses placées à l'entrée de la ruche : entrent-elles en action simplement pour se rafraîchir elles-mêmes (hypothèse de l'individu abeille) ou le font-elles suite à la perception des vibrations créées par la ventilation des abeilles d'intérieur (hypothèse du superorganisme) ?
Rémy Chauvin (*Traité de biologie de l'abeille*, Paris, Masson, t. 2) expose, lui aussi, cette question à propos de la construction des rayons. Le rayon est-il un travail social ou la résultante de travaux individuels indépendants ? Il y a une première phase d'incoordination avec des dépôts de cire aléatoires qui serviront de base aux futurs rayons ; puis peu à peu l'ensemble s'organise avec la destruction des rayons trop proches les uns des autres et la réorientation d'autres bâtisses pour obtenir le parallélisme. Mais la *stigmergie*, (*cf. infra*, p. 202) résultante de travaux individuels indépendants ne permet pas de tout expliquer. « On peut démontrer, en effet, l'existence d'un phénomène social dans l'activité constructrice [...], l'existence d'une coordination et d'une sorte d'intégration des activités individuelles de chaque insecte dans le groupe au travail » (p. 264) : des abeilles vont se suspendre les unes aux autres par les pattes et la forme ovoïde de cette grappe d'abeilles anticipe l'évolution prochaine du rayon ; c'est à cause de ces grappes qui occultaient l'observation de la construction que Huber avait imaginé d'inciter les abeilles à bâtir de bas en haut. « Les chaînes d'abeilles paraissent par leur forme dessiner un plan de travail aux cirières occupées sur le bord des rayons (p. 285) ». « [...] le rôle de matrice du futur rayon (p. 292). »

La grappe permet une continuité dans la construction quelles que soient les abeilles qui la composent, des abeilles pouvant la quitter, d'autres la rejoindre sans que sa forme en soit modifiée (« Le moule formé par les chaînes serait un piège thermique qui capte les bâtisseuses », p. 292). Jürgen Tautz (*L'Étonnante Abeille, op. cit.*) opte clairement pour la thèse du superorganisme en développant une analogie frappante entre la ruche et le corps d'un mammifère : chaque ruche prise dans son ensemble fonctionnerait comme un mammifère. Ainsi tous deux ont un taux de reproduction peu élevé, nourrissent leurs petits par une sécrétion glandulaire appropriée (le lait ou la gelée royale), offrent à leurs descendants en gestation un univers très protecteur et thermorégulé, puisque la grappe d'abeilles joue ici exactement le même rôle que l'utérus des mammifères. Comme un mammifère, le superorganisme qu'est la colonie présente des capacités d'apprentissage et des aptitudes cognitives importantes qui lui garantissent une grande indépendance vis-à-vis des modifications ponctuelles du milieu. Enfin, dans les deux cas, nous avons des unités mortelles non reproductibles, les cellules corporelles somatiques des mammifères et les abeilles ouvrières, qui servent de support aux unités reproductibles que sont les cellules sexuelles des mammifères et les reines et bourdons de la ruche. Dans cette perspective du superorganisme, les rayons sont décrits comme un organe de la colonie, essentiel pour celle-ci et aux multiples fonctions : non seulement celles identifiées depuis longtemps telles que le stockage des provisions et la nursery pour les bébés abeilles, mais aussi celle d'un réseau de communication par le biais de vibrations appelant des observatrices pour assister aux danses, celle de stockage d'informations sous forme de signaux chimiques, et même celle de premières défenses face à des pathogènes. À travers ces quelques exemples, nous voyons que, malgré de profondes ressemblances, l'identification de la colonie d'abeilles avec un organisme ne peut pas être totale. Le lien unissant une abeille à l'ensemble de la ruche ne peut être, contrairement à ce qu'écrit Bergson, qu'analogiquement identifié à celui unissant une cellule et un organisme. Une colonie d'abeilles et un organisme sont deux systèmes proches, comparables par bien des points, mais néanmoins différents et le concept de « superorganisme » en pointant à la fois ces ressemblances et ces différences nous paraît particulièrement adéquat.

Conclusion

> « Les abeilles ont été pour nous ce que sont les nuages ; chacun y a vu ce qu'il a désiré d'y voir. »
>
> DORAT-CUBIÈRES (1752-1820), *Les Abeilles, ou l'Heureux Gouvernement* (1793).

Au terme de ce voyage dans la ruche des sages, il faut confesser qu'il fut pour nous une vraie surprise. Lorsque est né, il y a près de vingt ans, le projet de cette exploration « mélisso-philosophique », nous n'avions aucune idée de son ampleur ni de sa durée. L'omniprésence de l'abeille dans la plupart des moments clés de l'histoire de la pensée occidentale nous a impressionnés au fur et à mesure de nos lectures et de nos découvertes. À la moindre péripétie, polémique ou transition, elle était là, comme le témoin privilégié de l'épopée de l'esprit. Même si on laisse de côté son rôle dans l'enfance et l'éducation de Zeus, on la trouve à l'origine de la philosophie, puisque ses talents de géomètre et son bon gouvernement ne pouvaient laisser indifférents les penseurs grecs ; on la revoit avec Virgile accompagner le début de l'Empire romain et son bouillonnement intellectuel. Avec Clément et Origène, elle participe à la naissance de la patristique chrétienne ; avec Porphyre, elle lance l'immense querelle médiévale des Universaux ; avec Urbain VIII, elle parraine les premiers pas du microscope et de la science moderne ; avec Swift, elle ravive la querelle des Anciens et des Modernes ; plus tard encore, elle contribue de près ou de loin à toutes les grandes révolutions politiques que ce soit l'anglaise, l'américaine ou la française, sans oublier sa place d'invité d'honneur lors du sacre de Napoléon ou son rappel lors du printemps des peuples de 1848. Elle nourrit ensuite la poésie romantique puis symbolique, mais aussi la pensée de l'âge industriel ; et elle se trouve remobilisée, de nos jours, dans la révolution Internet, dans les espoirs d'une démocratie participative ou dans les défis du développement durable... Et c'est sans compter tous ceux que nous aurions oubliés ou méconnus dans ce livre. Bref, on a là les jalons d'une histoire apicole de la pensée et de la culture occidentales. À chaque étape, on retrouve notre sympathique animal au cœur des grands enjeux : que ce soit la différence homme/animal, la distinction société/organisme, le couple nature/culture, l'origine du vivant, le rapport au divin, le gouvernement de la cité, le langage et la communication, le corps et l'esprit, la définition de l'intelligence... En fait, elle fournirait un excellent fil conducteur pour un programme de philosophie en classe terminale !

Mais ce qui frappe, dans cette histoire, c'est tout autant la pérennité des usages philosophiques de l'abeille que son extraordinaire variété ; l'abeille est bonne à tout faire et à tout penser ; et, malgré l'apparition de nouveaux motifs, rien ne disparaît vraiment. Du côté de la continuité, on trouve la hantise de sa disparition, mais aussi l'idée que leur mode de vie est un modèle de vie (ou d'ailleurs un contre-modèle). Tout en elle fascine : son organisation politique parfaite, son existence en harmonie avec la nature, sa situation intermédiaire entre les différents ordres du monde qu'elle permet d'articuler et de comprendre.

Pourtant, en dépit de cette pérennité, notre abeille *sym-bolique*, reliant les niveaux, les ordres et les dimensions, n'a rien de figé. Elle ne cesse de remplir son office avec une inventivité toujours renouvelée et que l'on retrouve de nos jours dans bien des expressions courantes. Ainsi leur bourdonnement produit aujourd'hui aussi bien le *buzz* de l'ère Internet, plutôt pacifique, que le drone (le bourdon en anglais) parfois guerrier. Nous détestons que les hommes politiques ou les médias nous « enfument » comme un essaim qu'il faudrait endormir ; et lorsque nous passons un « examen », qu'il soit médical, scolaire ou de conscience, n'oublions jamais qu'il s'agit de « faire sortir quelque chose » comme un essaim (*examen* en latin) sort de sa ruche… Bref, qu'elles soient mortes ou vives, les métaphores restent actives, même dans notre univers technologique et urbain bien éloigné en apparence des réalités apicoles.

En apparence seulement, car l'abeille menacée à la campagne a envahi les villes : elle est désormais « vendue » comme une caution « développement durable » ou un supplément d'âme pour tout ce qui touche à la « vie moderne » et urbaine. À Paris, elles sont présentes – de manière symbolique – dans le jardin du Luxembourg depuis 1872 ; sur le toit de l'Opéra Garnier depuis 1983 ; et tout récemment, depuis 2013, au-dessus de la sacristie de Notre-Dame de Paris et de l'Assemblée nationale. Et l'opinion, pour le moins paradoxale, commence à se répandre, que les villes seraient l'ultime refuge pour des abeilles chassées des champs devenues trop toxiques pour elles.

Le monde économique n'est pas en reste : le London Stock Exchange – la Bourse de Londres – accueille depuis 2011 des abeilles sur son toit, à l'initiative de son directeur, le Français Xavier Rolet. Et, dans le parc du bâtiment Challenger de l'entreprise Bouygues à Saint-Quentin-en-Yvelines, on trouve toujours les neuf ruches chères au fondateur de l'entreprise, symboles de sa passion de bâtir. On pourrait multiplier les exemples, mais ceux-ci sont éloquents. De l'art lyrique au BTP, de la piété religieuse au business, en passant par la politique… on a un aperçu du caractère très « œcuménique » des usages de l'abeille.

Il faudrait aussi parler de toutes les institutions qui ont pris la ruche pour modèle, comme, par exemple, la cité d'artistes du XVe arrondissement de Paris qui a accueilli à partir de 1902 des peintres comme Boucher, Modigliani, Brancusi, Léger, Chagall, etc., ou encore les écoles d'inspiration libertaire et/ou d'art appliqués ; la référence constante du Corbusier à la cité-ruche et à ses alvéoles ; sa place dans les logos des assurances et des mutuelles, etc.

On frise là l'overdose métaphorique...

Mais cette profusion a sa logique, car il y a en elle une sorte de mécanisme que l'on retrouve à toutes les époques. Tentons, pour finir, d'en décortiquer les moments...

Il s'agit, en fait, d'un cycle en quatre étapes qui se répète tout au long de l'histoire.

Au départ, il y a la simple « observation » admirative du monde de la ruche, mais celle-ci n'est jamais neutre et se double, de façon quasi immédiate, d'une comparaison avec l'homme. Tout se passe comme si le spectacle de la ruche était une sorte d'« exercice spirituel », qui, en nous sortant du quotidien, nous conduit à interroger la condition humaine dans toutes ses dimensions. D'emblée la ruche est décrite en miroir : l'abeille permet de penser l'homme tout comme l'homme permet de penser l'abeille. Ainsi, on comparera la ruche à une cité pour décrire sa reine, sa hiérarchie, son organisation ; mais on comparera aussi la cité des hommes à une ruche pour expliquer son fonctionnement (monarchique, aristocratique, démocratique) ou son dysfonctionnement (tyrannique ou totalitaire). De même, on dira que l'essaim est un cerveau tout comme on pourra soutenir que le cerveau est un essaim (qui, donc, « examine »)... Dans cette première étape, l'analogie se limite au repérage des ressemblances et des différences.

La théorie des systèmes permet d'ailleurs de donner une base légitime à ces comparaisons, qu'elles se situent aux niveaux politique, biologique, ou encore technologique (notamment en robotique), écologique ou informatique. Partout où on se trouve en présence de modes d'organisation (sociétés, familles, écosystèmes, organes, etc.) où s'unifient des éléments autonomes (individus, cellules), la comparaison avec les abeilles peut être faite. L'analogie est justifiée parce qu'elle porte sur les rapports entre les éléments de ces systèmes, sur leurs interrelations et non sur les éléments eux-mêmes.

De tels systèmes, dont la ruche fournit un paradigme, sont qualifiés de dynamiques et ouverts (sur leur environnement) par opposition à des systèmes stables et fermés et sont, à certaines conditions, susceptibles d'auto-organisation ; ce qui pour une ruche est la moindre des choses. Voilà pour la première étape.

Mais on ne saurait s'arrêter là. Rares sont les auteurs qui ont la sagesse de s'en tenir à cet usage simplement heuristique et pédagogique de la comparaison ; très vite, la tentation modélisatrice apparaît. Et l'on passe de la comparaison à l'idéalisation. C'est la deuxième étape. La métaphore alors s'emballe et suit sa logique propre… Le miroir devient magique. L'image qu'il renvoie n'est plus seulement reflet, mais un idéal pour celui qui s'y contemple. La ruche se transforme en cité parfaite ; le cerveau accède à l'hyper-intelligence ; le savoir géométrique se fait immédiat ; la vertu limpide ; la connaissance va se développer en suivant le rythme de la butineuse. Les auteurs exemplaires de cette ruche exemplaire sont Thomas de Cantimpré, Élien, mais aussi Sénèque quand il parle à Néron de la clémence rêvée du prince… ou encore le biologiste Thomas Seeley qui, en faisant de la ruche un idéal de démocratie participative, cède lui aussi à cette tentation modélisatrice.

Le processus n'est pourtant pas terminé. Au-delà de cette perfection incarnée, l'abeille peut apparaître ensuite – c'est le troisième stade – comme une voie d'accès pour des vérités suprêmes, indicibles. C'est cette abeille quasi mystique que suggèrent Pythagore, Virgile, Porphyre, mais aussi Augustin. Elle n'est plus du tout un idéal, elle devient une allégorie : petit insecte, elle devient la clé permettant d'entrevoir ce qui est au-delà de notre perception et de notre compréhension. Il y a beaucoup de transcendance dans sa petite immanence. Allégorie de la Trinité pour Augustin ; symboles des âmes immortelles pour Virgile et Porphyre ; microcosme révélateur des secrets du cosmos pour Aristote. L'abeille relève ici de ce qu'on appelait jadis le sublime, avant que ce terme ne soit démonétisé. Le sublime, c'est cette expérience esthétique troublante qui, loin de confirmer l'adéquation du monde à nos attentes sensibles comme le jugement de goût, nous révèle l'impuissance de nos capacités de perception ou de conception face à l'immensité de l'univers. Il y a un peu de cela dans la ruche qui ne cesse de déborder de sens en débordant nos sens.

Une fois parvenue à cette hauteur éthérée, la baudruche pourtant se dégonfle quelque peu. C'est le quatrième temps : ce sublime ineffable devient un obstacle à la connaissance. La nature s'est tellement enveloppée de voiles qu'elle en devient invisible. C'est alors qu'arrive l'abeille « esprit fort » ; celle de la fable, caustique, critique et distanciée. On en revient à la comparaison, mais avec l'ironie en plus. Ce sont là Ésope, Phèdre, La Fontaine, Fénelon, et bien sûr Mandeville… Le miroir se révèle déformant et la réflexion reprend ses droits sur la poésie mystique. Cette distance humoristique entre le réel et son modèle rend à nouveau possible une observation réelle et « objective » du monde de la ruche. Retour à la case départ…

… avant que le cycle ne se remette en marche : comparaison, idéalisation, sublimation et distanciation critique.

Ce que la mise au jour de ce processus répétitif permet aussi de comprendre, c'est l'inquiétude pour le destin de l'abeille que l'on trouve chez nos contemporains. Ce souci est légitime, et il ne faut pas le minimiser, car les abeilles en effet ne se portent pas bien dans le nouvel environnement que nous leur « offrons ». Ce n'est pas parce qu'elles ont toujours disparu dans les légendes qu'elles ne s'affaiblissent pas dans la réalité. L'apiculteur ici peut le confirmer à son frère philosophe comme à son ami lecteur : en trente ans de pratique de l'apiculture, le nombre de ses pertes tout au long d'une année n'a cessé d'augmenter. Mais il ne faut pas non plus cacher que ce souci donne lieu à de quasi-arnaques sous couvert de bons sentiments. On trouve ainsi sur Internet des sites remplis d'appels dramatiques proposant au lecteur ému et crédule d'« adopter des abeilles » ou de financer des ruches à des tarifs exorbitants ; et cela, bien sûr, *pour sauver la planète*. Ce n'est certainement pas ainsi qu'on aidera les abeilles. L'intérêt pour l'abeille n'est pas toujours désintéressé !

Mais, plus profondément, on pourrait dire que ce souci de l'abeille est la projection d'un souci de l'homme ; car le spectacle de la ruche nous renvoie à deux archétypes puissants de la condition humaine. D'une part, la fragilité d'un humain mortel noyé dans un univers immense : c'est sa finitude ; d'autre part, la puissance surnaturelle de sa maîtrise théorique et pratique : c'est sa démesure. La tâche de l'apiculteur, comme celle du philosophe, s'inscrit au cœur de cette dualité. Aristote et les agronomes romains préconisaient la recherche de la bonne mesure et de l'équilibre dans la ruche et leurs recommandations font toujours partie des préoccupations d'un apiculteur actuel. Ainsi, par exemple, les Anciens accordaient une grande importance à la gestion de l'espace dans la ruche, et de fait, un certain confinement aide les abeilles à supporter les rigueurs hivernales et à se redévelopper au début du printemps ; mais s'il se prolonge trop, la ruche essaimera. Une ruche trop faible ne fera pas de récolte, il faut donc la renforcer ; mais attention, trop populeuse, elle essaimera également à coup sûr. Par contre, si les conditions météorologiques ne sont pas favorables, et c'est là que nous retrouvons la finitude et l'impuissance de l'homme face à la nature, le maintien de ce bel équilibre aura été parfaitement vain : condition nécessaire, mais pas suffisante.

Trop de finitude entraîne la soumission et la servitude volontaire ; trop de démesure produit le fantasme prométhéen de la toute-puissance et, au bout du compte, l'autodestruction. Entre ces deux écueils tragiques, l'humaine condition est vouée à tracer sa route sans jamais parvenir ni à les supprimer ni à les concilier tout à fait. Or l'abeille – telle est sa fonction philosophique – nous présente le rêve d'une harmonisation effective de la petitesse et de la grandeur, de l'humilité et de la puissance. C'est à ce miel subtil et consolant que le philosophe aime à se nourrir en oubliant parfois qu'il ne fait que projeter dans la nature le fruit de son l'autoréflexion inquiète. Car le miel, ça colle – « ça pègue », comme on dit dans le Sud. Il réunit les hommes, les connaissances, les ordres, les idées et les goûts. Il nous rappelle aussi que savoir, sagesse et saveur ont une origine commune (*sapere*) chez l'*Homo sapiens*. C'est peut-être pour cela que sa productrice, l'abeille, a été, est et sera toujours un formidable aiguillon de la pensée.

Montregard et Paris, février 2015.

Florilège n° 1
L'abeille extraterrestre de Fontenelle

« "Il y a dans une planète, que je ne vous nommerai pas encore, des habitants très vifs, très laborieux, très adroits ; ils ne vivent que de pillage, comme quelques-uns de nos Arabes, et c'est là leur unique vice. Du reste, ils sont entre eux d'une intelligence parfaite, travaillant sans cesse de concert et avec zèle au bien de l'État, et surtout leur chasteté est incomparable ; il est vrai qu'ils n'y ont pas beaucoup de mérite, ils sont tous stériles, point de sexe chez eux.

– Mais, interrompit la Marquise, n'avez-vous point soupçonné qu'on se moquoit en vous faisant cette belle relation ? Comment la nation se perpétuerait-elle ?

– On ne s'est point moqué, repris-je d'un grand sang-froid, tout ce que je vous dis est certain, et la nation se perpétue. Ils ont une reine, qui ne les mène point à la guerre, qui ne paraît guère se mêler des affaires de l'État, et dont toute la royauté consiste en ce qu'elle est féconde, mais d'une fécondité étonnante. Elle fait des milliers d'enfants, aussi ne fait-elle autre chose. Elle a un grand palais, partagé en une infinité de chambres, qui ont toutes un berceau préparé pour un petit prince, et elle va accoucher dans chacune de ces chambres l'une après l'autre, toujours accompagnée d'une grosse cour, qui lui applaudit sur ce noble privilège, dont elle jouit à l'exclusion de tout son peuple.

Je vous entends, Madame, sans que vous parliez. Vous demandez où elle a pris des amants ou, pour parler plus honnêtement, des maris. Il y a des reines en Orient et en Afrique, qui ont publiquement des sérails d'hommes, celle-ci apparemment en a un, mais elle en fait grand mystère, et si c'est marquer plus de pudeur, c'est aussi agir avec moins de dignité. Parmi ces Arabes qui sont toujours en action, soit chez eux, soit en dehors, on reconnaît quelques étrangers en fort petit nombre, qui ressemblent beaucoup pour la figure aux naturels du pays, mais qui d'ailleurs sont fort paresseux, qui ne sortent point,

qui ne font rien, et qui, selon toutes les apparences, ne seroient pas soufferts chez un peuple extrêmement actif, s'ils n'étoient destinés aux plaisirs de la reine, et à l'important ministère de la propagation. En effet, si malgré leur petit nombre ils sont les pères des dix mille enfants, plus ou moins, que la reine met au monde, ils méritent bien d'être quittes de tout autre emploi, et ce qui persuade bien que ç'a été leur unique fonction, c'est qu'aussitôt qu'elle est entièrement remplie, aussitôt que la reine a fait ses dix mille couches, les Arabes vous tuent, sans miséricorde, ces malheureux étrangers devenus inutiles à l'État.
- Est-ce tout ? dit la Marquise. Dieu soit loué. Rentrons un peu dans le sens commun, si nous pouvons. De bonne foi où avez-vous pris tout ce roman-là ? Quel est le poète qui vous l'a fourni ?
- Je vous répète encore, lui répondis-je, que ce n'est point un roman. Tout cela se passe ici, sur notre terre, sous nos yeux. Vous voilà bien étonnée ! Oui, sous nos yeux, mes Arabes ne sont que des abeilles, puisqu'il faut vous le dire."
Alors je lui appris l'histoire naturelle des abeilles, dont elle ne connoissoit guère que le nom. "Après quoi, vous voyez bien, poursuivis-je, qu'en transportant seulement sur d'autres planètes des choses qui se passent sur la nôtre, nous imaginerions des bizarreries, qui paraîtroient extravagantes, et seroient cependant fort réelles, et nous en imaginerions sans fin, car, afin que vous le sachiez, Madame, l'histoire des insectes en est toute pleine. Je le crois aisément, répondit-elle. N'y eût-il que les vers à soie, qui me sont plus connus que n'étoient les abeilles, ils nous fourniroient des peuples assez surprenants, qui se métamorphoseroient de manière à n'être plus du tout les mêmes, qui ramperoient pendant une partie de leur vie, et voleroient pendant l'autre, et que sais-je moi ? cent mille autres merveilles qui feront les différens caractères, les différentes coutumes de tous ces habitants inconnus. Mon imagination travaille sur le plan que vous m'avez donné, et je vais même jusqu'à leur composer des figures. Je ne vous les pourrois pas décrire, mais je vois pourtant quelque chose. Pour ces figures-là, répliquai-je, je vous conseille d'en laisser le soin aux songes que vous aurez cette nuit. Nous verrons demain s'ils vous auront bien servie, et s'ils vous auront appris comment sont faits les habitants de quelque planète." ».

(Bernard Le Bouyer de Fontenelle [1657-1757], « Troisième soir », *Entretiens sur la pluralité des mondes* [1686].)

Florilège n° 2
La longue vie des traités d'agronomie

Le genre du « traité d'agronomie », comme mélange d'observation de la nature, de conseils techniques et de réflexions philosophiques et religieuses, a une origine grecque. Hésiode et son ouvrage *Des travaux et des jours* en sont la figure inaugurale. Mais on peut aussi citer Xénophon (v. 430-455 av. J.-C.) et son *Économique* ; Théophraste (v. 371-287 av. J.-C.) qui succéda à Aristote à la tête du Lycée, ou encore Bolos de Mendès (IIIe siècle av. J.-C.), dont le célèbre traité sur l'agriculture longtemps attribué à Démocrite est aujourd'hui perdu. Chez les Romains, le genre fut adapté à l'âge d'or de la République : le *De re rustica* de Caton l'Ancien (237-149 av. J.-C.) est la seule œuvre qui nous soit parvenue de cet auteur ; en revanche, les textes fameux en leur temps des Saserna père et fils (146-57 av. J.-C.), ainsi que de Tremelius Scofra (Ier siècle av. J.-C.) sont perdus*. Mais c'est sans doute avec Varron (116-27 av. J.-C.) que le genre atteint son apothéose. Celui-ci, après avoir été général de Pompée devient le bibliothécaire de César. Son savoir était encyclopédique et son ouvrage *De l'agriculture,* dans lequel les abeilles occupent une place notable, aura une postérité aussi considérable que durable. Il paraît d'ailleurs l'année même où Virgile commence la rédaction des *Géorgiques* et son influence sur elles est évidente. Notons en passant l'usage chez Varron d'un joli mot, hélas oublié, pour désigner l'apiculteur : le « méliturge » ou *celui qui fait le miel.*
Après Virgile, il y aura Hygin (64 av. J.-C.-17), le bibliothécaire d'Auguste, dont les traités sur l'agriculture et l'abeille ne nous sont pas parvenus ; Cornelius Celsus (25 av. J.-C. -50) médecin réputé, dont il ne reste que quelques fragments ; Columelle (Ier siècle) ; Pline l'Ancien (23-79) ; et plus tard Palladius (IVe siècle), dont le traité, simple compilation des précédents, est organisé sous une forme calendaire. Cet ensemble paraît assez cohérent pour que, par la suite, la plupart de ces auteurs soient réunis dans des recueils qui cesseront jamais d'être réédités et traduits jusqu'au début du XXe siècle.

D'ailleurs si l'on prend l'édition française de 1864 des *Agronomes latins,* on voit que ces auteurs antiques n'ont rien perdu de leur autorité ; selon ses préfaciers de cette édition, les conseils des Latins restent pleinement valables : « En Italie – peut-on lire –, Caton, Varron, Columelle, Palladius sont toujours les classiques

* Il faut mentionner également le traité du Carthaginois Magon (IIIe siècle av. J.-C.), célébré même par le vieux Caton qui n'aimait pourtant guère ce qui venait de Carthage ! Le Sénat exigera que le livre soit précieusement préservé alors même que Carthage, conformément aux vœux de Caton, était détruite (146 av. J.-C.).

de l'agriculture. La plupart des procédés qu'ils indiquent sont encore pratiqués utilement sur le même sol qu'a sillonné la charrue de Caton. [...] Ces procédés forment comme la tradition technique de l'agriculture. On en peut aussi reconnaître la tradition morale dans les excellentes règles de conduite que contiennent ces traités en ce qui regarde les rapports du maître et des serviteurs, esclaves chez les anciens, chez nous compagnons libres du travail de l'agriculteur » (p. I). Cette longue tradition s'est transmise sans rupture, depuis les *Géoponiques*, traité composé au milieu du xe siècle à la demande de l'empereur byzantin Constantin Porphyrogénète (913-959) sur un recueil d'œuvres agronomiques. On retrouve ces textes dans le monde arabe, notamment en Andalousie où ils seront traduits et adaptés. Ainsi le *Compendium d'agronomie* du médecin de Cordoue Albucasis (Abu al-Qasim al-Zahrawi mort en 1010) ou encore *Le Livre de l'agriculture* de l'auteur andalou Ibn al-Awam (fin du xiie siècle). Citons encore, la parution en 1472, à Venise sous le titre *Scriptores Rei Rusticae* (ou *Libri de re rustica*) d'un recueil des textes de Caton, Varron, Columelle sur l'agriculture qui connaîtra de nombreuses éditions. C'est par ces textes et ces auteurs que la connaissance du monde de la ruche sera longtemps transmise.

Florilège n° 3 Les abeilles de Virgile et l'immortalité de l'âme

La comparaison entre les abeilles et les âmes va se prolonger durablement. On la retrouve dans des contextes fort différents aussi bien chez Fénelon que chez Jules Michelet.

• Fénelon, *Démonstration de l'existence de Dieu, tirée de la connaissance de la Nature et proportionnée à la faible intelligence des plus simples* (1718) (première partie) : « La philosophie des anciens, quoique très imparfaite, avait [envisagé] que l'esprit divin, répandu dans tout l'univers, fût une sagesse supérieure qui agit sans cesse dans toute la nature, et surtout dans les animaux, comme les âmes agissent dans les corps ; et que cette impression continuelle de l'esprit divin, que le vulgaire nomme instinct, sans entendre le vrai sens de ce terme, fût la vie de tout ce qui vit. Ils ajoutaient que ces étincelles de l'esprit divin étaient le principe de toutes les générations ; que les animaux les recevaient dans leur conception et à leur naissance, et qu'aux moments de leur mort ces particules divines se détachaient de toute la matière terrestre, pour s'envoler au ciel, où elles roulaient au nombre des astres. C'est cette philosophie, tout ensemble si magnifique et si fabuleuse, que Virgile exprime avec tant de grâce par ces vers sur l'abeille, où il dit que toutes les merveilles qu'on admire ont fait dire à plusieurs qu'elles étaient animées par un souffle divin et par une portion de la Divinité ; dans la persuasion où ils étaient que Dieu remplit la terre, la mer et le ciel : que c'est là que les bêtes, les troupeaux et les hommes reçoivent la vie en naissant ; et que c'est là que toutes choses rentrent et retournent lorsqu'elles viennent à se détruire, parce que les âmes, qui sont le principe de la vie, loin d'être anéanties par la mort, s'envolent au nombre des astres, et vont établir leur demeure dans le ciel. »

• Jules Michelet, dans son ouvrage *Les Insectes* (1858), reprendra l'idée (voir chapitre XXIII, « Les abeilles de Virgile ») :
« Tous les modernes ont triomphé de l'ignorance de Virgile et de sa fable d'Aristée, qui tire la vie de la mort et fait naître ses abeilles du flanc des taureaux immolés. Moi, je n'en avais jamais ri. Je sais, je sens, que toute parole de ce grand poète sacré a une valeur très grave, une autorité que j'appellerais augurale et pontificale. Le quatrième livre des *Géorgiques*, spécialement, fut une œuvre sainte, sortie du plus profond du cœur. C'était un pieux hommage au malheur et à l'amitié, l'éloge d'un proscrit, de Gallus, le plus tendre ami de Virgile. Cet éloge fut effacé, sans doute, par le prudent Mécène. Et Virgile y substitua sa résurrection des abeilles, ce chant plein d'immortalité, qui dans le mystère des transformations de la nature, contient notre meilleur espoir : Que la mort n'est pas une mort, mais une nouvelle vie commencée. » Et Michelet en veut pour preuve cet épisode de sa propre existence : le 28 octobre 1856, alors qu'il se rendait au Père-Lachaise sur la tombe de son fils, il eut la surprise, en cette période tardive, de voir voleter autour du tombeau quelques abeilles brillantes. Trop brillantes : ce n'étaient pas des abeilles, mais des esprits. Ces « nobles abeilles virgiliennes [...] font société aux morts, et, pour les vivants, recueillent ce miel de l'âme, l'espoir de l'avenir ».

Florilège n° 4
Comment encourager un jeune prince à faire sa version latine ?

La méthode de Fénelon (1651-1715), précepteur du jeune duc de Bourgogne, prince héritier de France, se voulait infaillible. Il imagine, dans une de ses fables (« Aristée et Virgile »), Virgile arrivant à son tour aux enfers. Accueilli par un Aristée enthousiaste, celui-ci l'avertit qu'il risque d'encourir le ressentiment d'Orphée, l'envie d'Homère et surtout la jalousie d'Hésiode qu'il a osé concurrencé sur le terrain du poème agraire.

Mais, arrivé sous l'ombrage, tous se taisent pourtant pour écouter les vers récités par Virgile : « Il les chanta d'abord avec modestie et puis avec transport. Les plus jaloux sentirent malgré eux, une douceur qui les ravissait. La lyre d'Orphée, qui avait enchanté les rochers et les bois, échappa de ses mains et des larmes amères coulèrent de ses yeux. Homère oublia pour un moment, la magnificence rapide de l'*Iliade* et la variété agréable de l'*Odyssée*. [...] Hésiode, tout ému, ne pouvait résister à ce charme. Enfin, revenant un peu à lui, il prononça ces paroles pleines de jalousie et d'indignation : "Ô Virgile ! tu as fait des vers plus durables que l'airain et que le bronze. Mais je te prédis qu'un jour on verra un enfant qui les traduira en sa langue et qui partagera, avec toi, la gloire d'avoir chanté les abeilles." »

Et maintenant, monsieur le duc... au boulot !

Florilège n° 5
L'essaim et l'hypostase selon Proclus

Le néoplatonicien Proclus (412-485) dans son *Commentaire sur le Parménide* (livre III), cite et commente les *Oracles chaldaïques*, recueil de théurgie ou magie supérieure, publié en grec vers 170. Là encore, le recours aux abeilles permet de faire penser l'origine et la nature profondes des choses.

« La raison du père, les ayant conçues, par un décret puissant a fait sortir les idées avec toutes leurs formes et elles se sont envolées et se sont élancées d'une seule source. Car c'est du père que sont venues la volonté et la réalisation : mais divisées par le feu intellectuel, elles se sont partagées en d'autres idées intellectuelles : car le roi a imposé tout d'abord au monde polymorphe un type intellectuel indestructible. Mais le monde s'étant empressé d'en suivre avec ordre les traces, a apparu revêtu d'une figure et paré de mille belles formes. De ces mondes, il n'y a qu'une source unique, d'où s'échappent les autres sources divisées à l'infini, se fractionnant dans les corps du monde et qui, semblables à des essaims d'abeilles, sont emportées dans des réceptacles infinis et se transforment en eux pour ainsi dire les unes d'une façon, les autres d'une autre ; ce sont là les Idées intellectuelles, issues de la source paternelle, et qui se sont emparées de la puissance immense du feu. C'est cette source première et parfaite du père, qui, au moment où le temps qui ne s'endort jamais, était dans la fleur de sa force, a fait jaillir ces Idées, les premières nées de Tout. »

Après cette longue citation des *Oracles*, voici le commentaire qu'en propose Proclus :

« On pourrait, en approfondissant ces notions, voir encore beaucoup d'autres choses concernant l'interprétation de ces divines pensées. Mais pour le moment présent, nous ne dirons que ceci : c'est que les Dieux confirment par leur témoignage les conceptions de Platon, en appelant Idées ces causes intellectuelles, et en disant que le monde est empreint du type qu'elles lui donnent. Si donc les arguments nous persuadent d'admettre l'hypothèse des idées, et si les Sages se sont mis d'accord sur ce sujet, Platon, Pythagore, Orphée, et si les dieux confirment cette opinion par leurs témoignages, nous ne devons guère nous inquiéter des arguments sophistiques qui se réfutent d'eux-mêmes et ne disent rien de solide et qui soit fondé sur un raisonnement scientifique. Car les Dieux nous ont dit que ce sont les conceptions du Père, puisqu'elles demeurent dans les pensées du Père ; qu'elles procèdent dans la démiurgie du monde ; car la procession n'est que l'acte impétueux qui les en fait sortir ; qu'elles prennent toutes les formes, parce qu'elles enveloppent les causes de toutes les choses divisibles ; que des Idées sources ont procédé d'autres qui ont reçu dans leur lot, par parties, la démiurgie du monde – ce sont celles qui sont dites ressembler à des essaims d'abeilles – et qui sont génératrices des choses inférieures. » (trad. A. E. Chaignet, 1900, disponible sur le site Remacle ; voir aussi trad. C. Luna et A.-P. Segonds, Paris, Les Belles Lettres, 2011, p. 25 *sq.*)

Florilège n° 6
Comment quitter le sensible ?

Tel est le programme que doit adopter l'« apprenti-sage » et cela commence par des pratiques alimentaires que décrit et justifie Porphyre dans son ouvrage *De l'abstinence* (I, 30-31) :

« I, XXX. Il faut d'abord renoncer à tout ce qui nous attache aux choses sensibles et à tout ce qui nourrit les passions, ne s'occuper que du spirituel ; car nous ressemblons à ceux qui quittent leur patrie pour aller dans un pays étranger où ils se familiarisent avec les lois et les coutumes des barbares. Lorsqu'ils doivent retourner chez eux, ils songent non seulement au voyage qu'ils ont à faire : mais pour y être mieux reçus, ils cherchent à se défaire de toutes les manières étrangères qu'ils ont pu contracter et à se ressouvenir de tout ce qu'il faut faire pour être vus agréablement dans leur pays natal. De même nous qui sommes destinés à retourner dans notre vraie patrie, il faut que nous renoncions à tout ce que nous avons pris ici d'habitudes mauvaises ; et nous devons nous ressouvenir que nous sommes des substances heureuses et éternelles, destinées à retourner dans le pays des intelligences où l'on ne trouve rien de sensible. Il nous faut donc être continuellement occupés de ces deux objets, de nous dépouiller de tout ce qui est matériel et mortel, et de nous mettre en état de retourner d'où nous sommes venus, sans que notre âme ait souffert de cette habitation terrestre. Nous étions autrefois des substances intelligentes, dégagées de tout ce qui est sensible ; nous avons été ensuite unis à des corps, parce qu'il était au-dessus de nos forces de converser éternellement avec ce qui n'était qu'intellectuel. Les substances intelligentes se corrompent bientôt, dès qu'elles sont unies à des choses sensibles : comme l'on voit qu'une terre où l'on n'a semé que du froment produit cependant de l'ivraie.
XXXI. Si nous voulons donc retourner dans notre premier état, il faut nous séparer de tout ce qui est sensible, renoncer à tout ce qui est contraire à la raison, nous dégager de toutes les passions, autant que la faiblesse humaine le permet : il ne faut songer qu'à perfectionner l'âme, imposer silence aux passions, afin qu'autant qu'il est possible, nous menions une vie tout intellectuelle. C'est pourquoi il est nécessaire de se dépouiller de cette enveloppe terrestre ; car il faut être nu pour bien combattre : et notre attention doit aller non seulement jusqu'aux choses qui doivent nous servir de nourriture, mais aussi jusqu'à réprimer les désirs ; car à quoi servirait-il de renoncer aux actions si on en laissait subsister les causes ? »

Florilège n° 7
L'éloge de l'abeille par Basile de Césarée

Dans son commentaire des six jours de la Création (*Hexameron*), Basile de Césarée (330-379) en arrive à celle des oiseaux (8e homélie) dont les insectes volants, pour les Anciens, faisaient évidemment partie. Ce texte sur les abeilles offre une matière qui sera constamment reprise au cours des siècles suivants.

« Quelques-uns de ces animaux ont un véritable gouvernement, puisque le caractère propre d'une administration est que tous les individus réunissent leurs forces pour un intérêt commun. C'est ce qu'on voit dans les abeilles. Leur habitation est commune, elles sortent en commun pour le même objet ; l'occupation de toutes est la même ; et ce qu'il y a de principal, c'est que travaillant sous un roi et sous un chef, elles n'osent point partir pour les prés avant qu'elles voient le roi leur en donner l'exemple. Leur roi n'est pas élu par les suffrages du peuple, parce que l'ignorance du peuple élève souvent à la principauté le plus méchant homme ; il ne reçoit pas son autorité du sort, parce que le caprice du sort confère souvent l'empire au dernier de tous ; il n'est pas assis sur le trône par une succession héréditaire ; parce que, trop ordinairement, les enfants des rois, gâtés par la flatterie et corrompus par les délices, sont destitués de lumières et de vertus : c'est la nature qui lui donne le droit de commander à tous, étant distingué entre tous par sa grandeur, par sa figure, par la douceur de son caractère. Le roi a un aiguillon ; mais il ne s'en sert pas pour satisfaire sa vengeance. C'est comme une loi de la nature, une loi non écrite, que plus on est élevé à une grande puissance, moins on est prompt à se venger. Les abeilles qui n'imitent point l'exemple du roi sont punies sur-le-champ de leur témérité, puisqu'elles meurent en lançant leur aiguillon. Que les chrétiens soient attentifs, eux à qui il est ordonné de ne point rendre le mal pour le mal, mais de vaincre le mal par le bien (Rom. 12, 17 et 21). Imitez le caractère propre de l'abeille, qui forme ses rayons sans nuire à personne et sans piller le bien d'autrui. Elle recueille ouvertement la cire sur les fleurs ; et pompant avec sa trompe le miel qui est répandu sur ces mêmes fleurs comme une douce rosée, elle le dépose dans le creux des rayons. Ce miel est d'abord liquide ; mais se formant avec le temps, il prend enfin la consistance et la douceur qui lui sont propres. Le livre des Proverbes donne à l'abeille la plus belle et la plus convenable des louanges, en l'appelant habile et laborieuse (Prov. 6, 8). Autant elle annonce d'activité en ramassant de toutes parts sa nourriture, activité dont les princes et les particuliers recueillent les fruits salutaires ; autant elle montre d'art pour façonner et disposer les cellules de son miel. Ces cellules, multipliées et contiguës les unes aux autres, sont faites d'une cire étendue en membrane déliée. Elles sont faibles par elles-mêmes ; mais liées ensemble, elles se soutiennent mutuellement. Chacune tient à une autre par un petit mur mitoyen qui l'unit à elle et qui l'en sépare. Placées les unes au-dessus des autres, elles forment plusieurs étages. Ce petit animal se donne bien de garde de ne construire qu'un seul magasin dans tout l'espace, de peur que la liqueur précieuse ne le rompe par son poids et ne se répande au-dehors. Voyez comment les inventions géométriques ne sont que la copie du travail de l'industrieuse abeille. Les cellules des rayons, toutes hexagonales et à côtés égaux, ne portent pas les unes sur les autres en ligne droite, parce qu'alors les côtés non soutenus se trouveraient fatigués ; mais les angles des hexagones inférieurs sont le fondement et la base des hexagones supérieurs ; ils les aident à supporter le poids qui est au-dessus d'eux, et à garder le trésor liquide contenu dans leur enceinte. » (*Hexameron*, VIII, 4, trad. Abbé Auger, 1827.)

Florilège n° 8
L'abeille-machine de Malebranche

Dans ses *Entretiens sur la métaphysique et sur la religion* (1688), Malebranche reprend la thèse d'Origène, qui impute le miracle des abeilles à un Dieu bienveillant plus qu'à la seule loi de la nature, mais en l'adaptant à la théorie cartésienne des animaux machines. Pour Descartes, en effet, les animaux sont, comme des montres, composés de rouages infiniment petits ; leur auteur est donc un « grand horloger ».

« Théodore - [...] Souvenez-vous, Ariste, de nos abeilles d'hier. C'est un ouvrage admirable que ce petit animal. Combien d'organes différents, que d'ordre, que de liaisons, que de rapports dans toutes ses parties ! Ne vous imaginez pas qu'il en ait moins que les éléphants : apparemment il en a davantage. Comprenez donc, si vous le pouvez, le nombre et le jeu merveilleux de tous les ressorts de cette petite machine. C'est l'action faible de la lumière qui les débande tous ces ressorts. C'est la présence seule des objets qui en détermine et qui en règle tous les mouvements. Jugez donc par l'ouvrage si exactement formé, si diligemment achevé de ces petits animaux, non de leur sagesse et de leur prévoyance, car elles n'en ont point ; mais de la sagesse et de la prévoyance de celui qui a assemblé tant de ressorts, et qui les a ordonnés si sagement par rapport à tant de divers objets et de fins différentes. Assurément, Ariste, vous seriez plus savant que tout ce qu'il y a jamais eu de philosophes, si vous saviez exactement les raisons de la construction des parties de ce petit animal. » (« Entretien XI », *in Œuvres*, Paris, Gallimard « Bibliothèque de la Pléiade », t. II, p. 872.)

Florilège n° 9
Les vierges-abeilles de saint Ambroise

Le discours *De la virginité* s'adresse aux vierges consacrées qui se destinent à la vie monastique. Ambroise pointe la différence avec les vestales païennes, très éloignées de la modestie et de l'humilité requises pour la vie chrétienne.

« Que tes œuvres donc composent un rayon de miel : la virginité en effet mérite d'être comparée aux abeilles : comme elles, diligente, pure chaste. L'abeille se nourrit de rosée, "ne se livre pas à l'accouplement, compose son miel". La vierge aussi a sa rosée : la parole de Dieu, car les paroles de Dieu descendent comme la rosée. Sa pureté, c'est l'intégrité de sa nature. Son enfantement, c'est le fruit de ses lèvres, exempt d'aigreur, plein de douceur. Le travail est en commun, le produit en commun. Combien voudrais-je, ma fille, que tu imites cette petite abeille qui se nourrit de fleurs, qui recueille ses petits et forme son miel avec sa bouche ! Imite-la, ma fille. Que tes paroles ne s'enveloppent d'aucune fourberie, qu'elles ne dissimulent aucune fraude, mais qu'elles soient franches et pleines de gravité. Que tes mérites, enfantés par tes lèvres, t'assurent une postérité sans fin. Et ne les amasse pas pour toi seule, mais pour d'autres [...]. Prends donc des ailes, ô vierge, mais les ailes de l'esprit, pour survoler les vices, si tu veux parvenir jusqu'au Christ, lui "qui demeure dans les cieux et abaisse ses regards vers la terre" (Ps 112, 5-6). Sa beauté ressemble au cèdre du Liban, dont la frondaison se perd dans les nues, dont les racines plongent en terre. Son origine est céleste ; dans la suite sa vie sur terre a porté des fruits voisins du ciel. Cherche avec grand soin une si belle fleur : qui sait si tu ne la trouveras pas dans le vallon de ton cœur ; car c'est dans les lieux cachés qu'elle a coutume de répandre son parfum » (*De la virginité*, 1, 8).

Florilège n° 10
Les encyclopédies naturelles au Moyen Âge

Le projet littéraire et intellectuel en avait été conçu par saint Augustin. Celui-ci, grand admirateur de l'œuvre de Varron (116-26 av. J.-C.), qui avait réuni le savoir de son temps en quarante et un livres (vingt-cinq pour les choses humaines et seize pour les choses divines), avait espéré que l'on fît de même dans une perspective chrétienne. Isidore de Séville (mort en 636) fut le premier à réaliser ce projet avec ses *Étymologies* dans lesquelles il s'agissait de réunir les mots et les choses, les observations et les dogmes, les anciens et les chrétiens. Souvent fantaisistes les étymologies sont le prétexte à des exposés savants : ainsi, abeille (*apis*) tient-elle son nom, selon Isidore, de son absence de pied (*a-pes*). Après Isidore, il y aura Bède le Vénérable (674-735) avec son *De rerum natura* et Raban Maur (mort en 856) bénédictin, archevêque de Mayence, avec son *De rerum naturis* (VIII, 7). Tous ces ouvrages consacrent de nombreuses pages aux abeilles, issues pour l'essentiel de la lecture des grands auteurs latins (Varron, Virgile, Pline, Columelle). Ce genre encyclopédique retrouve une nouvelle vigueur au début du XIIIe siècle, grâce notamment à la redécouverte des écrits d'Aristote *via* les commentateurs arabes. Plusieurs ouvrages paraissent à peu près au même moment que celui de Thomas de Cantimpré : Alexandre Neckham (mort en 1217) édite un *De naturis rerum ;* le dominicain Vincent de Beauvais (mort en 1264), tuteur du fils de Saint Louis rédige une immense compilation, *Miroir du monde* (*Speculum mundi*), dont la première partie paraît en 1250 (XX, 72-111) ; et le franciscain anglais Barthélemy, édite la même année le *Livre des propriétés des choses (Liber de proprietatibus rerum)*, accompagné de sublimes et précieuses enluminures. Après Thomas de Cantimpré et parfois inspiré par celui qui fut son élève, Albert le Grand (v. 1200-1280) fait paraître en 1270 une encyclopédie *De animalibus* de vingt-six livres (dont les dix-neuf premiers sont des commentaires d'Aristote) consacrée aux animaux, qui s'attache notamment à la question de la reproduction des insectes et comporte, pour la première fois, des observations propres qui ne se limitent pas à la compilation des autorités antiques. Il faut noter enfin *Le Livre du trésor* paru en 1263 de Brunetto Latini (1220-1294), Florentin exilé en France. Pour tous ces auteurs, la zoologie demeure une branche de la théologie.

Florilège n° 11
Les abeilles du Coran

Dans l'islam, l'abeille a fait l'objet d'un éloge appuyé. C'est notamment le cas dans la sourate XVI du Coran intitulée précisément « Les abeilles » (« Al-Naḥl ») et en laquelle il est dit notamment (versets 68-69) : « Ton Seigneur a révélé aux abeilles : "Établissez vos demeures dans les montagnes, dans les arbres et en ce que les hommes édifient, puis mangez de tous les fruits. Suivez docilement de la sorte les sentiers de votre Seigneur. Des entrailles des abeilles sort une liqueur diaprée qui constitue une guérison pour l'humanité." » Le prophète Mohammed a confirmé cette protection divine des abeilles à plusieurs reprises ; selon un de ses ḥadîth : « Toute mouche est vouée au feu infernal, sauf l'abeille. » Le croyant doit suivre son modèle, car « elle mange de bonnes choses et produit de bonnes choses, puis quand elle se pose, elle ne casse rien et ne corrompt rien » (*Cf.* le compilateur égyptien Al-Damiri [1344-1405] dans son *Kitab hayât al-hayawân al-kubra, Traité des grandes classes d'animaux* [1371, II, 403]). Enfin, parlant du miel, il déclara : « Pour vous [musulmans], il est deux remèdes : le Coran et le miel. » D'ailleurs, parmi les délices paradisiaques réservées aux élus, sont promis « des fleuves de miel purifié » (Coran, XLVII, 15) (voir illustration 11 du cahier hors texte).

Florilège n° 12
Leçon de la reine des abeilles au jeune prince de France

Parmi les fables rédigées par Fénelon (1651-1715) pour son élève, le jeune duc de Bourgogne, petit-fils de Louis XIV et prince héritier de la couronne de France (*Fables et opuscules pédagogiques*, 1718), voici celle-ci intitulée « Les abeilles ». Alors que le jeune prince admire dans un jardin l'organisation d'une ruche, la reine de celle-ci vient s'adresser à lui en ces termes :

« La vue de nos ouvrages et de notre conduite vous réjouit ; mais, elle doit encore plus vous instruire. Nous ne souffrons point, chez nous, le désordre ni la licence ; on n'est considérable parmi nous, que par son travail et par les talents qui peuvent être utiles à notre république. Le mérite est la seule voie qui élève aux premières places. Nous ne nous occupons, nuit et jour, qu'à des choses dont les hommes retirent toute l'utilité. Puissiez-vous être un jour comme nous et mettre dans le genre humain, l'ordre que vous admirez chez nous ! Vous travaillerez, par là, à son bonheur et au vôtre ; vous remplirez la tâche que le destin vous a imposée : car, vous ne serez au-dessus des autres, que pour les protéger, que pour écarter les maux qui les menacent, que pour leur procurer tous les biens qu'ils ont droit d'attendre d'un gouvernement vigilant et paternel. »

Florilège n° 13
La ruche hiérarchisée de Brunetto Latini

Pour cet auteur d'une des plus fameuses encyclopédies médiévales (1263), la ruche est un modèle de cité bien ordonnée de la tête aux pieds...

« Les abeilles établissent une hiérarchie dans leur peuple et maintiennent une distinction entre le menu peuple et la communauté des bourgeois. Elles choisissent leur roi, [...] celui qui est choisi pour roi et qui devient leur seigneur à tous est celui qui est le plus grand, le plus beau et de meilleure vie. [...] Cependant, même s'il est roi, les autres abeilles sont entièrement libres, et jouissent de pleins pouvoirs : mais la bonne volonté que la nature leur a donnée les rend aimables et obéissantes à l'égard de leur seigneur. [...] Sachez que les abeilles aiment leur roi de si bon cœur et avec tant de fidélité qu'elles pensent qu'il est bon de mourir pour le protéger et le défendre. » (B. Latini, *Livre du trésor*, 1263-1264, mis en français moderne par G. Bianciotto, in *Bestiaires du Moyen Âge*, Paris, Stock, 1995, p. 170-171.)

Florilège n° 14
L'abeille régicide

Ce poème, « Les abeilles et l'heureux gouvernement », est un bon exemple de la littérature révolutionnaire. Composé par Michel de Cubières (dit Dorat-Cubières) et dédié à Olympe de Gouges, il a été lu au Lycée Égalité en juillet 1792. Il était prémonitoire de la condamnation à mort de Louis XVI en janvier 1793.

[...]
Contre la nation si l'ingrat se déclare
S'il est impérieux, dissimulé, barbare
Qu'il tremble ! Chez les peuples il reste des vertus
L'Abeille a des Césars ; mais elle a des Brutus

[...]
Vous le voyez, mon fils, l'Abeille sait combattre,
Et des tyrans en vain chercheraient à l'abattre.
L'Abeille vit en paix du fruit de ses travaux,
Et d'une ruche enfin les citoyens égaux
Précipitent du trône un roi cruel et traître.
Peut-être ils ont un Dieu ; mais ils n'ont point de prêtre.
[...]

Florilège n° 15
Voltaire, Mandeville et les abeilles

Voltaire achève l'article « Abeille » (1764) de son *Dictionnaire philosophique* par une présentation, un résumé rimé et une critique de Mandeville et de sa *Fable des abeilles* :

« De tout temps les abeilles ont fourni des descriptions, des comparaisons, des allégories, des fables, à la poésie. La fameuse fable des abeilles de Mandeville fit un grand bruit en Angleterre ; en voici un petit précis :

Les abeilles autrefois
Parurent bien gouvernées.
Et leurs travaux et leurs rois
Les rendirent fortunées.
Quelques avides bourdons
Dans les ruches se glissèrent :
Ces bourdons ne travaillèrent,
Mais ils firent des sermons.
« Nous vous promettons le ciel ;
Accordez-nous en partage
Votre cire et votre miel. »
Les abeilles qui les crurent
Sentirent bientôt la faim ;
Les plus sottes en moururent.
Le roi d'un nouvel essaim
Les secourut à la fin.

Tous les esprits s'éclairèrent ;
Ils sont tous désabusés ;
Les bourdons sont écrasés,
Et les abeilles prospèrent

Mandeville va bien plus loin ; il prétend que les abeilles ne peuvent vivre à l'aise dans une grande et puissante ruche, sans beaucoup de vices. Nul royaume, nul État, dit-il, ne peuvent fleurir sans vices. Ôtez la vanité aux grandes dames, plus de belles manufactures de soie, plus d'ouvriers ni d'ouvrières en mille genres ; une grande partie de la nation est réduite à la mendicité. Ôtez aux négociants l'avarice, les flottes anglaises seront anéanties. Dépouillez les artistes de l'envie, l'émulation cesse ; on retombe dans l'ignorance et dans la grossièreté.
Il s'emporte jusqu'à dire que les crimes mêmes sont utiles, en ce qu'ils servent à établir une bonne législation. Un voleur de grand chemin fait gagner beaucoup d'argent à celui qui le dénonce, à ceux qui l'arrêtent, au geôlier qui le garde, au juge qui le condamne, et au bourreau qui l'exécute. Enfin, s'il n'y avait pas de voleurs, les serruriers mourraient de faim.
Il est très vrai que la société bien gouvernée tire parti de tous les vices ; mais il n'est pas vrai que ces vices soient nécessaires au bonheur du monde. On fait de très bons remèdes avec des poisons, mais ce ne sont pas les poisons qui nous font vivre. En réduisant ainsi la fable des abeilles à sa juste valeur, elle pourrait devenir un ouvrage de morale utile. »

Florilège n° 16
Les abeilles franc-maçonnes de Jules Michelet

Après le succès de son livre *L'Oiseau*, Jules Michelet (1798-1874) fait paraître *Les Insectes* (1857). Le principe de lecture est tout entier présent dans cette phrase : « Nous crûmes étudier des choses, et nous trouvâmes des âmes. » Voici un extrait du chapitre XXV (p. 329-331) consacré aux abeilles architectes et maçonnes… mais aussi « franc-maçonnes », pour autant qu'elles font naturellement confiance à une élite du mérite, de l'intelligence et du savoir.

« Si le guêpier tenait de Sparte, la ruche est, dans le monde insecte, la véritable Athènes. Ici, tout est art. Le peuple, l'élite artiste du peuple, crée incessamment deux choses, d'une part la Cité, la patrie, de l'autre la Mère universelle qui doit non seulement perpétuer le peuple, mais de plus être son idole, son fétiche, le dieu vivant de la Cité.

Ce qui est commun aux abeilles avec les guêpes, les fourmis, tous les insectes sociables, c'est la vie désintéressée des tantes et sœurs, vierges laborieuses, qui se dévouent tout entières à une maternité d'adoption.

Et ce qui sépare l'abeille de ces peuples analogues, c'est qu'elle a besoin de se faire une idole nationale dont l'amour l'invite au travail.

Tout cela a été longtemps méconnu. On croyait d'abord que cet État était une monarchie, qu'*il avait un roi*. Point du tout ; ce roi est une femelle. Alors, on s'est rabattu à dire : "Cette femelle est une reine." Erreur encore. Non seulement elle ne règne pas, ne gouverne pas, ne dirige rien, mais elle est gouvernée en certaines choses, parfois mise en charte privée. C'est plus et moins qu'une reine. C'est un objet d'adoration publique et légale ; je dis légale et constitutionnelle, car cette adoration n'est pas tellement aveugle qu'en tels cas l'idole ne soit, comme on verra, traitée très sévèrement.

"Donc, ce gouvernement serait au fond démocratique ?" Oui, si l'on considère l'unanime dévouement du peuple, le travail spontané de tous. Nul ne commande. Mais au fond, on voit bien que ce qui domine en toute chose élevée, c'est une élite intelligente, une aristocratie d'artistes. La Cité n'est point bâtie ni organisée par tout le peuple, mais par une classe spéciale, une espèce de corporation. Tandis que la grande foule des abeilles va chercher aux champs la nourriture commune, certaines abeilles plus grosses, les cirières, élaborent la cire, la préparent, la taillent, l'emploient habilement. Comme les francs-maçons du Moyen Âge, cette respectable corporation d'architectes travaille et bâtit sur les principes d'une profonde géométrie. Ce sont, comme ceux de nos vieux temps, *les maîtres des pierres vives.* Mais combien ces dignes abeilles méritent mieux encore ce nom ! Les matériaux qu'elles emploient ont passé par elles, ont été élaborés par leur action vitale, vivifiés de leurs sucs intérieurs. »

Et dans la conclusion (p. 399-400) :

« L'abeille et la fourmi nous donnent la plus haute harmonie de l'insecte. Toutes deux, hautement intelligentes, sont élevées comme artistes, architectes, etc. L'abeille, de plus, géomètre. La fourmi, remarquable surtout comme éducatrice. La fourmi est franchement, fortement républicaine, n'ayant nul besoin d'un symbole visible et vivant de la Cité, estimant peu, gouvernant assez rudement les femelles faibles et molles qui perpétuent le peuple. L'abeille, au contraire, plus tendre, ce semble, ou moins raisonneuse et plus imaginative, trouve un soutien moral dans le culte de la Mère commune. C'est, pour ces cités de vierges, comme une religion d'amour.

Chez les fourmis, chez les abeilles, la maternité est le principe social ; mais la fraternité y prend racine, y fleurit, s'élève très haut. »

Florilège n° 17
Lire comme l'abeille de Sénèque

« La lecture nourrit l'esprit ; quand il est fatigué de l'étude, elle le repose, non sans le faire encore travailler. Nous ne devons pas nous borner ou à écrire, ou à lire : l'un de ces travaux fatigue et épuise les forces ; c'est la composition écrite que je veux dire ; l'autre désagrège l'esprit et le dissout. Il faut aller de l'un à l'autre et les corriger l'un par l'autre, de façon que, des éléments recueillis par la lecture, la composition fasse un corps. Nous devons, comme on dit, imiter les abeilles qui vont de fleur en fleur cueillir celles qui peuvent faire le miel ; tout ce qu'elles ont apporté, elles le disposent et le répartissent dans les rayons, et, suivant le mot de notre grand Virgile, "elles distillent le miel liquide et remplissent les cellules d'un doux nectar".

À propos d'abeilles, on ne s'accorde guère sur le point de savoir si elles tirent des fleurs un suc qui devient miel aussitôt, ou si elles le transforment par je ne sais quel mélange et par une vertu propre de leur souffle. Certains prétendent qu'elles savent, non pas faire le miel, mais le recueillir. D'après eux, on trouve dans l'Inde, sur les feuilles de roseau un miel que produit la rosée de ces pays ou un liquide gras et sucré sorti du roseau lui-même ; chez nous, les plantes auraient la même propriété, mais moins évidente et moins sensible ; et c'est ce suc que rechercherait et condenserait l'insecte fait pour ce travail. D'autres estiment que, par un mélange et un certain arrangement, elles transforment en miel ce qu'elles ont recueilli sur les plantes les plus tendres au moment où elles verdissent et sont en fleurs, grâce à une espèce de ferment qui crée un corps nouveau avec ces éléments divers.

Mais ne nous laissons pas entraîner loin de notre sujet. Nous devons imiter les abeilles et mettre à part tout ce que nous avons récolté dans nos différentes lectures - ce qu'on sépare se conserve mieux -, puis appliquer tous nos soins et toute notre ingéniosité à donner la même saveur à toutes ces gorgées prises de côté et de l'autre ; ainsi, s'il est possible d'en reconnaître la source, elles apparaîtront nettement différentes de leur lieu d'origine. » (*Lettres à Lucilius*, Garnier, 1932, 84.)

Florilège n° 18
Le miel et l'absinthe de Lucrèce

Je parcours les contrées inexplorées des Muses,
Que nul pied ne foula. Je bois aux sources vierges ;
J'aime cueillir des fleurs nouvelles, inconnues,
en tresser pour ma tête une couronne unique
Dont les Muses jamais n'ornèrent aucun front.
Grandes sont mes leçons : je viens briser les chaînes
De la religion, libérer les esprits !
Sur un sujet obscur, que de vers lumineux
Je compose, qui nimbent tout de poésie !
Si j'ai pris ce parti, ce n'est pas sans raison.
Lorsque les médecins destinent aux enfants
La répugnante absinthe, ils déposent d'abord
Sur le bord de la coupe un miel blond et sucré ;
L'enfant imprévoyant, tout au plaisir des lèvres,
Avale jusqu'au bout le très amer remède :
Dupé, mais pour son bien, il guérit peu à peu...
Ainsi fais-je à présent. Je sais notre doctrine
Trop triste pour celui qui ne fait qu'y goûter ;
La foule horrifiée la fuit. C'est pourquoi, moi,
Je vais te l'exposer dans la langue des muses,
Comme tout imprégnée d'un miel poétique.
J'ai voulu par mon chant séduire ton esprit,
Le temps qu'il ait compris le seul remède utile :
Connaître entièrement la nature des choses !

(Traduction citée *in* André Comte-Sponville, *Le Miel et l'Absinthe*, Paris, Hermann, 2008, p. 35.)

Florilège n° 19
Pascal, l'abeille
et le progrès des sciences

Pascal participe à sa manière à la querelle des Anciens et des Modernes. Dans sa *Préface sur le Traité du vide* (1651), il dénonce les abus de l'argument d'autorité et un respect outrancier du passé qui en vient à bloquer l'acquisition des savoirs. La comparaison avec les abeilles vient alors nourrir sa démonstration : « N'est-ce pas traiter indignement la raison de l'homme et la mettre en parallèle avec l'instinct des animaux, puisqu'on en ôte la principale différence, qui consiste en ce que les effets du raisonnement augmentent sans cesse, au lieu que les autres demeurent toujours dans un état égal ? Les ruches des abeilles étaient aussi bien mesurées il y a mille ans qu'aujourd'hui, et chacune d'elles forme cet hexagone aussi exactement la première fois que la dernière. Il en est de même de tout ce que les animaux produisent par ce mouvement occulte. La nature les instruit à mesure que la nécessité les presse ; mais cette science fragile se perd avec les besoins qu'ils en ont : comme ils la reçoivent sans étude, ils n'ont pas le bonheur de la conserver ; et toutes les fois qu'elle leur est donnée, elle leur est nouvelle, puisque, la nature n'ayant pour objet que de maintenir les animaux dans un ordre de perfection bornée, elle leur inspire cette science nécessaire, toujours égale, de peur qu'ils ne tombent dans le dépérissement, et ne permet pas qu'ils y ajoutent, de peur qu'ils ne passent les limites qu'elle leur a prescrites. Il n'en est pas de même de l'homme, qui n'est produit que pour l'infinité. Il est dans l'ignorance au premier âge de sa vie ; mais il s'instruit sans cesse dans son progrès : car il tire avantage non seulement de sa propre expérience, mais encore de celle de ses prédécesseurs, parce qu'il conserve toujours dans sa mémoire les connaissances qu'il s'est une fois acquises, et que celles des Anciens lui sont toujours présentes dans les livres qu'ils en ont laissés. Et comme il conserve ces connaissances, il peut aussi les augmenter facilement ».

Cette idée d'un progrès des sciences, qui est le propre de l'homme, amène Pascal (tout comme Francis Bacon qu'il suit ici) à renverser le rapport habituel entre Anciens et Modernes :

« Ceux que nous appelons Anciens étaient véritablement nouveaux en toutes choses, et formaient l'enfance des hommes proprement ; et comme nous avons joint à leurs connaissances l'expérience des siècles qui les ont suivis, c'est en nous que l'on peut trouver cette Antiquité que nous révérons dans les autres... » (Gallimard, « Pléiade », 2000, t. 1, p. 455-456).

C'était là une manière de reprendre un vieil argument : les Modernes sont des nains ; les Anciens sont des géants ; mais les nains juchés sur les épaules des géants voient plus loin...

Florilège n° 20 La géométrie de l'abeille ? Un produit de la sélection naturelle (Darwin)

Charles Darwin, dans le chapitre VII, de son *Origine des espèces* (1859, chap. VIII) s'attache à répondre aux objections des théologiens : « Un instinct aussi merveilleux que celui de l'abeille qui fabrique sa ruche a dû venir à l'esprit de nombreux lecteurs comme une difficulté suffisante pour réfuter toute ma théorie. » Bien au contraire...

« Je n'ai pas l'intention d'entrer ici dans des détails très circonstanciés, je me contenterai de résumer les conclusions auxquelles j'ai été conduit sur ce sujet. Qui peut examiner cette délicate construction du rayon de cire, si parfaitement adapté à son but, sans éprouver un sentiment d'admiration enthousiaste ? Les mathématiciens nous apprennent que les abeilles ont pratiquement résolu un problème des plus abstraits, celui de donner à leurs cellules, en se servant d'une quantité minima de leur précieux élément de construction, la cire, précisément la forme capable de contenir le plus grand volume de miel. Un habile ouvrier, pourvu d'outils spéciaux, aurait beaucoup de peine à construire des cellules en cire identiques à celles qu'exécutent une foule d'abeilles travaillant dans une ruche obscure. Qu'on leur accorde tous les instincts qu'on voudra, il semble incompréhensible que les abeilles puissent tracer les angles et les plans nécessaires et se rendre compte de l'exactitude de leur travail. La difficulté n'est cependant pas aussi énorme qu'elle peut le paraître au premier abord, et l'on peut, je crois, démontrer que ce magnifique ouvrage est le simple résultat d'un petit nombre d'instincts très simples. [...]

« La sélection naturelle n'agissant que par l'accumulation de légères modifications de conformation ou d'instinct, toutes avantageuses à l'individu par rapport à ses conditions d'existence, on peut se demander avec quelque raison comment de nombreuses modifications successives et graduelles de l'instinct constructeur, tendant toutes vers le plan de construction parfait que nous connaissons aujourd'hui ont pu être profitables à l'abeille ? La réponse me paraît facile : les cellules construites comme celles de la guêpe et de l'abeille gagnent en solidité, tout en économisant de la place, le travail et les matériaux nécessaires à leur construction [...]. Pour nourrir pendant l'hiver une nombreuse communauté, une grande provision de miel est indispensable, et la prospérité de la ruche dépend essentiellement de la quantité d'abeilles qu'elle peut entretenir. Une économie de cire est donc un élément de réussite important pour toute communauté d'abeilles, puisqu'elle se traduit par une économie de miel et du temps qu'il faut pour le récolter. »

Par l'observation des cellules d'espèces apparentées, sphériques et séparées pour le bourdon, agglomérées mais irrégulières dans le nid des mélipones, Darwin peut imaginer comment a pu opérer le processus de sélection :

« Supposons, cependant, que la quantité de miel détermine, comme cela arrive probablement souvent, l'existence en grand nombre dans un pays d'une espèce de bourdon ; supposons encore que, la colonie passant l'hiver, une provision de miel soit indispensable à sa conservation, il n'est pas douteux qu'il serait très avantageux pour le bourdon qu'une légère modification de son instinct le poussât à rapprocher ses petites cellules de manière à ce qu'elles s'entrecoupent, car alors une seule paroi commune pouvant servir à deux cellules adjacentes, il réaliserait une économie de travail et de cire. L'avantage augmenterait toujours si les bourdons, rapprochant et régularisant davantage leurs cellules, les agrégeaient en une seule masse, comme la mélipone ; car, alors, une partie plus considérable de la paroi bornant chaque cellule, servant aux cellules voisines, il y aurait encore une économie plus considérable de travail et de cire. Pour les mêmes raisons, il serait utile à la mélipone qu'elle resserrât davantage ses cellules, et qu'elle leur donnât plus de régularité qu'elles n'en ont actuellement ; car, alors, les surfaces sphériques disparaissant et étant remplacées par des surfaces planes, le rayon de la mélipone serait aussi parfait que celui de l'abeille. La sélection naturelle ne pourrait pas conduire au-delà de ce degré de perfection architectural, car, autant que nous pouvons en juger, le rayon de l'abeille est déjà absolument parfait sous le rapport de l'économie de la cire et du travail. [...]

L'essaim particulier qui a construit les cellules les plus parfaites avec le moindre travail et la moindre dépense de miel transformé en cire a le mieux réussi, et a transmis ses instincts économiques nouvellement acquis à des essaims successifs qui, à leur tour aussi, ont eu plus de chances en leur faveur dans la lutte pour l'existence. »

Dans le chapitre VI, néanmoins, Darwin s'interroge sur l'utilité sélective d'un dard qui cause la mort immédiate de celle qui s'en sert et sur l'instinct d'une reine qui s'acharne à tuer ses propres filles, potentielles concurrentes… mais, ajoute-t-il, « il n'est pas douteux qu'elle n'agisse pour le bien de la communauté et que, devant l'inexorable principe de la sélection naturelle, peu importe l'amour ou la haine maternel, bien que ce dernier sentiment soit heureusement excessivement rare » (p. 232).

(Trad. E. Barbier, 1921.)

Florilège n° 21
Qui montre que l'abeille éthique, cosmique, mystique n'a pas disparu du discours scientifique

• Émile Loubet de l'Hoste, *La Biruche* (1984) : « Il serait heureux que la pauvre humanité gémissante, aux organisations si imparfaites, pratique l'altruisme et bannisse l'égoïsme en prenant pour exemple l'abeille. Ses lois sont ainsi faites, elle les pratique depuis des milliers d'années et elle vit dans un bonheur perpétuel où elle n'a jamais rien changé. L'homme, soi-disant plus intelligent, bannit ces lois, mais recherche, sans jamais le trouver, son bonheur depuis des milliers d'années » (Éditions du SNA, 5e éd., p. 116).

• Vincent Tardieu, *L'Étrange Silence des abeilles* (2009) : « Quel destin funeste, tout de même. Voilà des espèces minuscules, mais vieilles de quelque 50 millions d'années, riches d'une histoire évolutive presque aussi longue que celle des plantes à fleurs auxquelles elles sont vitalement liées, et qui subissent la folie dévorante d'une seule espèce dramatiquement nombriliste, tendanciellement solitaire et qui n'a guère appris en 200 000 années d'évolution : la nôtre. Lui faudra-t-il l'âge des abeilles pour qu'*Homo sapiens* porte enfin plus dignement son nom ? Je me dis parfois qu'il suffirait de peu de chose pour qu'il y parvienne. De stopper sa course un instant et prendre le temps de mieux observer les abeilles. Par leurs stratégies de communication et de production, par leur économie - à tous les sens du terme - par leurs talents et leur « intelligence » collective, ces sentinelles de la nature peuvent devenir source d'inspiration surprenante pour nos modes de vie en société. Qui sait, à leur contact, nous deviendrons peut-être un jour plus solidaires, plus créatifs ensemble et davantage mobilisés à bâtir un monde plein de saveurs ? » (Belin, « Pour la Science », p. 298).

Il est question de la perfection ancienne et immuable, quasi originelle, d'une abeille qui pourrait, de ce fait, servir de modèle à un homme inapte au bonheur, voire potentiellement destructeur. Pour James et Carol Gould, c'est un homme et une abeille à égalité qui nous sont présentés, les premiers ex aequo de la classe de l'évolution, l'un comme l'autre situés au sommet de deux lignées, dans une réinterprétation finaliste du darwinisme : il y aurait un sens de l'évolution du simple vers le complexe, du chaos vers l'organisation et l'harmonie, l'homme comme l'abeille étant, chacun dans sa catégorie, les champions de cette évolution.

- James et Carol Gould, *L'Abeille. Comportement, communication et capacités sensorielles* (1988) : « Les abeilles mellifères sont les organismes les plus complexes issus d'un ensemble d'êtres vivants dont l'évolution a débuté il y a plus de cinq cents millions d'années. À cette époque s'est produite dans le règne animal une séparation apparemment simple, mais pourtant décisive... [deux modes de division cellulaire qui vont engendrer deux groupes évolutifs]... les abeilles mellifères sont au sommet de l'arbre évolutif du premier groupe, tout comme l'homme est l'espèce la plus évoluée du second. S'intéresser aux abeilles mellifères, c'est donc s'intéresser à l'une des solutions les plus harmonieuses au défi de la vie sur notre planète. Et plus encore que leurs différences, ce sont peut-être les innombrables et troublants parallèles entre ces deux solutions - réponses évolutives convergentes à des problèmes similaires - qui font leur intérêt » (Belin, « Pour la Science », p. 7).

Jürgen Tautz de même, dans *L'Étonnante Abeille,* évoque des analogies frappantes entre les abeilles et les mammifères, en insistant sur leur supériorité respective par rapport aux autres invertébrés et vertébrés :
« Les qualités sur lesquelles repose la supériorité des mammifères sont présentes à l'identique dans ce super-organisme que forme la société des abeilles*. »
Une nouvelle fois nous constatons cette quasi-impossibilité de parler, voire de décrire scientifiquement l'abeille, sans lui conférer une place privilégiée, ne serait-ce que de façon succincte ou allusive, dans un univers hiérarchisé. La charge symbolique de l'abeille est telle qu'elle s'infiltre là où l'on s'y attendrait le moins.

* J. Tautz, *L'Étonnante Abeille*, Louvain, De Boeck, 2009, p. 3.

Florilège n° 22
L'essaim animal de Diderot

Comment penser l'unité, l'identité de l'être vivant si celui-ci est constitué d'une addition d'« atomes vivants » ? Tel est le problème posé par Diderot dans le deuxième dialogue du *Rêve de d'Alembert* (1769). L'auteur fait échanger plusieurs personnages réels, rassemblés autour de d'Alembert malade. Il y a le médecin Bordeu et Mlle de Lespinasse qui raconte le génial délire qu'eut d'Alembert dans la nuit :

« Après ce préambule, il s'est mis à crier : "Mademoiselle de Lespinasse ! Mademoiselle de Lespinasse ! - Que voulez-vous ? - Avez-vous quelquefois vu un essaim d'abeilles s'échapper de leur ruche ?... Le monde ou la masse générale de la matière est la grande ruche... Les avez-vous vues s'en aller former à l'extrémité de la branche d'un arbre, une longue grappe de petits animaux ailés, tous accrochés les uns aux autres par les pattes ?... Cette grappe est un être, un individu, un animal quelconque... Mais ces grappes devraient se ressembler toutes... Oui, s'il n'admettait qu'une seule matière homogène... Les avez-vous vues ? - Oui, je les ai vues. - Vous les avez vues ? - Oui, mon ami, je vous dis que oui. - Si l'une de ces abeilles s'avise de pincer d'une façon quelconque, l'abeille à laquelle elle s'est accrochée, que croyez-vous qu'il en arrive ? Dites donc ? - Je n'en sais rien. - Dites toujours... Vous l'ignorez donc ; mais le Philosophe ne l'ignore pas, lui. [...] Il vous dira que celle-ci pincera la suivante ; qu'il s'excitera dans toute la grappe autant de sensations qu'il y a de petits animaux ; que le tout s'agitera, se remuera, changera de situation et de forme ; qu'il s'élèvera du bruit, de petits cris ; et que celui qui n'aurait jamais vu une pareille grappe s'arranger, serait tenté de la prendre pour un animal à cinq ou six cents têtes et à mille ou douze cents ailes..." »

La suite du dialogue tentera l'interprétation de ce rêve qui fait allusion claire aux thèses de Maupertuis (1698-1759) dans son *Essai sur la formation des corps organisés* (1754) :
« Il y a certainement dans un même animal trois vies distinctes. La vie de l'animal entier. La vie de chacun de ses organes. La vie de la molécule ou de l'élément. L'animal entier vit privé de plusieurs de ses parties. Le cœur, les poumons, la tête, la main, presque toutes les parties de l'animal vivent un temps considérable

séparées du tout. Il n'y a que la vie de la molécule ou sa sensibilité qui ne cesse point ; c'est une de ses qualités aussi essentielles que son impénétrabilité. La mort s'arrête là. Mais si la vie reste dans des organes séparés du corps, où est l'âme ? Que devient son unité ? Que devient son indivisibilité ? » (voir butinage n° 21, p. 230)

Florilège n° 23
Le pauvre monde de l'abeille
(M. Heidegger)

Martin Heidegger, dans son livre *Concepts fondamentaux de la métaphysique* (tiré d'un cours de 1929-1930), développe une réflexion phénoménologique sur cette thèse : « La pierre est sans monde ; l'animal est pauvre en monde ; seul l'homme est créateur de monde. » Le monde de la ruche offre une illustration frappante de cette différence, dans la mesure où, dit Heidegger, il montre un être vivant (l'abeille) qui est totalement « pris » (ou accaparé) par son environnement sans avoir de prise sur celui-ci. Heidegger tente ainsi de décrire la « vision du monde » de l'abeille sans recourir aux effets d'analogie que son comportement suscite inévitablement. En l'observant, on est en effet tenté de dire qu'elle « choisit » les fleurs qu'elle butine, qu'elle « repère » le nectar, qu'elle « décide » de l'aspirer, qu'elle « constate » qu'elle en a assez et « choisit » de rentrer à la ruche. Mais ces analogies sont des projections erronées de notre propre vision (humaine) du monde. L'abeille, elle, n'a pas de « monde » à proprement parler ; elle y est plongée. C'est ce que révèle, selon Heidegger, cette expérience :
« On a placé une abeille devant un petit bol suffisamment rempli de miel pour que l'abeille ne puisse absorber ce miel en une seule fois. Elle commence à aspirer puis, après un moment, interrompt cette activité pulsionnelle, s'envole et délaisse le miel qui reste encore là. Si nous voulions expliquer cette activité pulsionnelle de manière appropriée, nous devrions dire : l'abeille constate qu'elle ne peut venir à bout de tout le miel qui se trouve là. Elle interrompt l'activité pulsionnelle parce qu'elle constate qu'il y a toujours du miel, et même trop de miel, qui se trouve là. Mais on a observé ceci : si l'on sectionne soigneusement l'abdomen d'une abeille pendant qu'elle aspire le miel, l'abeille continue tranquillement de boire, tandis que le miel ne cesse de s'écouler derrière elle. Cela montre de manière frappante que l'abeille ne constate nullement la surabondance de miel. Elle ne constate ni cette surabondance ni même la disparition de son abdomen – ce qui est encore moins compréhensible. Il n'est pas question de tout cela. Au contraire,

l'abeille continue de pousser son activité pulsionnelle précisément parce qu'elle ne constate pas qu'il y a encore du miel qui se trouve là. L'abeille est simplement prise par la nourriture. Cette *emprise* n'est possible que là où il y a mouvement pulsionnel. » (Martin Heidegger, *Les Concepts fondamentaux de la métaphysique. Monde, finitude, solitude*, trad. D. Panis, Paris, Gallimard, 1992, p. 353.)
Bref, l'abeille est davantage prise par la nourriture qu'elle ne la prend.
Ce type d'analyse permet à Heidegger de défendre cette autre thèse fameuse : l'homme, précisément parce qu'il n'est pas constamment accaparé par son environnement, est le seul animal capable... de s'ennuyer.

Notes

CHAPITRE 1 (de p. 15 à p. 33)

L'abeille mythologique

1. Varron, *Économie rurale*, III, 16, 29.
2. Selon Nonnos, *Dionysiaques*, XIII, 255-275.
3. *Cf.* P. Borgeaud, « L'enfance au miel », *in Exercices de mythologie*, Paris, Labor et Fides, 2004.
4. Virgile, *Géorgiques*, IV, 321 *sq*.
5. *Ibid.*, IV, 412.
6. *Ibid.*, IV, 453 *sq*.
7. *Ibid.*, IV, 521.
8. M. Detienne, « Orphée au miel », *in* P. Nora (dir.), *Faire de l'histoire*, Paris, Gallimard, 1974, t. 3, p. 56-75. Voir également la discussion avec J.-P. Vernant, *in* M. Detienne, *Les Jardins d'Adonis*, Paris, Gallimard, « Folio », 2007, p. 213 *sq*.
9. M. Detienne, « Orphée au miel », art. cit., p. 63.
10. Hésiode, *Théogonie,* 590-600. *Cf.* N. Loraux, « Sur la race des femmes et quelques-unes de ses tribus », *in Les Enfants d'Athéna*, Paris, Maspero, 1988, p. 96-117.
11. Virgile, *Géorgiques*, IV, 534-536.
12. *Ibid.*, IV, 554 *sq*.
13. N. Malebranche, *Œuvres*, Paris, Gallimard, « Bibliothèque de la Pléiade », 1992, t. 2, p. 854.

CHAPITRE 2 (de p. 35 à p. 91)

L'abeille cosmologique

1. Platon, *Gorgias*, 508 a.
2. Cicéron, *De la nature des dieux*, I, 425.
3. Platon, *Phédon*, 82 b.
4. *Cf.* Simon Byl, « Aristote et le monde de la ruche », *Revue belge de philosophie et d'histoire*, 1978, 56, 1, p. 15-28. Voici les références des trois principaux passages d'Aristote : *Histoire des animaux* (*HA*), trad. J. Tricot, Paris, Vrin, 1957, 2 vol. (V, 21 et 22 ; IX, 40) ; *De la génération des animaux* (GA), éd. et trad. P. Louis, Paris, Les Belles Lettres, 1961 (III. 10). Voir aussi *Des parties des animaux* (PA), tr. et prés. par Pierre Pellegrin, Paris, Flammarion, « GF », 2011 (II, 2). L'objet spécifique de ces trois livres de la biologie aristotélicienne a été bien clarifié par Pierre Pellegrin (*La Classification des animaux chez Aristote. Statut de la biologie et unité de l'aristotélisme*, Paris, Les Belles Lettres, 1982, p. 171) : *HA* recense les phénomènes ; *PA* établit les causes ; GA enquête sur leur genèse.
5. Aristote, *GA*, II, 5 ; *De l'âme*, III, 12.
6. Tous ces développements se trouvent dans Aristote, *HA*, 4, 9 ; 4, 8 et 9, 27.
7. Aristote, *Métaphysique*, 980 b. La question, en fait, reste en suspend en *HA* (627 a 16) où Aristote note qu'elles semblent aimer le bruit ; voir aussi *Seconds analytiques* (II, 19, 99 b 39). Sur l'imagination : *De l'âme*, III, 5, 428 a 9.
8. Aristote, *PA*, II, 2, 648 a 5-7 ; 4, 650 b 24-274.
9. Aristote, *Physique*, II, 8, 199 a 21.
10. *Cf.* sur ce point P. Aubenque, *La Prudence chez Aristote*, Paris, PUF, « Quadrige », p. 138.
11. Thomas d'Aquin, *Somme théologique*, Ia, Q. 96, art. 1 et Ia IIae, Q. 13, art. 2.
12. Aristote, *HA*, VIII, 1, 588 a.
13. Aristote, GA, III, 10 760 a 5.
14. Aristote, *Politique*, I, 2, 1253 a 7-18.
15. Aristote, *HA*, I, 1, 487 b 38-488 a 13.
16. *Ibid.*, IX, 40, 626 b 23-28.
17. Aristote, *PA*, 639 b 19-20.
18. Aristote, GA, III, 10, 761 a 4-5.
19. Aristote, *De l'âme*, II, 4, 415 a 26 – b 8.
20. Aristote, GA, III, 10, 760 a 4 -761 a 5.
21. *Ibid.*, III, 10, 759 b 27-32.
22. *Ibid.*, III, 10, 760 b 5 *sq*.
23. *Ibid.* III, 10, 760 b 20.
24. *Ibid.*, III, 10, 760 a 31.
25. Aristote, *HA*, 627 b 8.
26. Respectivement, selon Pline, *Histoire naturelle*, XI, 9 et selon Diogène Laërce, *Vie et doctrine des philosophes*, V, 44.
27. Aristote, GA, III, 10, 760 b 27.
28. *Des abeilles et des hommes*, film documentaire de Markus Imhoof, 2012.

29. Aristote, *Éthique à Nicomaque*, X, 8, 1178 b 7-32 ; X, 7, 1177 b 26-27.
30. Virgile, *Géorgiques*, IV, 1-7.
31. La formule est de L. Jerphagnon, *Histoire de la Rome antique*, Tallandier, 2002.
32. Virgile, *Géorgiques*, IV, 30 *sq*.
33. *Ibid.*, IV, 264 *sq*.
34. *Ibid.*, IV, 149-169.
35. Pline, *Histoire naturelle*, XI, 4.
36. Élien, *La Personnalité des animaux*, Paris, Les Belles Lettres, 2001, III, 11.
37. Virgile, *Géorgiques*, IV, 67 *sq*.
38. *Ibid.*, IV, 90-94.
39. *Ibid.*, II, 531-535.
40. *Ibid.*, IV, 218-227.
41. P. Grimal, « L'épicurisme romain », *in Actes du VIII*e *Congrès de l'Association Guillaume-Budé*, Paris, Les Belles Lettres, 1969, p. 138-169.
42. « Les gens parcimonieux connaissent le misérable sort des abeilles : ils travaillent comme s'ils allaient vivre toujours », cité *in* J.-P. Dumont (dir.), *Les Présocratiques*, Paris, Gallimard, « Bibliothèque de la Pléiade », 1988, fgt 227, p. 901.
43. P. Grimal, *Virgile ou la Seconde naissance de Rome*, Paris, Flammarion, « Champs », 1985, p. 125.
44. Virgile, *Énéide*, VI, 724-727.
45. *Ibid.*, VI, 706-709.
46. Virgile, *Géorgiques*, IV, 197-208.
47. *Ibid.*, IV, 225-226.
48. *Ibid.*, IV, 125-148.
49. *Ibid.*, IV, 51 *sq*.
50. Sénèque, *De la clémence*, I, 19.
51. Pline, *Histoire naturelle*, XI, 18.
52. *Cf.* P. Hadot, *Porphyre et Victorinus*, Paris, Institut d'études augustiniennes, 1968.
53. Porphyre, *Isagogè*, trad. A. de Libéra et A. P. Segonds, Paris, Vrin, 1998.
54. Homère, *Odyssée*, XIII, 102-112.
55. *Cf.* L. Jerphagnon, *Au bonheur des sages*, Paris, Hachette, « Pluriel », 2004, p. 105.
56. Voir aussi Porphyre, *Contre les chrétiens*, frgt 77 : « Comment admettre que le divin soit devenu embryon, qu'après sa naissance, il ait été enveloppé de langes, tout sali de sang, de bile – et pire encore ? »
57. Porphyre, *De l'abstinence*, I, 29, 3 ; II, 52, 4. Le terme utilisé est *Oikeiotès* ; *cf.* P. Hadot, *Porphyre et Victorinus*, I, p. 289 *sq*.
58. Novalis, *Schriften*, P. Kluckhohn et R. Samuel (dir.), Stuttgart-Berlin-Cologne-Mayence, Kohlhammer Verlag, 1981.
59. *Cf.* L. Brisson, *Introduction à la philosophie du mythe*, Paris, Vrin, 2005, p. 53, p. 112 *sq*.
60. Porphyre, d'après Macrobe, *Commentaire au songe de Scipion*, trad. M. Armisen-Marchetti, Paris, Les Belles Lettres, 2001, I, 2, 17, p. 8.
61. Dante Alighieri, *Paradis*, XXXI, 7-9.
62. Platon, *République*, X, 614b-c et 615 d-e.

CHAPITRE 3 (de p. 93 à p. 122)

L'abeille théologique

1. Voir É. de Fontenay, *Le Silence des bêtes. La philosophie à l'épreuve de l'animalité*, Paris, Gallimard, « Folio Essai », p. 269 *sq*, p. 332.
2. É. Gilson, *La Philosophie au Moyen Âge, Paris*, Payot, 1952, p. 49.
3. Clément d'Alexandrie, *Stromates*, 1, 6.
4. Clément d'Alexandrie, *Proteptrique*, Paris, Cerf, « Sources chrétiennes », 1941, p. 59.
5. Clément d'Alexandrie, *Stromates*, 1, 1, 11, 2 ; W. Telfer, « Bees in Clement of Alexandria », *Journal of Theological Studies*, 1927, XXVIII, p. 167-178.
6. Ici Origène (et peut-être Celse) commet un contresens en traduisant *propolis* par « faubourg », c'est-à-dire ce qui est devant (*pro*) la cité (*polis*).
7. Origène, *Contre Celse*, IV, 80 et *sq*, Paris, Cerf, « Sources chrétiennes », 1969, p. 385 *sq*.
8. *Ibid.*, IV, 81.
9. Origène, *Sur les nombres*, homélie 27, 12, 12 (Paris, Cerf, « Sources chrétiennes », 2001, p. 339) : « Je trouve que l'appellation de "ruche" donnée à l'ensemble des Écritures divines convient parfaitement à l'idée qu'on s'en fait » ; voir aussi *Sur Isaïe*, 2, 2 (traduction de saint Jérôme).
10. Saint Augustin, *Sermons*, 219.
11. L. Duchesne, *Origine du culte chrétien. Étude sur la liturgie latine avant Charlemagne*, Paris, Éditions de Broccard, 1920, p. 276 (ici la version citée est *Deus mundi conditor*, *cf.* L. Duchesne, *op. cit.*, p. 267).
12. Reconstituée par B. Capelle à partir de sources diverses : « L'"Exultet" pascal, œuvre de saint Ambroise », *Miscellanea Giovanni Mercati*, 1946, vol. 1, p. 219-246.
13. *Ibid.* M. Testard fait le point sur la question : « Virgile, saint Ambroise et l'Exultet. Autour d'un problème de critique verbale », *Revue des études latines*, 1982, n° LX, p. 283-297.
14. Paulin, *Vie d'Ambroise*, 3, 2-5.
15. Basile de Césarée, *Hexameron*, 5. *Cf.* C. Nicolaye, « Die Biene als Symbol bei Ambrosius », *in* D. Engels et C. Nicolaye (éd.), *Kulturgeschichtliche Beiträge zur antiken Bienensymbolik un ihrer Rezeption, Spudasmata, bd. 118*, Hildesheim, G. Olms, 2008, p. 165-183.
16. Saint Jérôme, *Lettres*, 125, 11. *Cf.* A. Goulon, « Quelques aspects du symbolisme de l'abeille et du miel à l'époque patristique : héritage antique et interprétations nouvelles », *in De Tertullien aux Mozarabes, Mélanges offerts à Jacques Fontaines*, t. 1 : *Antiquité tardive et christianisme ancien* (IIIe-VIe *siècle)*, Paris, Institut d'études augustiniennes, 1992, p. 525-535.
17. Saint Jérôme, « Epistula ad Praesidium, De cereo pascali », *in Patristique latine* (*P. L.*), 30, 182. L'authenticité de la lettre *Ad Praesidium* sur le cierge pascal a été discutée. Dom Germain Morin la défend (*in Bulletin d'ancienne littérature et d'archéologie chrétienne*, 1913, t. III, p. 54-58) en proposant une version critique du texte.

18. Le sermon fait partie des écrits inédits publiés par Michael Denis à Vienne en 1792, « Sermons. Première série », *in Œuvres complètes de saint Augustin*, traduites pour la première fois en français sous la direction de M. l'abbé Raulx, Bar-Le-Duc, 1866, t. VI, p. 1-605.
19. C'est là une interprétation courante que l'on trouve chez Augustin ou chez Quodvultdeus, voir H. de Lubac, *Exégèse médiévale, les quatre sens de l'écriture*, Paris, Cerf, coll. « Théologie », 1859, 2ᵉ partie, p. 599-620 (N.B. p. 600).
20. Homère, « Hymne à Hermès », *in Hymnes*, Paris, Les Belles Lettres, 1976.
21. Voir, parmi d'autres, saint Augustin, *Du bien conjugal*, II, 2.
22. Saint Augustin, *De trinitate*, II, 8.
23. Saint Augustin, *Commentaire de la Genèse au sens littéral*, IX, 10, 18.
24. Saint Augustin, *Contre les Académiciens*, I, 3ᵉ discussion, chap. VII.
25. Voir Thomas de Cantimpré, *Les Exemples du « Livre des abeilles ». Une vision médiévale*, éd., trad. partielle et prés. Henri Platelle, Turnhout, Brepols, 1997 ; voir également, la traduction française (très infidèle, mais numérisée) publiée en 1650 par le dominicain Vincent Willart à Bruxelles, sous le titre *Le Bien universel ou les Abeilles mystiques*.
26. Thomas de Cantimpré, *Les Exemples du « Livre des abeilles », op. cit.* , p. 56.
27. H. Platelle, « Introduction », *in* Thomas de Cantimpré, *Les Exemples du « Livre des abeilles », op. cit.*, p. 23 ; François de Rabelais, *Pantagruel*, livre V, chap. 31.
28. Voici les références des passages cités : II, 33 ; II, 29 ; II, 50-54 ; II, 55-57.
29. Louis Dumont, *Essais sur l'individualisme*, Paris, Seuil, 1983.
30. Voir E. Kantorowicz, *Frédéric II*, Paris, Gallimard, « Quarto », 2000.
31. R. Milla-Villena, « Deux moralités de Pieter Bruegel l'Ancien à l'époque de la montée du calvinisme aux Pays-Bas », *Bulletin de l'Association d'étude sur l'humanisme, la Réforme et la Renaissance*, 1980, vol. 11, n° 11-2, p. 188-201 ; J. Sybesma, « The reception of Bruegel's *Beekeepers* : A matter of choice », *The Art Bulletin*, septembre 1991, 73, 3, p. 467-478.

CHAPITRE 4 (de p. 123 à p. 169)
Politiques de la ruche

1. *Cf.* J. Starobinski, *1789. Les Emblèmes de la raison*, Paris, Gallimard, 2006.
2. *Cf.* W. Deonna, « L'abeille et le roi », *Revue belge d'archéologie et d'histoire de l'art*, 1956, XXV, p. 105-113 ; M. Pastoureau, *Les Emblèmes de la France*, Paris, Bonneton, 1998 ; *Les Animaux célèbres*, Paris, Bonneton, 2002 ; J. Tulard, *Dictionnaire amoureux de Napoléon*, Paris, Plon, 2012.
3. Sénèque, *De la clémence*, I, 19.
4. *Cf.* Xénophon, *Cyropédie*, V, 1 ; Pline (*Histoire naturelle*, XI, 16) ajoute que « le roi [des abeilles] porte sur sa tête une tache blanche en forme de diadème », ce qui révèle l'origine de l'apparat royal. Voir encore au Moyen Âge : Thomas d'Aquin, *De regno*, I, 2 et I, 12.
5. Sénèque, *De la clémence*, I, 1.
6. Sénèque, *De la clémence*, I, 19.

7. Columelle, *De l'agriculture*, XI.
8. Saint Ambroise, *Exameron*, 5, 21, 68.
9. Élien, *La Personnalité des animaux*, III, 1.
10. *Cf.* E. Kantorowicz, *Les Deux Corps du roi*, Paris, Gallimard, « Quarto », 2000, p. 733 *sq* ; C. Brucker, introduction au *Policratique*, Paris, Droz, 2006, livre V, p. 42 *sq*, p. 463 *sq* (V, chapitre 2).
11. Jean de Salisbury, *Policraticus*, II, 13 : la nature est aussi appelée volonté de Dieu.
12. *Ibid.*, VI, 21.
13. *Ibid.*, VI, 21 et VI, 24
14. W. Shakespeare, *Henri V*, acte I, scène 2, trad. F. Guizot, 1862-1864.
15. Homère, *Iliade*, II, 87-89.
16. *Ibid.*, XXI, 12-14.
17. *Cf.* A. Fairfax Withington, « Republican bees : The political economy of the beehive in Eighteenth-Century America », *in Seminary on the Bees. Studies in Eighteenth-Century Culture*, 1988, vol. 18, p. 46-47.
18. Cité par J.-M. Drouin, « L'image des sociétés d'insectes en France à l'époque de la Révolution », *Revue de synthèse*, juillet-décembre 1992, 3-4, p. 333-345. Voir également J.-M. Drouin, *Philosophie de l'insecte*, Paris, Seuil, 2014.
19. P.-J. Proudhon, « Idée générale de la Révolution au XIXe siècle », *in Œuvres complètes*, sous la direction de M. Rivière, Genève, Slatkine, 1982, t. II, p. 199.
20. P.-J. Proudhon, « Manifeste anarchiste », *in « Liberté, partout et toujours »*, textes choisis et présentés par V. Valentin, Paris, Les Belles Lettres, 2009, p. 229
21. P.-J. Proudhon (1840), *Qu'est-ce que la propriété ?*, Paris, Flammarion, « Garnier-Flammarion », 1966, seconde partie, p. 278.
22. *Ibid.*, p. 280.
23. C. H. de Saint-Simon, *La Parabole suivi de Sur la querelle des abeilles et des frelons*, présentation, note et bibliographie par Pierre Musso, Paris, Éditions d'Ores et déjà, 2012.
24. P.-J. Proudhon, « Idée générale de la révolution », art. cit., p. 151.
25. P.-J. Proudhon, *De la capacité politique des classes ouvrières*, p. 181, cité *in « Liberté, partout et toujours »*, *op. cit.*, p. 35.
26. P.-J. Proudhon, « Sanction économique : Fédération agricole-industrielle », *Du principe fédératif et de la nécessité de reconstituer le parti de la Révolution*, Paris, E. Dentu, 1863, chapitre XI, p. 107.
27. L. E. Bouvier, *Le Communisme chez les insectes*, Paris, Flammarion, 1926, p. 4.
28. *Ibid.*, p. 10 et 9.
29. K. Marx (1867), *Le Capital*, trad. J. Roy, Paris, Éditions sociales, 1950.
30. J. Bachofen, *Le Droit maternel*, trad. et préface E. Barilier, Genève, L'Âge d'homme, 1996, p. 7.
31. F. Engels (1884), *L'Origine de la famille, de la propriété privée et de l'État*, Moscou, Éditions du Progrès, 1976, p. 11 : http://classiques.uqac.ca/classiques/Engels_friedrich/Origine_famille_moscou/Origine_famille_Moscou.pdf.
32. J. Bachofen, *Le Droit maternel*, *op. cit.*, p. 109.
33. *Ibid.*, p. 109-110.
34. A. Thiers, *Du communisme*, Paris, Terrain vague, chapitre IV, p. 33 *sq*.

35. B. Mandeville, *La Fable des abeilles ou les Vices privés font le bien public*, trad. L. et P. Carrive, Paris, Vrin, 1985 et 1991 (pour la deuxième partie).
36. *Ibid.*, p. 39.
37. *Ibid.*, p. 40
38. B. Constant, « De Monsieur Dunoyer et de quelques-uns de ses ouvrages », *in De la liberté chez les modernes*, Paris, Hachette, « Pluriel », 1980, p. 547 et 550.
39. T. Hobbes, *Léviathan*, trad. G. Mairet, Paris, Gallimard, « Folio », 2000, II, 17, p. 286.
40. *Ibid.*, p. 287.
41. B. Mandeville, *La Fable des abeilles*, *op. cit.*, p. 33.
42. B. Mandeville, *Fable des abeilles, traduit de l'anglais sur la sixième édition*, Londres, 1740, p. 242.
43. *Cf.* F. Hayek, « Lecture on a master-mind, Dr Bernard Mandeville », *Proceedings of the British Academy*, 1966, 52, p. 125-141 ; repris dans *New Studies in Philosophy, Politics, Economics, and the History of Ideas*, Londres et Chicago, 1978.

CHAPITRE 5 (de p. 171 à p. 211)

La ruche humaniste

1. Sur la querelle, voir M. Fumaroli, *La Querelle des Anciens et des Modernes*, Paris, Gallimard, « Folio », 2001.
2. J. Swift, *La Bataille des Livres*, trad. Barbeau, Waterloo, La Renaissance du Livre, 1927, p. 39.
3. F. Bacon, *Novum organum*, I, 95
4. Platon, *Ion*, 534.
5. Pétrarque, *Familiares*, XXIII, 19 ; Montaigne, « De l'institution des enfants », *Essais*, I, 26.
6. Plutarque, « Comment écouter ? », *in Œuvres morales*, 8.
7. F. Nietzsche (1873), *Le Livre du philosophe*, trad. A. Kremer-Marietti, Paris, Aubier, 1969, III, p. 181-183.
8. *Ibid.*, p. 185-187.
9. *Ibid.*, p. 193.
10. S. du Crest, « Les abeilles dans la Rome des Barberini, de la dilatation d'un insecte dans l'art », *in* C. Mazouer (éd.), *L'Animal au* XVIIe *siècle*, Tübingen, Gunter Narr, 2003, p. 103-118.
11. R. A. Ferchault de Réaumur, *Mémoires pour servir à l'histoire des insectes*, Paris, Imprimerie royale, 1740, p. 210.
12. *Ibid.*, p. 211.
13. *Ibid.*, p. 207, nous soulignons.
14. S. Koenig, *Revue helvétique*, avril 1740 ; cité par J.-M. Drouin, dans son passionnant ouvrage *Philosophie de l'insecte*, Paris, Seuil, 2014.
15. Pappus d'Alexandrie, *Collection mathématique*, V, préface.
16. R. A. Ferchault de Réaumur, *Mémoires pour servir...*, *op. cit.*, p. 380.

17. *Ibid.*, « Préface », p. XXIII.
18. *Ibid.*, p. 389.
19. *Ibid.*, « Préface », p. XLI.
20. *Ibid.*, p. XLII.
21. G. L. Leclerc de Buffon, *Histoire naturelle,* 1753, p. 98 sq.
22. *Ibid.*, p. 98.
23. *Cf.* T. Hoquet, *Buffon. Histoire naturelle et philosophie*, Paris, Honoré Champion, 2005.
24. L. Leclerc de Buffon, *Histoire naturelle,* 1753, p. 92.
25. Lettre à Bonnet du 14 mars 1754.
26. É. Bonnot de Condillac (1755), *Traité des animaux*, Paris, Vrin, 2004, p. 162.
27. *Ibid.*, p. 179.
28. Huber, *Nouvelles observations sur les abeilles,* 1814, p. 193.
29. *Ibid.*, p. 146.
30. *Ibid.*, p. 203.
31. *Ibid.*, p. 145.
32. *Ibid.* p. 204.
33. *Ibid.*, p. 189.
34. É. Bonnot de Condillac, *Traité des animaux, op. cit.*, p. 144.
35. F. Huber, *Nouvelles observations, op. cit.*, p. 311 *sq.*
36. *Cf.* B. Roling, « Die Geometrie der Bienenwabe : Albertus Magnus, Karl von Baer und die Debatte über das Vostellungsvermögen und die Seele der Insekten zwischen Mittelalter und Neuzeit », *Recherches de théologie et philosophie médiévales,* 2013, 80 [2], p. 363-466.
37. F. Huber, *Nouvelles observations*... *op. cit.*, note p. 41
38. *Cf.* F. Huber, *Nouvelles observations* ..., *op. cit.*, t. 2, chap. XII, p. 416 *sq.*
39. *Ibid.*, p. 417.
40. *Ibid.*, p. 421.
41. *Cf.* C. F. Wolff *Theoria Generationis*, 1759 et l'hypothèse de la « tendance formatrice » de Blumenbach, *Bildungstrieb*, 1789, cités par C. Malabou, *Avant demain*, Paris, PUF, 2014, p 43.
42. F. Huber, *Nouvelles observations* ..., *op. cit.*, t. 2, chap. XII, p. 423.
43. J.-C. Ameisen, *Dans la lumière et les ombres*, Paris, Seuil, « Points », 2014, p. 426.

CHAPITRE 6 (de p. 213 à p. 233)

L'abeille hypermoderne

1. Y. Moulier-Boutang, *L'Abeille et l'Économiste*, Paris, Carnets Nord, 2010. Voir également le numéro de la revue *Labyrinthe*, 2013, n° 40 « Comme les abeilles » et les nombreuses contributions dans la revue *Multitudes*.
2. Pour une approche philosophique des externalités, voir S. Chauvier, *Éthique sans visage. Le problème des effets externes*, Paris, Vrin, 2013.

3. Selon le chiffrage de B. Duran, *Les Abeilles, la planète et le citoyen. Comprendre le déclin des pollinisateurs, agir pour la biodiversité*, Paris, Rue de l'Échiquier, « Les petits ruisseaux », 2010.
4. *Cf.* A. Kyrou, « Google, apiculteur cognitif », *Labyrinthe*, 2013, n° 40.
5. Y. Moulier-Boutang, *L'Abeille et l'Économiste*, *op. cit.*, p. 238
6. M. Hardt et T. Negri, *Multitude*, Paris, La Découverte, 2004, p. 117.
7. T. D. Seeley, *The Wisdom of the Hive*, Cambridge, Harvard University Press, 1996 ; T. D. Seeley, *Honeybee Democracy*, Princeton, Princeton University Press, 2010.
8. Pour une analyse plus détaillée, voir P.-H. Tavoillot, *Qui doit gouverner ?*, Paris, Grasset, 2011.

Bibliographie générale

Accorti Marco, *Le Api di Carta. Bibliographia della letteratura italiana sull'ape e sul Miele*, Leo S. Olschki, 2000.

Bodenheimer F. S., *Materialien zur Geschichte der Entomologie bis Linné*, Berlin, 1928-1929.

Chauvin Rémy, *Traité de biologie de l'abeille*, Masson, 1968.

Dutli Ralph, *Das Lied vom Honig, Eine Kulturgeschichte der Biene*, Wallstein, 2012.

Engels David, Nicolaye Carla, *Kulturgeschichtliche Beiträge zur antiken Bienensymbolik und Ihrer Rezeption*, *Spudasmata*, t. 118, Olms, 2008.

Fontenay, Élisabeth de, *Le Silence des bêtes. La philosophie à l'épreuve de l'animalité*, Gallimard, « Folio Essais » 1998.

http://www.encyclopedie-universelle.com/abeille : un remarquable ensemble de références et d'illustrations sur le sujet, auquel nous rendons un vibrant hommage en forme de danse frétillante.

Labyrinthe, « Comme les abeilles », n° 40, 2013, 1.

CHAPITRE 1

• *Sources du mythe d'Aristée* : le récit le plus complet est donné par Virgile dans les *Géorgiques* (IV, 159 *sq*). Voir également Pindare, *Pythiques*, IX, 3 ; Callimaque, *Hymnes*, 3, 265 ; Apollonios de Rhodes, *Argonautiques*, II, 500 *sq* ; V, 1132 ; Diodore de Sicile, *Bibliothèque*, IV, 81 ; Nonnos de Paopolis, *Dionysiaques*, V, 229-279 ; Ovide, *Fastes*, I, 363 ; Pausanias, *Description de la Grèce*, X, 17, 3.

• *Sur l'enfance de Zeus* : Callimaque, *Hymne à Zeus*, I, 49 ; Hygin, *Astronomie*, II, 13, 3 ; Diodore de Sicile, *Bibliothèque*, V, 70 ; Antoninus Liberalis, *Les Métamorphoses*, 19.

Albert Jean-Pierre, « Vierges nées d'un taureau mort. Technique apicole et mythologie de l'abeille dans l'Antiquité », *Métis*, 1992, 7, p. 83-109.

Bodson Liliane, *'IEPA ZΩIA. Contribution à l'étude de la place de l'animal dans la religion grecque ancienne*, mémoire, Bruxelles, 1978 : http://www2.academieroyale.be/academie/documents/LXIII2_Bodson_Contributionaletude_19781345 8.pdf.

Borgeaud Philippe, *Exercices de mythologie*, Genève, Labor et Fides, 2004.

Cardineaux Michel, *Les Hommes et l'Abeille*, Genève, L'Âge d'Homme, 1995.

Cook A. B., « The bee in Greek mythology », *Journal of Hellenic Study*, 1895, 15, p. 1-15

Detienne Marcel, « Orphée au miel », *in* J. Le Goff et P. Nora (dir.), *Faire de l'histoire*, Paris, Gallimard, 1974, t. 3, p. 56-75.

Elderkin G. W., « The bee of Artemis », *The American Journal of Philology*, 1939, vol. 60, n° 2, p. 203-213.

Giuman Marco, *Melissa. Archeologia delle api et del miele nella Grecia antica*, Rome, Giorgio Bretschneider, 2008.

Greimas Algirdas Julien, « Des abeilles et des femmes », *in Des dieux et des hommes*, Paris, PUF, 1985, p. 193-223.

Lévi-Strauss Claude, *Mythologiques*, t. 2 : *Du miel aux cendres*, Paris, Plon, 1966.

Machenay Philippe, *L'Homme et l'Abeille*, Nancy, Berger-Levrault, 1979.

Mazoyer Michel, « Aristée une divinité déchue ? », *in* Mazoyer Michel (éd.), *Homère et l'Anatolie*, Paris, L'Harmattan, 2008, p. 161-172.

Menzel Wolfgang, « Monographie der Bienen », *in Mythologische Forschungen und Sammelungen*, Stuttgart, Tübingen, 1842, p. 169-234.

Ransome Hilda M., *The Sacred Bee in Ancient Times and Folklore*, Londres, 1937 ; rééd. New York, Dover, 2004.

Robert-Tornow Walter-Heinrich, *De apium mellique apud veteres, Significatione et symbolica mythologica*, Berlin, 1893.

Roscalla Fabio, *Presenze simboliche dell'ape nella Grecia antica*, Florence, La Nuova Italia, 1998.

Roscher Wilhelm Heinrich, *Nektar und Ambrosia*, Leipzig, 1883.

Sallinger, A., « Honig », *Reallexikon für Antike und Christentum, XVI*, Stuttgart, Anton Hiersemann Verlag, 1994, col. 434-462.

Siganos André, *Les Mythologies de l'insecte. Histoire d'une fascination*, Paris, Librairie des Méridiens, 1985.

Tétart Gilles, *Le Sang des fleurs. Une anthropologie de l'abeille et du miel*, Paris, Odile Jacob, 2004.

Weniger Ludwig, *Zur Symbolik der Biene in der antiken Mythologie*, Breslau, 1871.

CHAPITRE 2

Lecourt Dominique, *Prométhée, Faust, Frankenstein. Fondements imaginaires de l'éthique*, Les Empêcheurs de penser en rond, 1996.

• *Sur Aristote*

Aristote, *Génération des animaux (GA)*, trad. P. Louis, Paris, Les Belles Lettres, 1961 ; *Histoire des animaux (HA)*, trad. P. Louis, Paris, Les Belles Lettres, 1964-1969 ; *Les Parties des animaux (PA)*, trad. P. Louis, Paris, Les Belles Lettres, 1956 ; *Métaphysique*, trad. J. Tricot, Paris, Vrin, 1953 ; *Éthique à Nicomaque*, trad. J. Tricot, Paris, Vrin, 1990, ; *Politiques*, trad. P. Pellegrin, Paris, Flammarion, « Garnier-Flammarion », 1990.

Albert Jean-Pierre, « La ruche d'Aristote. Sciences, philosophie, mythologie », *L'Homme*, 1989, vol. 29, n° 110, p. 94-116.

Bouffartigue Jean, « Les animaux techniciens », *Rursus* [En ligne], 1 | 2006, mis en ligne le 9 juillet 2006, consulté le 22 juillet 2013. URL : http://rursus.revues.org/48 ; DOI : 10.4000/rursus.48.

Byl Simon, « Aristote et le monde de la Ruche », *Revue belge de philologie et d'histoire*, 1978, t. 56, 1, p. 15-28.

Fraser Malcom H., *Beekeeping in Antiquity*, Londres, University of London Press, 1951.

Guldentops Guy, « The Sagacity of the bees. An Aristotelian topos in thierteeth-century philosophy », *in* Steel Carlos *et al.*, *Aristotle's Animals in the Middle Ages and Renaissance*, Louvain, Leuven University Press, coll. « Medievalia Lovaniensa », Series I, Studia XXVII, 1999.

Moreaux R., « Aristote a-t-il soupçonné l'existence de la parthénogenèse ? », *L'Apiculteur*, février 1954, n° 2, p. 32-36.

Robert-Tornow Walter, *De apium mellique apud veteres, Significatione et symbolica mythologica*, Berlin, 1893.

Roscher Wilhelm Heinrich, *Nektar und Ambroisia*, Leipzig, 1883.

• *Sur Virgile*

Virgile, *Géorgiques*, trad. E. de Saint-Denis, Paris, Les Belles Lettres, 1963 ; *L'Énéide*, trad. P. Veyne, Paris, Les Belles Lettres, 2013.

Billiard Raymond, *Notes sur l'abeille et l'apiculture dans l'Antiquité*, Lille, 1900 ; rééd. Kessinger Publishing, 2010.

Columelle, *De l'agriculture*, trad. J.-C. Dumont, Paris, Les Belles Lettres, 2001, livre IX.

Dahlmann Hellfried, *Der Bienenstadt in Vergils* Georgica, Mayence, Verlag der Akad. der Wissenschaften und der Literatur, 1954.

Grimal Pierre, *Virgile ou la Seconde Naissance de Rome*, Paris, Flammarion, « Champs Histoire », 1985.

Grimal Pierre, « L'épicurisme romain », *in Actes du VIII*^e^ *Congrès de l'Association Guillaume Budé*, Paris, Les Belles Lettres, 1969, p. 138-169.

Johnson W. R., « Virgil's bees : The Ancient Romans view of Rome », *in* Patterson Annabel (dir.), *Roman Images. Selected Papers from the English Institute*, Baltimore, Johns Hopkins University Press, 1982, p. 1-22.

Haarhoff T. J., « The bees of Virgil », *Greece & Rome*, octobre 1960, vol. 7, n° 2, p. 155-170.

Herrmann L., « Le quatrième livre des *Géorgiques* et les abeilles d'Actium », *Revue d'études anciennes*, 1931, p. 219-224.

Hérouville Pierre d', *À la campagne avec Virgile*, Paris, Les Belles Lettres, 1930, notamment p. 70-100.

Nisard M., *Les Agronomes latins. Caton, Varron, Columelle, Palladius*, Paris, Chez Firmin-Didot, Fils et Cie, Libraires, 1864.

Perkell C. G., « A reading of Virgil's Fourth Georgic », *Phoenix*, 1978, vol. 32 (3), p. 211-221.

Varron, *Économie rurale*, trad. Charles Guiraud, Paris, Les Belles Lettres, 1997, livre III, 16.

Whitfield B. G., « Virgil and the bees », *Greece & Rome*, 1956, seconde série, 3, p. 99-117.

• *Sur Porphyre*

L'Antre des Nymphes, tr. Yann Le Lay, Paris, Verdier, 1989 ; *De l'abstinence*, tr. J. Bouffartigue et M. Patillon, Paris, Les Belles Lettres, 1977.

Hadot Pierre, *Plotin, Porphyre. Études néoplatoniciennes*, Paris, Les Belles Lettres, 1999 ; *Le Voile d'Isis. Essai sur l'histoire de l'idée de nature*, Paris, Gallimard, « NRF Essais », 2004.

Jerphagnon Lucien, *Au bonheur des sages*, Paris, Hachette, « Pluriel » 2004 ; *Les Dieux et les Mots*, Paris, Tallandier, 2004.

Pépin Jean, « Porphyre, exégète d'Homère », *Porphyre, Entretiens sur l'Antiquité classique*, n° 12 ; repris dans *La Tradition de l'allégorie. De Philon d'Alexandrie à Dante*, t. II, Études historiques, Études augustiniennes, 1987.

Rech Photina, *Inbild des Kosmos. Eine Symbolik der Schöpfung*, Salsbourg, Freilassing, O. Müller, 1966.

Robert-Tornow Walter Heinrich, *De apium mellisque apud veteres significatione et symbolica et mythologica*, Berlin, 1893

CHAPITRE 3

Thomas de Cantimpré, *Le Bien universel ou les Abeilles mystiques*, trad. Vincent Willart, 1650 ; *Les Exemples du Livre des abeilles*, éd., trad. partielle et prés.

Henri Platelle, Brepols, 1997 ; voir l'inventaire des manuscrits sur http://www.arlima.net/qt/thomas_de_cantimpre.html.

Engels David et Nicolaye Carla (dir.), « Ille operum custos », *Kulturgeschichtliche Beiträge zur antiken Bienensymbolik und Ihrer Rezeption*, *Spudasmata*, t. 118, Olms, 2008.

Fahd Toufy, « L'abeille en islam », *in* Chauvin Rémy, *Traité de biologie de l'Abeille*, Masson, 1969, t. IV, p. 61-83.

Gilson Étienne, *La Philosophie au Moyen Âge*, Payot, Paris, 1952.

Guldentops G., « The sagacity of the bees. A Aristotelian topos in the thirteenth-century philosophy », *in* Steel C., Guldentops G. et Beullens P. (éd.), *Aristotle's animals in the Middle Ages and Renaissance*, Louvain, 1999, p. 275-296.

Hilario Franco Jr, « Les "abeilles hérétiques" et le puritanisme millénariste médiéval », *Le Moyen Âge*, 2005/1, t. CXI, p. 71-93

Lubac Henri de, « Le miel et l'écriture », in *Exégèse médiévale, les quatre sens de l'écriture*, Paris, Cerf, « Théologie », 1959, deuxième partie, p. 599-620.

Misch Manfred, *Apis est animal ; apis est ecclesia ; ein Beitrag zum Verhältnis von Naturkunde und Theologie in Spätantiker und mittelalterischer Literatur*, Francfort/Bern, Peter Lang, 1974.

Pollini Nadia, « Les propriétés des abeilles dans le *Bonum universale de apibus* de Thomas de Cantimpré (1200-1270) », *Micrologus. Nature, Sciences and Medieval Societies*, 2000, 8 (1), p. 261-296

Rüdiger W., *Ihr Name ist Apis. Kultugeschichte der Biene*, Munich, Ehrenwirth Verlag, 1984.

Semeria Yves, « Le philosophe et l'insecte. Nicolas Malebranche, 1638-1715 : ou l'entomologiste de Dieu », *Supplément du Bulletin mensuel de la Société linnéenne de Lyon*, 1985, 54e année, n° 1, p. i-vi.

Telfer W., « Bees in Clement of Alexandria », *Journal of Theological Studies*, 1927, XXVIII, p. 167-178.

Wimmer Elisabeth, *Biene und Honig in der Bildersprache der lateinischen Kirchenschrifsteller*, Vienne, Österr. Kunst und Kulturverl., 1998.

articles « Honig » et « Biene », *in Reallexikon für Antike und Christentum*, Band XVI, Stuttgart, Anton Hiersemann Verlag, 1994.

CHAPITRE 4

Bachofen Johann Jakob (1861), *Le Droit maternel. Recherche sur la gynécocratie de l'Antiquité dans sa nature religieuse et juridique*, trad. E. Barilier, Genève, L'Âge d'homme, 1996.

Bouvier Louis Eugène, *Le Communisme chez les insectes*, Paris, Flammarion, 1926.

Hobbes Thomas (1651), *Léviathan*, trad. G. Mairet, Paris, Gallimard, « Folio », 2000.

Mandeville Bernard, *La Fable des abeilles ou les Vices privés font le bien public*, trad. et présent. Lucien et Paulette Carrive, Paris, Vrin, 1985.

Proudhon Pierre-Joseph, « *Liberté, partout et toujours* », textes choisis et présentés par V. Valentin, Paris, Les Belles Lettres, 2009 ; *Qu'est-ce que la propriété ?*, Paris, Flammarion, « Garnier-Flammarion », 1966.

Thiers Adolphe (1849), *Du communisme*, rééd. Paris, Terrain vague, 1993. http://gallica.bnf.fr/ark:/12148/bpt6k66932/f1.image.r=ruche.langFR.

Deonna W., « L'abeille et le roi », *Revue belge d'archéologie et d'histoire de l'art*, 1956, 25, p. 105-131.

Engels David, « *Bel insecte à l'aide dorée, veux-tu rester mon compagnon ?* Ursprung und Wandell der Bienensymbolik bei Napoléon I und Napoléon III », *in* D. Engels et C. Nicolaye (éd.), *Ille operum custos, Kulturgeschichtliche Beiträge zur antike Biensymbolik und ihrer Rezeption*, Hildenstein, G. Olms, 2008.

Farrel William J., « The role of Mandeville's bee analogy in *The Grumbling Hive* », *Studies in English Literature*, 1985, 25, p. 511-527.

Georgoudi Stella, « Bachofen, le matriarcat et le monde antique. Réflexions sur la création d'un mythe », dans Georges Duby et Michelle Perrot (dir.), *Histoire des femmes en Occident*, vol. I : Pauline Schmitt-Pantel (dir.), *L'Antiquité*, Plon, 1991 ; rééd. Perrin, « Tempus », 2002.

Prete Fredrick R., « Can female rule the hive ? The controversy over honey bee genders rules in British beekeeping texts of the Sixteenth-Eighteenth Centuries », *Journal of the History of Biology*, 1991, vol. 24, 1, p. 113-144.

Picard Charles, « L'Éphésia, les Amazones et les abeilles », *Revue des études anciennes*, 1940, 42, p. 270-284.

Tavoillot Pierre-Henri, *Qui doit gouverner ? Une brève histoire de l'autorité*, Paris, Grasset, 2011.

Seminary on Bees. Studies in Eighteenth-Century Culture, vol. 18, 1988, contient notamment : Merrick Jeffrey, « Royal bees : The gender politics of the beehive in Early Modern Europe », p. 7-37 ; Fairfax Withington Ann, « Repubican bees : The political economy if the beehive in Eighteenth-Century America », p. 39-77.

CHAPITRE 5

Buffon Georges Louis Leclerc de, *Histoire naturelle*, 1753.

Bonnot de Condillac Étienne (1755), *Traité des animaux*, Paris, Vrin, 2004.

Huber François, *Nouvelles observations sur les abeilles*, 1802.

Plutarque, « Comment écouter ? », *in Œuvres morales*, Paris, Les Belles Lettres, 1989.

Réaumur René-Antoine Ferchault de, *Mémoires pour servir à l'histoire des insectes*, Paris, Imprimerie royale, 1740, Mémoire VIII.

Comte-Sponville André, *Le Miel et l'Absinthe*, Paris, Hermann, 2008.

Du Crest Sabine, « Les abeilles dans la Rome des Barberini, de la dilatation d'un insecte dans l'art », *in* Mazouer Charles (éd.), *L'Animal au* XVIIe *siècle*, Tübingen, Gunter Narr, 2003, p. 103-118.

Dagognet François, *L'Animal selon Condillac*, Paris, Vrin, 1987 ; rééd. 2004.

Drouin, Jean-Marc, *Philosophie de l'insecte*, Seuil, 2014.

Fumaroli Marc, *La Querelle des Anciens et des Modernes*, Gallimard, « Folio », 2001.

Gould, Stephen Jay, *Le Renard et le Hérisson*, Paris, Seuil, 2005.

Hollingsworth Christopher, *Poetics of the Hive : The Insect Metaphor in Literature*, Iowa City, University of Iowa Press, 2001.

Hadot Pierre, *Le Voile d'Isis. Essai sur l'histoire de l'idée de Nature*, Paris, Gallimard, « NRF », 2004.

Hoquet, Thierry, *Buffon. Histoire naturelle et philosophie*, Paris, Honoré Champion, 2005.

Malherbe Michel, *La Philosophie de Francis Bacon*, Paris, Vrin, 2011.

Roling Bernd, « Die Geometrie der Bienenwabe : Albertus Magnus, Karl von Baer und die Debatte über das Vostellungsvermögen un die Seele der Insekten zwischen Mittelalter und Neuzeit », *Recherches de théologie et philosophie médiévales*, 2013, 80 (2), p. 363-466.

Torlais Jean, « Réaumur et l'histoire des abeilles », *Revue d'histoire des sciences et de leurs applications*, 1958, t. 11 (1), p. 51-67.

Woolfson Jonathan, « The Renaissance of bees », *Renaissance Studies*, 2010, vol. 24 (2), p. 281-300.

CHAPITRE 6

Ameisen Jean-Claude, *Sur les épaules de Darwin*, « La démocratie des abeilles », Paris, Les Liens qui libèrent, 2012.

Bonnabeau Éric et Théraulaz Guy, « L'intelligence en essaim », *Pour la science*, mai 2000, n° 271, p. 66-73.

Duflo Colas, « Le Moi multiple. Fondements physiologiques, conséquences anthropologiques », *Archives de Philosophie*, 2008/1, n° 71, p. 95.

Hardt, Michael et Negri Antonio, *Multitude. Guerre et démocratie à l'âge de l'Empire*, Paris, La Découverte, 2004.

Ibrahim Annie, « Maupertuis dans le *Rêve de D'Alembert* : l'essaim d'abeille et le polype », *Recherches sur Diderot et sur l'Encyclopédie*, 2003/1, n° 34, en ligne.

Miller Peter, « Genius of swarms. The study of swarm intelligence is providing insights that can help human manage complex systems, from truck routing to military robots », *Genius of Swarms, National Geographic*, 2007, 212, n° 1, p. 126-147.

Moulier-Boutang, Yann, *L'Abeille et l'Économiste*, Paris, Carnet Nord, 2010 ; voir également « Comme les abeilles », *Labyrinthe*, 2013/1, n° 40.

Nghiem Thanh, *Des abeilles et des hommes. Passerelles pour un monde libre et durable*, préface de Nicolas Hulot, Paris, Bayard, 2012.

Seeley Thomas D., *Honeybee Democracy*, Princeton, Princeton University Press, 2010.

Tardieu Vincent, *L'Étrange Silence des abeilles. Enquête sur un inquiétant déclin*, Paris, Belin, 2009.

Voir le blog anonyme passionnant : http://webinet.blogspot.fr/2011/10/les-abeilles-ca-demenage-12.html.

CONCLUSION

Atlan Henri, *Le Vivant post-génomique*, Paris, Odile Jacob, 2011.

Bertalanffy Ludwig von, *Théorie générale des systèmes*, Paris, Dunod, 1972.

Table des butinages et des florilèges

Butinage n° 1 Le buzz de la prophétie d'Einstein 14
Butinage n° 2 Perséphone et Déméter 31
Butinage n° 3 La bougonie ou le mystère de l'origine de la vie 32
Butinage n° 4 Le mystère de la source du miel 52
Butinage n° 5 Tout ce que vous avez toujours voulu savoir sur le sexe des abeilles… sans jamais avoir osé le demander (1) 56
Butinage n° 6 Le miel de Columelle 71
Butinage n° 7 Quelle espérance de vie pour l'abeille ? 73
Butinage n° 8 La récolte du miel 74
Butinage n° 9 Les différentes races d'abeilles 89
Butinage n° 10 D'où vient la matière-cire ? 106
Butinage n° 11 L'essaimage 120
Butinage n° 12 Kant et la *Schwärmerei* 121
Butinage n° 13 Le massacre des faux-bourdons 135
Butinage n° 14 Le dard dans la peau et… dans l'histoire 138
Butinage n° 15 Tout ce que vous avez toujours voulu savoir sur le sexe des abeilles… (2) Le sexe de la reine 140
Butinage n° 16 Thomas Jefferson et les abeilles américaines 143
Butinage n° 17 Une abeille brune : Maya ? 169

Butinage n° 18 Les chevaliers de l'ordre de la Mouche à miel 189
Butinage n° 19 Abeilles, abeilles, avez-vous donc une âme ? 205
Butinage n° 20 Tout ce que vous avez toujours voulu savoir sur le sexe des abeilles… (3) Les découvertes de François Huber 206
Butinage n° 21 La ruche ou l'abeille ? Cherchez l'individu ! 230

Florilège n° 1 L'abeille extraterrestre de Fontenelle 243
Florilège n° 2 La longue vie des traités d'agronomie 245
Florilège n° 3 Les abeilles de Virgile et l'immortalité de l'âme 246
Florilège n° 4 Comment encourager un jeune prince à faire sa version latine ? 248
Florilège n° 5 L'essaim et l'hypostase selon Proclus 248
Florilège n° 6 Comment quitter le sensible ? 250
Florilège n° 7 L'éloge de l'abeille par Basile de Césarée 251
Florilège n° 8 L'abeille-machine de Malebranche 252
Florilège n° 9 Les vierges-abeilles de saint Ambroise 253
Florilège n° 10 Les encyclopédies naturelles au Moyen Âge 254
Florilège n° 11 Les abeilles du Coran 255
Florilège n° 12 Leçon de la reine des abeilles au jeune prince de France 255
Florilège n° 13 La ruche hiérarchisée de Brunetto Latini 256
Florilège n° 14 L'abeille régicide 256
Florilège n° 15 Voltaire, Mandeville et les abeilles 257
Florilège n° 16 Les abeilles franc-maçonnes de Jules Michelet 258
Florilège n° 17 Lire comme l'abeille de Sénèque 260
Florilège n° 18 Le miel et l'absinthe de Lucrèce 261

Florilège n° 19 Pascal, l'abeille
et le progrès des sciences 262
Florilège n° 20 La géométrie de l'abeille ?
Un produit de la sélection naturelle (Darwin) 263
Florilège n° 21 Qui montre que l'abeille éthique,
cosmique, mystique n'a pas disparu
du discours scientifique 265
Florilège n° 22 L'essaim animal de Diderot 267
Florilège n° 23 Le pauvre monde des abeilles
(M. Heidegger) 268

Crédits des illustrations

Cahier hors texte

Illustration 1. *L'Enfance de Jupiter* (1640) par Nicolas Poussin, Berlin, Gemäldegalerie/© BPK,Berlin, dist. RMN-Grand-Palais/Jörg P. Anders.

Illustration 2. Dessin tiré d'un manuscrit des *Géorgiques* de Virgile (Lyon, 1517), Paris, Bibilothèque Mazarine/© Bibilothèque Mazarine.

Illustration 3. Photo Maud Tavoillot.

Illustration 4. Dessin tiré d'un manuscrit des *Georgiques* de Virgile (1469), Dijon, Bibliothèque municipale (Ms493)/© Bibliothèque municipale de Dijon.

Illustration 5. *Exultet* de l'abbaye de San Magno de Fondi (vers 1130), Paris, Bibliothèque nationale de France, département des manuscrits occidentaux/© Bibliothèque nationale de France.

Illustration 6. *Exultet* dit « de Barberini » (vers 1087), Rome, Bibliothèque du Vatican/© Biblioteca Apostolica Vaticana.

Illustration 7. Photo Maud Tavoillot.

Illustration 8. Photo Maud Tavoillot.

Illustration 9. Jacques Laudin, *Saint Ambroise de Milan*, émail peint sur cuivre, XVIIe siècle, Châlons-en-Champagne, musée des Beaux-Arts et d'Archéologie/© Photo H. Maillot.

Illustration 10. Brueghel l'Ancien, *Les Apiculteurs* (1569), © Akg-images.

Illustration 11. Dessin tiré du *Siyar-e nabi* de Murad III (1595), Paris, musée du Louvre/© RMN-Grand-Palais (musée du Louvre)/Jean-Gilles Berizzi.

Illustration 12. Les abeilles découvertes à Tournai dans le tombeau de Childéric, Paris, Bibliothèque nationale de France, département des monnaies, médailles et antiques (cabinet du roi)/© Bibliothèque nationale de France.
Illustration 13. *Napoléon sur le trône impérial* (1806) par J.-A.-D. Ingres, Paris, musée de l'Armée/© Akg-images/Erich Lessing.
Illustration 14. Enluminure tirée de Jean Marot, *La Magnanime Victoire du roy très chrestien Louis XII contre Gênes* (manuscrit de 1508), Paris, Bibliothèque nationale de France/© Akg-images.

Figures in texte
Figure 1. © Scienc Photo Library/Akg-images.
Figure 2. © Bibliothèque nationale de France.
Figures 3 et 4. © ETH-Bibliothek Zürich.

Table

Introduction 9

CHAPITRE 1 – L'abeille mythologique 15

Liminaire 15

Aristée et la disparition des abeilles. *Où l'on voit qu'à l'origine déjà les abeilles avaient… disparu* 18

Le miel et l'origine du monde (20) – À la recherche des ruches perdues (22) – La mort de la nymphe Eurydice (23)

L'abeille, la nymphe et la femme parfaite. *Où l'on comprend pourquoi il convient de choisir une abeille pour épouse* 25

La mission d'Aristée (27) – Le retour des abeilles (29)

CHAPITRE 2 – L'abeille cosmologique. *Aristote, Virgile, Porphyre* 35

Aristote apiculteur. *Où l'on voit comment la ruche fournit la clé du mystère de l'origine des choses* 37

L'abeille insecte à miel (38) – L'abeille « prudente » (40) – L'abeille civique (41) – Comment naît la divine abeille ? (44) – L'abeille métaphysique (47)

L'abeille et la paix romaine : Virgile. *Où l'on voit l'abeille s'engager dans la légion* 57

L'abeille agronome (60) – L'abeille épique (62) – L'abeille, entre épicurisme et stoïcisme (66)

L'abeille décryptée : Porphyre. *Où l'on voit que l'abeille est une âme immortelle* 76

L'abeille idéale de Platon (77) – La ruche allégorique (79) – Sur le chemin de l'Un (80) – La philosophie comme nostalgie (83) – L'abeille mystique (84) – Mythe, miel et olivier (86)

CHAPITRE 3 – L'abeille théologique. *Le cierge, la vierge et le monastère* 93

Le retour des abeilles. *Où l'on voit l'abeille renaître en parabole chrétienne* 95

L'abeille et le cierge pascal. *Où l'on voit l'abeille conviée à la veillée de Pâques* 99

L'abeille et la vierge. *Où l'on voit l'abeille prouver l'immaculée conception* 108

L'abeille monastique. *Où l'on voit l'abeille entrer dans les ordres* 111

L'essaim hérétique. *Où l'on voit l'abeille pactiser avec le diable* 117

CHAPITRE 4 – Politiques de la ruche. *Les régimes au miel* 123

L'abeille impériale 124

La ruche, idéal du gouvernement mixte. *Où l'on voit l'abeille réconcilier roi, grands et peuple* 128

L'abeille monarchique (129) – L'abeille aristocrate (133) – L'abeille républicaine (141)

La ruche entre société civile et État. *Où l'on voit l'abeille se faire tour à tour anar, coco et libérale* 145

L'abeille anarchiste : Proudhon (146) – L'abeille communiste : Marx, Bachofen, Thiers (152) – L'abeille libérale : Mandeville (163)

CHAPITRE 5 – La ruche humaniste. *L'abeille dans le « jardin imparfait »* 171

Abeilles *vs* araignées. *Où l'on voit l'abeille réconcilier les Anciens et les Modernes* 172

L'abeille dévoilée par le microscope lui-même. *Où l'on voit l'abeille devenir objet de science sans rien perdre de sa faculté d'enchanteresse du monde* 183

Les abeilles géomètres : la querelle des alvéoles. *Où l'on voit un savant aveugle observer pour la première fois correctement la ruche* 190

CHAPITRE 6 – L'abeille hypermoderne 213
La ruche 2.0 214
L'abeille et le capitalisme pollinisateur. *Où l'on voit l'abeille renaître encore à l'ère de la Toile* 216
L'essaim hyperdémocrate. *Où l'on voit l'abeille louée pour son intelligence collective et participative* 222
Swarm intelligence (224)

Conclusion 235
Florilèges 243
Notes 271
Bibliographie générale 281
Table des butinages et des florilèges 289
Crédits des illustrations 293

Ouvrage publié sous la responsabilité
éditoriale de Perrine Simon-Nahum

Cet ouvrage a été composé
par Nord Compo
à Villeneuve-d'Ascq (Nord)

Impression réalisée par CPI Brodard et Taupin
le 23-03-2018

N° d'impression : 3028374
N° d'édition : 7381-3647-1
Dépôt légal : mars 2017
Imprimé en France